魏宇澄 著

青春十年，留在了博物馆

宇澄文博文集

北京燕山出版社
BEIJING YANSHAN PRESS

图书在版编目（CIP）数据

青春十年，留在了博物馆 / 魏宇澄著. -- 北京：北京燕山出版社，2017

ISBN 978-7-5402-4708-9

Ⅰ.①青… Ⅱ.①魏… ②首… Ⅲ.①博物馆—工作—中国—文集 Ⅳ.①G269.23-53

中国版本图书馆CIP数据核字(2017)第275014号

书　　名：青春十年，留在了博物馆
作　　者：魏宇澄

责任编辑：贾　勇　王　迪
责任校对：石　英
出版发行：北京燕山出版社

社　　址：北京市西城区陶然亭路53号
邮　　编：100054
电　　话：010-65243837
经　　销：新华书店
印　　刷：三河市灵山红旗印刷厂
开　　本：710mm×1000mm 1/16
字　　数：300千字
印　　张：21
版　　次：2017年10月第1版
印　　次：2017年10月第1次印刷
定　　价：36.00元

版权所有 翻印必究

2005年9月2日首都博物馆全体人员在北京孔庙老馆合影

2006年3月18日陈列部在首都博物新馆大英展开幕式合影

2012年《京华雅韵展》办展团队合影

2014年《非物质文化遗产蔚县剪纸展》与蔚县剪纸传人高佃亮、展览设计师李赫，及专家等合影

2015年《中国岩画展》与中国岩画学会会长王建平、首博各级领导等工作合影

2015年《中国岩画展》文化部领导视察展览工作照

2016年《博物馆里过大年——大圣来也展》与展览大纲穆红丽、展览设计师陈思工作合影

2016年《博物馆里过大年——大圣来也展》与展览部主任张贵余及穆红丽、陈思等工作合影

2017年《护行天下——华侨护照展》与展览设计师马怀伟工作合影

2017年8月在内蒙古乌海市桌子山召烧沟岩画遗址与乌海市博物馆主任谢晶考察合影

自 序

本书收录了我在首都博物馆工作十余年的论文和工作随笔。因全书最末以一篇《青春十年，留在了博物馆》结尾，故以此标题作为书名。

在将这本书交给燕山出版社以后，当我对这本书结尾的细节再做思考，并且不得已删改的时候，我想起了一九二二年十二月三日，鲁迅先生记于北京的《呐喊》自序。

在此，我仅引用鲁迅先生在《呐喊》自序里的一小段话："所以我往往不恤用了曲笔，在《药》的瑜儿的坟上平空添上一个花环，在《明天》里也不叙单四嫂子竟没有做到看见儿子的梦，因为那时的主将是不主张消极的。至于自己，却也并不愿将自以为苦的寂寞，再来传染给也如我那年青时候似的正做着好梦的青年。"

这段话，也正如我最后落笔的心声。我想，这就是文艺和现实的距离。以此作为自序，与读者朋友们做一个沟通。也请读者、专家、文博同仁们，对本书多提宝贵意见，批评指正。

魏宇澄
2017 年 8 月 17 日于首博

目 录

北京史地漫谈 ……………………………………………… 001

在城市的那边
　　——谈北京古村落保护 …………………………………… 003

北京古村落名字里的学问 …………………………………… 012

门头沟古村落遗珍 …………………………………………… 020

门头沟的砖头、木头和石头
　　——谈北京古村落的传统建筑装饰 ……………………… 031

门头沟的传家宝
　　——再谈北京古村落传统建筑装饰 ……………………… 046

京西的线型文化遗产与永定河文化 ………………………… 058

谈非物质文化遗产京西太平鼓的保护 ……………………… 068

元宵节话太平鼓 ……………………………………………… 080

藏品与馆史研究 087

首都博物馆收藏的北京民间传统手工艺 089

试析京西煤窑契约涉及的股份制与货币制度 101

从四件近代藏品探讨中国近代文化的精神内涵 123

近现代史料在博物馆中的利用 136

举救国旗帜 启时代先声
　　——从民国史料解析五四爱国运动在北京 150

释读古文字 破译上古史 167

六十年薪火相传 见证复兴之路
　　——首都博物馆与祖国共成长 179

博物馆展览实践 195

从《黄花梨文化展》筹备谈起
　　——浅析申报财政专项临时展览的资金运作 197

从《奔向光明展》解读革命历史题材展览的筹备 204

从《中国岩画展》谈京西太平鼓溯源 213

谈北京老字号商业文化展的策展探索 229

谈博物馆应关注近现代工业科技题材 243

谈博物馆临时展览策划工作的几点思考 253

谈博物馆临时展览工作实践的再思考 262

古代思想浅析 ·· 271

儒、释、道的并立、融合与发展 ························· 273

青春十年，留在了博物馆 ····························· 287

引　子 ·· 289
你好，博物馆 ·· 290
曲折的开始 ·· 290
征集，并快乐着 ······································· 292
新馆就是战场 ·· 294
隆重开馆，喜迎宾朋 ································· 296
在不成熟中成长 ······································· 297
逆流汹涌 ·· 300
《庞贝末日》 ·· 301
《共同记忆》 ·· 302
回家 ··· 304
参观保利艺术博物馆 ································· 306
永远的热爱 ·· 307
沈阳的博物馆之行 ···································· 309
Z19次　开往西安 ····································· 311
青春十年，留在了博物馆 ···························· 318

北京史地漫谈

在城市的那边
——谈北京古村落保护

古村落是农村村民世世代代从事生产生活的聚居地，是自然环境与人类需求千百年来相互交融的结晶。每个古村落都有独特的历史印迹，是物质文化遗产与非物质文化遗产的载体，渗透到中国的历史之中，是中国历史的一部分。

保护是历史的需要

在中国漫长的历史发展中，北京曾先后是东周时期燕都、金中都、元大都和明、清两朝帝都。今天，北京城市的面貌日新月异，正以充满活力的身姿迈向国际化大都市。

北京的古村落因北京特殊的历史地位而具有其独特性，它体现了北京的历史脉络，具有不可再生性，其历史价值与文化价值将随着时间的流逝和北京的现代化发展而不断突显和增值。

保护北京古村落，将有效地保留北京的历史文化特色，是对北京历史名城历史资源和文化信息的丰富和完善，也将为挖掘和拓展北京历史名城的价值内涵提供广阔的发展空间。

然而，经济的崛起和农村城镇化发展进程加剧了现代文明对传统村落文化的蚕食，许多古村、古镇在旧村改造、村镇治理和建设的过程中被损毁和拆除，城市经济的高速运行，也促使人们更为重视城市的规划建设。北京古村落保护刻不容缓。

留住古村记忆

自海拔2303米的最高峰灵山起，俯瞰相对低势的东南，五大水系看尽北京地带的春夏秋冬。这样的地理，这样的气候，影响着北京古村落的形成与发展。北京古村的历史之久、自然之奇、建筑之美……于点点滴滴间为古村标下了生动的注脚。

1. 一方水土养一方人。位于延庆的碢底下村，坐落在距今1.4亿年的中生代侏罗纪红色砂岩"单斜构造"地貌旁。该地貌是由于地壳运动，水平岩层直立翘起，其后在风力作用下，形成了一排排书剑似的山峰，被当地人称之为"天书崖"。而延庆的干沟村，隔着清丽的白河与14——17亿年前海水波痕活动留下的中古沉积岩"海相波痕"遥相辉映。古朴的村庄融入在奇特壮观的地质环境之中，是其他地区的古村落所罕有的，别具一格。

在京西，遍藏乌金的群山之中，深藏了三家店——琉璃渠——王平口这一"煤炭之路"。途经的圈门，每年腊月十七，举行盛大的祭祀活动。圈门也因此成为京西煤业的发祥地。清代，政府特在此处设立机构，管理京西煤业事宜，圈门地区逐渐发展繁荣，村户人口日益壮大。

2. 建筑从来都是北京古村落的精髓。讲究门第之别的门楣、雕花各异的门礅、硕大"福"字的影壁，避邪的"泰山石敢当"……融中国传统文化、地方民俗和古代建筑特色于一身，是祖先劳动与智慧的结晶。

最著名的就是爨底下村了。爨底下四面环山，坐落在北侧缓坡之上，依山而建，层层升高，共有四合院70余套，占地面积一万余平方米，现有住房500间。村子分上下两层，高低错落，线条分明。上下层间被自东向西的弧形大墙隔开，石墙高达20余米，上下村之间有天梯相连。全村俯瞰似"元宝"形，又像周易中的八卦图。

图1：圈门

图2：灵水村

村子的建筑以清代四合院为主,也有明式风格。全部建筑可谓集砖雕、石雕、木雕于一体,形态各异,如喜鹊登枝、吉祥如意等。村子的地面由青石和紫石铺就,寓意"平步青云"和"紫气东来",体现了村民精心的设计与美好的寄托。

3. 深厚的历史积淀使得北京的古村落具有浓郁的人文历史气息。雁翅镇北的碣石村,村里随处可见不同时期的字画,"秀水寺峰""和风瑞气"的题字,粉壁题诗"什锦赋",还有记录大跃进和"文革"时期的壁画。

千年古村灵水,人杰地灵,有崇尚文化的遗风。灵水自古读书人多,做官人多,经商人多。在中国科举制盛行的明清时期,灵水不断有人考取功名,曾出过2名进士,22名举人,民国初年有6人毕业于国立燕京大学。村中至今依然完整地保存着几户举人宅第,小至一两进院落,大至五进院落。今天的灵水村,已经找不到举人的后代了,据说早已搬走。但严谨治学的文化传统在灵水村传承下来,每逢春节,家家户户都题写春联,翰墨书香溢满古老的小村。

4. 独具特色的民俗民风,千百年来代代传承,也是北京古村落的一道风景线。

门头沟的庄户和千军台至今保留着京西古幡会的习俗。这种京西特有的幡会形式起于明代,专为庙会而设,据说历史上在上、下清水,东、西斋堂都有这种幡会活动。每年农历正月十六,幡旗招展,姹紫嫣红,穿插有杂技表演。幡旗也有学问,各路神仙齐聚,不仅有财神、土地、龙王等,还有今天已不多见的煤窑神、眼光娘娘等。幡队在行进时,还有音乐班演奏固定曲牌的幡乐,幡乐在门头沟西部山区也已传承了四百余年,具有曲目老,乐班老,乐器老,艺人老的特点,乐器主要有铙、钹、单片锣、单皮鼓、唢呐等。队伍浩浩荡荡从庄户村走到千军台,绵延几里地。

柏峪,位于斋堂镇,素有古戏之乡的美誉。村中无论大人小孩,均是熟稔梆子戏、燕歌戏、蹦蹦戏等。据村民讲,以前从正月初一到初五在本村唱戏,一连五天五夜,歇人不歇场。从初六开始,走到别处唱。

图 3：灵水村龙王庙

5. "皇"字深植在北京的历史中，融汇在北京的血液中，也烫在北京古村落的记忆中。

闻名世界的十三陵，是世界上占地面积最大的皇家陵墓建筑群。从公元1409年开始营造，直至1644年明朝灭亡，建有明代13位皇帝的陵墓，其中最早的长陵，距今已有500余年的历史。十三陵周围相继发展起共十二个村落，都是以陵墓的名字命名，如长陵园、泰陵园、康陵园等。今天，村民几乎都是守陵人的后代，他们安乐祥和地生活。当年的金戈铁马、大兴土木、朝代的更迭、从辉煌走向末路恐怕都只能从书中寻找扣人心弦的踪迹，只有每个村中的古树，好像村中最年长的一位老人，见证了皇陵，见证了古村的兴衰变迁。

拿什么拯救你——古村

1. 借鉴国内外已有的古村落保护成功经验。

联合国教科文组织先后通过的《威尼斯宪章》《关于保护历史小城镇的决议》《关于历史地区的保护及其当代作用的建议》《保护历史城镇与地区宪章》等一批重要的相关文件，其中规定了"从历史、艺术或科学角度看，其建筑的形式、同一性及其在景观中的地位，具有突出、普遍价值的单独或相互联系的建筑群"列为被保护的文化遗产，并明确了保护的重要性和原则。

国际社会对于保护历史性建筑的宝贵建议和相关法规，对于北京保护古村落，结合自身特点提出合理化建议，制定相关保护性法律法规，都是很好的参照。

2. 普查古村落文化遗存，梳理造册。

通过查阅地方志等文献资料，走访群众，深入农村，对古村落的文物古迹、古树名木、河道水系、地貌遗迹等资源进行普查，获得第一线索，并将普查结果登记造册，纳入城镇总体规划。对于有典型特征，携带历史信息丰富的村落，由市文物、规划、建设主管部门评审后，经政府批准公布为市保护古村落。掌握充

图4：门头沟幡会

分的第一手资料，还可以为制定相关保护法律法规做准备。

3. 发展古村旅游，弘扬古村文化。

旅游开发除挖掘经济价值外，特别应注重的是挖掘古村落的文化价值和历史价值。可以考虑全面保护古村，逐步建设新村。这样古村落作为民居建筑，其原有的居住功能将得到削弱，以达到抢救和保护古村落物质文化和非物质文化遗存的目的。同时，对古村落进行开发利用，增加其旅游、展示、教育和宣传的功能。

4. 建立"文化特区"。

在世界经济越来越频繁的交往中，我国顺应历史潮流，于1980年建立深圳、珠海、汕头、厦门四个经济特区，配套以特殊的政策，吸引资金、技术、人才和管理经验，经过十几年的努力与实践，特区带动国内经济的进步，成为我国改革开放的窗口，取得了举世瞩目的成就。

借鉴经济领域的经验和模式，我们可以考虑移植到文化领域，建立"文化特区"，划定旧村，开辟新村，进行原地保护，由政府给予政策和资金的支持，比如建立生态博物馆，由公共权力机构和当地居民共同经营管理和维护古村落，从而把古村落保护起来，把它携带的历史信息永久地传承下去，留给后人教育与启迪。

参考文献：

① 《北京市门头沟区志》北京市门头沟区志编纂委员会 2002年10月 53页、613—617页。
② 《门头沟民间故事集》门头沟文化丛书编委会 2001年 中国文联出版社 108页、156页。
③ 《中华文化画报》2003年1期 83—87页。
④ 《中国地产市场》2004年1、2期。
⑤ 《中国地产市场》2006年6期 21—25页。

北京古村落名字里的学问

在北京周边的大山深处,掩映着一座座村庄。这些村庄保存着丰富的历史、古迹、传说、风俗……它们的名字也是千奇百怪,无所不有。村名是人们在生产、生活和日常交往中,共同约定俗成的一种语言符号,而约定俗成的村名背后还藏着鲜为人知的学问。

以建筑物命名 门头沟斋堂镇北白铁山上,有灵岳寺村。村内有一座古刹,叫灵岳寺,相传始建于唐贞观年间。古刹的中轴线上有山门、天王殿、释迦佛殿,两厢为18间配殿。辽代,古刹被重建,称"白贴山院",金时方得名"灵岳寺"。现在还可在寺内寻到"时大清雍正十一岁次癸丑季夏吉日,时修前殿三楹……"的题记,记载着灵岳寺重修的变迁。灵岳寺村,就是以村内的建筑而得名。

平谷有白云寺村。村内有白云寺,据《平谷县志》记载,"距城三十里,居中山之间。南五里至黑豆峪寨,邻蓟县界,东至东岭,北界长城,西连山谷,奇峰叠耸,高者岈然,低者洼然,望之皆深秀蔚然。寺中有古柏五株,苍翠参天。寺前有泉,咽而不流,取之不竭。山四围草木丛茂,春夏间山鸟争鸣,野芳竞秀。入寺中,其幽僻清静之趣,令人心神冥合,万虑皆空,诚异境也,寺创自金皇统四年,重修于明宏治十二年,清初加修补云。"

类似的还有,房山的万佛堂村、常乐寺村、天开村等。

以文物古迹命名 位于门头沟永定镇的石佛村,村东山崖上,坐西朝东,有明代摩崖造像群，16龛，18尊造像。佛龛分为圆形、穹顶长方形和葫芦形三种。佛造像经过专家研究，分为前后两期，面相、衣纹等风格不同。题刻的文字大多剥蚀难辨。据《日下旧闻考》记载，此处为永庆庵旧址。摩崖造像题材有释迦牟尼像、阿弥陀佛、药师佛、文殊菩萨、普贤菩萨等。它由一条古香道连接，与不远处的戒台寺有着密切的联系。石佛村的村名，便因这些石碑刻物而得。

昌平的十三陵举世闻名，是明代13位皇帝的陵墓，是世界上陵墓建筑保存较完整，埋葬皇帝最多的墓葬群。围绕着十三陵，相继发展起十二个村落，都以陵墓名称命名，如定陵村、茂陵村、泰陵村等。

以历史上的机构设置命名　门头沟琉璃渠村，原名琉璃局，因元代在此设置琉璃局，专门烧制琉璃而得名。自清乾隆开始，皇家园林所需琉璃件，均出自琉璃渠村的窑场。琉璃渠有过街楼，坐西朝东，供奉文昌等三官，上有黄绿色的宝象、宝瓶琉璃顶、遨龙、脊兽琉璃构件和琉璃牌匾。出土的《琉璃局文昌东阁记》碑载："神京西五十里许，有琉璃局者，以烧琉璃著名也。由王朝景、赵邦庆等首倡集局民共仪，众人踊跃称善，捐资鸠工。庀材垒石为台，构木为门，下辟洞门便行人也，不数月阙工。阁之上，东向供奉文昌、三官足以消除灾祸也。"琉璃渠的身份不言而喻。

门头沟石厂村，得名于明代朝廷在石厂村设立采石场，开采质地优良的青石。明代众多重要建筑均使用石厂村的石料。有明代碑文记载："石匠头一千名，雇募夫役头一千五百名，营卫官军士两千名。"可见其规模。当地设立督办采石的衙署，并有东西过街楼，石厂村由此而来。

以历史故事命名　门头沟齐家庄有一个范良坟村，相传与孟姜女哭长城的故事有关。当年，孟姜女寻夫，顺着长城边走边哭，在洪水口，突然城墙塌陷，露出一具尸骨。孟姜女咬破手指，把血点在骨头上，辨认出这是自己的丈夫范喜良。于是，她便央求当地的村民将丈夫安葬。好心的村民在一处高坡将范喜良掩埋，可是孟江女思念丈夫，天天在坟前祭扫，扫墓的清水流出一里多地，人们就称其

图 1：灵岳寺

图 2：琉璃渠

为江水河。于是,有了范良坟村,而村下约一里多地,就是江水河村。

以民间传说命名 斋堂有两个相邻的村子,牛战村和白虎头村。

相传很久很久以前,牛战村有一头大公牛。这头牛又高大又壮实,性情温顺,每天忙着耕地、拉车,村民非常喜爱。农闲时,村民便把它独自放到山坡上去吃草。

一年秋天,不知从哪里来了一头老虎,村子失去了往日的平静。老虎在村子里横行霸道,祸害牲畜。大公牛发现了老虎的存在后,便想帮助村民保卫村子。于是在人们放它去吃草的时候,它便去和老虎打架。可是一连几天,没有分出胜负。村民们发现了这件事后,便想出了一个办法。他们在牛角上绑了两把磨得锋利的尖刀,又把牛像往常一样放出去吃草。牛一见到老虎,便勇敢地冲了上去。老虎还来不及明白,就被牛角上的尖刀刺死了。村子恢复了安宁,村民们都很感谢这头牛。

可谁知,死去的老虎被另一个村子的村民剥下虎皮,晒在了石碾上。一天大公牛外出吃草时,看到了石碾上的虎皮,以为老虎没有死,便憋足了力气,狠狠地顶过去。可怜的牛重重地撞在石碾上,死去了。从此,村民们为纪念这头牛,便把村子取名牛战,而另一个村子叫败虎头,后来随着变迁,败虎头村又取谐音,被称作白虎头村。

除了上述有关村名的丰富素材,村子的命名方式还很多,比如以植物命名,房山有松树村、杨树村;以姓氏命名,有房山的张坊、蔡庄、鲁村和门头沟的冯村;以附近地理环境命名,如门头沟的爨低下村,房山的十渡村;以方位命名,如门头沟的东胡林村、西胡林村,延庆的上花楼村和下花楼村;以历史人物命名,如密云的令公村等。

古村落还常常以庄、坊、屯、堡、寨命名 这些是自古代沿袭下来,并流传着这样的规律:屯寨边缘县,官庄连成片,铺堡伴驿道,集镇店相连,作坊挨市镇,小庄星满天。

屯,汉代以来,历代皇帝为了取得军队给养和粮税,大量利用士兵和农民垦

图 3：白虎头村

图 4：牛战村

荒种地，因而产生了军屯、民屯。这些屯田具有组织性强，耕种面积大，耕作方式先进，产量高的特点。北京有房山的元武屯，门头沟的苛屯等。

庄，东汉以来，皇室贵族和官僚地主都占有大量土地，并设立了庄园组织。后来这些庄园又分化为皇庄、官庄、地主庄园和寺院庄园等。庄园的所有者将土地分给佃户和雇工耕种，流传下来。庄在北京非常多，比如房山区就有富庄、高庄、黄辛庄、蔡庄等。

寨，起自宋代，是边远地区的军事单位，一般都是豪强地主和官府镇压农民的军事组织，有的在后来发展为武装割据势力。北京有昌平的黑山寨村，以大黑山下明代的边关寨口得名。平谷的寨比较多，如小辛寨村、熊儿寨村等，多集中在明长城内外，或沿长城的地方，原是明代兵营的驻扎地。熊儿寨村相传北有石筑寨墙，南有校军场，东有拴马的晾马山。目前村北面残存寨墙，长30余米，高1.5米。

坊，原指市场的特定设置。宋代，随着社会经济的繁荣，商业上出现了油坊、磨坊、酒坊。后来以坊命名的村落相继出现，是资本主义萌芽的反映。北京的这一类村名很多，如海淀的马坊，昌平的羊坊，房山的张坊。

集，随着历史上农业和手工业的发展，农村出现了定期的集市。今天的集，多是古代集市所在地的沿袭，后来又逐渐发展为镇和店。平谷有金海湖镇的靠山集村。门头沟的三家店，至今保存着商业的繁荣，留下的商贾大宅建筑精美，被列为文物保护单位。延庆还有千家店。

堡，又叫铺，本是驿站。元代每10里、15里、20里设立"急递铺"，与驿站相辅，用于军事文书的传递。清末出现邮局后，铺逐渐被废除。北京的延庆保留着苗家堡、榆林堡、郭家堡、张伍堡等。

综上所述，古村落的名字，是自然环境、人类社会与文化的反映，携带着大量的关于古建、古迹、民间传说等历史信息，其中很多具有较强的纪念意义，很多表达了村民们善良纯朴的寄托，而还有很多，我们尚不完全清楚……现在，人

图 5：上花楼村

图 6：三家店

们越来越多地开始对古村落进行保护与研究，希望这些村落的名字与村名背后的学问，也像古村落一样，活得久，活得长。

参考文献：

① 《昌平百科全书》2003 年 解放军出版社。

② 《平谷文物志》2005 年 民族出版社。

③ 《北京市门头沟区志》2002 年 北京市门头沟区志编纂委员会。

④ 《北京市房山区志》1999 年 北京出版社。

⑤ 《中华文化画报》2003 年 1 期。

⑥ 《浅析村名的命名方式与文化》 www.sydm.gov.cn.

⑦ 《村名勾列出封建社会发展的缩影》www.q.sina.com.cn/jxzhlj.

门头沟古村落遗珍

在北京西部门头沟的青山绿水之间，星罗棋布地散落着大大小小的村庄，每个村庄都像是一部书，村里的古树、石碾、老井，还有那一砖一瓦，一草一木……都仿佛将村庄的历史娓娓道来，展现着村庄被时光雕刻的印记。而在这些村庄特有的充满浓郁乡土气息的见证物背后，还隐藏着村庄悠久的历史、古老的民俗、美丽的传说，以及村民们一代一代的繁衍生息与他们的悲欢聚散。这些有形的和无形的物质文化遗产与非物质文化遗产，交织在一起，连缀成片，而成为门头沟的一张名片。在这里，特别拣选出八个有代表性的门头沟古村落，予以展示，它们是门头沟历史的一部分。

京西的布达拉——川底下

川底下，是门头沟不得不说的村子。它位于门头沟斋堂镇，是北京保存最完整最有名的明清古村落。

川底下旧名"爨底下"，得名于明代军事隘口"爨里安口"，后改为"川底下"。

全村百姓都为韩姓，现已繁衍至第十七辈。相传他们的祖先是在明朝从山西迁移至此聚居。韩姓人家不仅带来商贾贸易和与河北、山西、内蒙等地交流的繁荣，也把山西精巧的民居建筑艺术带到这里，使这里的建筑成为北京古村落的典范。

川底下村依山而建，七十余户院落，显然经过了整体的规划。一道东西向的

图1：川底下

图2：川底下

弧形砖墙将整体院落隔开为上下两层，中间有陡峭的天梯相连。整体建筑布局严谨和谐，错落有致，穿过对面的山上挂满红叶的树丛俯瞰，村子似"元宝"。

民居多以标准的四合院建筑为主体，在使用上有着严格的等级划分。位于村落最高点的院落，是古村四合院中等级最高的，也是全村最年长的人居住的地方。走进如意门，脚下地面的两块石板，一块青石寓意"平步青云"，一块紫石寓意"紫气东来"，体现了主人的社会地位和建造房屋时的独具匠心。

川底下的民居建筑，吸收了山西民居精美的雕刻艺术，砖雕、石雕、木雕集于一体，屋脊、脚柱石、门墩石、门窗、影壁等处，每一个细节都是文章。四季花卉、珍禽瑞兽，寓意吉祥富贵、喜鹊登枝、如意绵长，是村民对美好生活的纯朴寄托，也是民俗风情代代传承的文化载体。

全村整体建筑与自然环境浑然一体，蓝天、白云、青山、古村，堪称"京西的布达拉宫"。

风雨琉璃渠

门头沟琉璃渠村，背靠九龙山，面朝永定河，依山傍水。它的名字，源于元代在此设置琉璃局，以专门烧制琉璃而得名。

琉璃渠村周围盛产烧造琉璃所用的主要原料坩子土和煤炭。这一得天独厚的资源，使其成为出产琉璃的主要地区。自元代起，几百年的时间里，琉璃产业几经沉浮，琉璃渠这个小小的村庄是这一历史的主要见证。

元代中统四年（1263年），琉璃渠设立了琉璃窑场，专门烧造素白琉璃瓦。元朝在北京定都，修建的宫殿、园林、佛塔等所需的琉璃，一部分就是由这里烧造。

明代定都北京后，随着城里琉璃厂逐渐演变为繁华的市区，修建宫殿所需的大量琉璃瓦多是从琉璃渠烧造的。琉璃渠的窑场一时兴盛发达。

到了清代，朝廷颁发琉璃渠执照，"窑商收执如沿途遇有前阻等情即将执照令其验明放行毋得迟误",从而给与了琉璃渠窑场特殊的地位。清代的皇家园林工程,如圆明园,承德避暑山庄等所需琉璃,都是由琉璃渠的"琉璃窑赵"烧制。窑主"琉璃窑赵"的第十六代孙还被受封五品蓝顶子,成为显赫的皇商。

辛亥革命后,随着时局动荡,连年混战,琉璃渠的窑场陷入停顿。1931年,一些烧造艺人自发重建窑场,但工艺落后,基本都是手工作业,产量低靡。

新中国建国十周年之际,兴建"十大工程",琉璃渠再次承接了琉璃瓦的供应,窑场增加了新的设备,工人也迅速扩编,琉璃渠又一度兴盛忙碌起来。然而之后的"文革",又使琉璃渠的生产陷入低潮。

七十年代末期以来,文化逐渐走向繁荣,百花齐放,古建筑的保护工作也得到越来越多的重视,琉璃渠又一次迎来了春天,琉璃的生产规模逐渐扩大,产品经销海内外。

村子里,1995年修复的乾隆年间的过街楼,坐西朝东,有黄绿色的宝象、宝瓶琉璃顶、遨龙、脊兽琉璃构件和琉璃牌匾,在风风雨雨中,历尽了沧桑。

大山深处的碣石村

来到门头沟的雁翅镇,一路盘山,转过十八道弯,展现在眼前的,便是大山深处的千年古村——碣石村。

碣石村的水井多。传说有七十二眼井。村口就把守着一眼刻满岁月痕迹的辘轳井,旁边放着村民的大花搪瓷脸盆,里面用井水泡着衣物。现在村子的山上山下,屋舍庙宇,许多井都被保留下来,为村民生活、生产所用。

碣石村的壁画多。徜徉在这个只有五十户人家,却古老悠久的村巷中,随处可见不同历史时期的壁画题字。"秀水奇峰""和风瑞气""鸿禧",1958年"大跃进"时期的宣传画,还有"文革"时期《毛主席挥手我前进》的壁画。这些壁画不仅使小村弥散着浓浓的文化气息,也留住了小村穿越历史的脚印。村子里两

图 3：琉璃渠过街楼

图 4：碣石村

株古槐旁,还有一面墙壁,留下这样的题字:"此二槐树,千年也,乃村中之风水。它们有着神奇的传说。历史曰:明朝崇祯年天乃大旱,颗粒无收,天下大乱,生灵涂炭。古槐显神灵。"村民用这样的方式,记录下对古槐神树的敬意与歌颂。

碣石村的雕刻多。在这里可以看到方形格、菱形格、步步紧、灯笼框、万字文、寿字纹等纹饰的窗棂,还有荷花的脊饰,富贵牡丹的戗檐砖雕,都体现了传统民居精美的建筑雕刻艺术,也是民俗文化的一个侧影。

碣石村的故事多。相传碣石村与相距不远的珠窝村原是一个村,以炼银出名,还流传着这样一句顺口溜:"碣石的土,珠窝的沙,一两炼出一钱八。"当时家家户户都炼银,生活富足,女人都喜欢佩戴银饰,骡马的脖子上也挂着银铃。又有传说讲,碣石村原是消失的三岔村,是元末明初时的三位朝廷命官看中了这里的风水,带着家眷在这里安家落户。还有一些传说讲述了村里曾经辗转过皮影班,和正月十五赏灯的年节习俗。

走访一位村民的家里,看到他们正在包饺子。墙边一个朱漆木柜上,摆放着毛主席的白瓷半身塑像,描绘着天安门的搪瓷水杯。墙上还挂着一面六十年代纪念南京长江大桥修建的镜子。历史感油然而生。

现在村子里新铺了柏油马路,实行村村通邮。这将是一座桥梁,一头是远离尘嚣的小村,一头是灯火霓虹的都市……

翰墨飘香话灵水

灵水村,位于门头沟的军响乡,与莲花山毗邻,形成于辽代。村中保存了大量明清时期的民居,还有古庙遗址和古树名木。她的一砖一石,一草一木,无不蕴藏着千年的历史信息。

相传在科举盛行的明清时期,灵水村不断有人考取功名,曾出现了刘懋恒、刘增广等二十二位举人,二位进士。民国初年,还有六位考上了国立燕京大学。因此,

图 5：碣石村

图 6：灵水村

灵水村又被称为"举人村"。现在，村中依然可以看到几户完整的举人宅第，小至一、两进院落，大至五进院落，建筑讲究，砖雕精美，都得到了完整的保存。

灵水村西，有一座南海火龙王庙，建于金代，明代重修。龙王庙主殿已荡然无存，唯山门屹立，砖瓦都已松落、斑驳，有吻兽，中有刻匾"南海火龙王庙"。庙前的两株千年古树，一株"柏抱榆"和一株"柏抱桑"，遒劲的枝丫顽强地伸向天空，经历过雨雪风霜，还仍然吐露出青枝。

村西北，还有一处灵泉禅寺的遗址。灵泉禅寺是灵水村有文字记载以来的最早寺庙。在明《晚署杂记》中，还可以找到关于描写灵泉禅寺的片断，让人依稀浮想寺庙当年的规模与繁盛。现在，遗址上只有山门一座，野草丛生。还有两株古银杏，其中一株是雌雄同体，煞是奇观。每到秋高气爽的时节，古银杏树落满金黄，成为灵水村的一道风景。

现在的灵水村人，继承着严谨治学的文化传统。据村民讲，这里人人都写得一手好字。逢年过节，家家户户都亲手书写春联，翰墨书香飘满整个小村。村里还流传一首顺口溜："灵水的嘴儿，清水的腿儿，东西胡林长流水儿，军响水碾出金子儿，桑峪蚕丝成大捆儿，还有煤窝的山药子儿……"其中说的，正是灵水村出文化人，能说会道。

灵水村还开辟修建了灵水小学，为村里孩子的教育提供了条件。在这个千年的古村落里，朗朗的读书声，又带来新的希望。

正月十六的庄户和千军台

古村落保留的习俗，被人们代代传承。这些习俗，折射出祖先们生活的态度和习惯，折射出祖先们的文化心理和意识形态。它是一部活的历史，是古村落丰富的非物质文化遗产。

门头沟的庄户和千军台就保留着京西古幡会的习俗，已经延续了几百年。相传，

图 7：千军台幡会

图 8：桑峪村

这种京西特有的幡会形式起于明代，有说是从庙会演变而来，也有说是去娘娘庙进香时的仪仗。历史上，在门头沟的上、下清水，东、西斋堂都有这种幡会活动。

每年农历正月十五，一大早，庄户村便幡旗招展，姹紫嫣红。村子里的耍幡能手全都穿戴整齐，汇聚一起，等着一展身手。幡旗也有学问，每幡是一位相应的神祇，不仅有财神、土地、龙王等，还有具有门头沟当地特色的煤窑神和今天已不多见的眼光娘娘。

幡会表演正式开始后，幡手高擎幡旗，边走边耍，一路浩浩荡荡，从庄户村向千军台村进发。围观的村民和慕名而来的学者、摄影家、游客等人头攒动，一路追随。

幡队在行进时，还有音乐班演奏固定曲牌的幡乐，幡乐在门头沟西部山区已有四百余年的历史，多以口传心授的方式传承，具有曲目老，乐班老，乐器老，艺人老的特点。表演形式分吹奏乐和打击乐。吹奏乐器主要有笙、管、唢呐、笛等，打击乐器主要是铙、钹、单片锣、单皮鼓等。幡乐的代表作是《柳公宴》《焚火赞》《颜回三省》《秦王挂玉带》。

到达千军台村后，锣鼓喧天。舞狮队和秧歌队又开始登场。千军台村的老老小小都出来看热闹，村子里是一片欢声笑语。

正月十六，幡队再从千军台村回到庄户村，一年一度的古幡盛会才告结束。

宗教色彩的桑峪

桑峪，包括前桑峪和后桑峪，相传是因为历史上的这里植桑养蚕而得名的。

在十一万年前，桑峪的土地上就有了人类生产生活的足迹，是门头沟的文明发祥地之一。

随着一位背着一筐蔬菜的老人，我们开始了桑峪之旅。

前桑峪村前，屹立着一座过街楼。端详其样貌，大约是经过重新修建的。过街楼坐北朝南，黄色琉璃瓦顶，正中有匾额前书"紫芝"，背书"凝瑞"。

走进过街楼，便是前桑峪村了。街巷干净整洁，屋舍多是年代并不久远的，没有古民居的踪迹。只是这些屋舍，也按照规整的四合院格局，有雕花的佛龛，"福"字的瓦当，方形格的木窗棂，门框上挂着长长的一串火红的辣椒，院子里堆着金黄的一筐老玉米，炊烟袅袅地升腾向清爽的天空，农家的味道很是浓厚。

街巷中还有一个小过街楼，灰砖砌成，形制简单。两只小猫在过街楼的墙根下，懒洋洋地晒太阳。

沿街巷往北走，就到了后桑峪村。一座尖顶屋脊的教堂，耸立在村子的正中，带给我们无限的诧异与惊喜。没想到这样一个静默的小山村，也成为了传教的落脚处。

听老人讲，在元代，西方的传教士就以行医为名，来到了这里。教堂是明代修建的，名为"耶稣圣心堂"。后来随着历史发展，教堂又进行重修和扩建，便成为了今天我们看到的样子。教堂大门的正上方有匾，书写着"万有真源"。虽不甚了解其含义，但肃穆之感油然而生。教堂内是一排排红色的长条木桌，厚厚的《圣经》摆放在桌子的一角。教堂内当天没有什么活动，村民寥寥，窗台上白瓷的圣母玛丽亚坐像，慈爱安详。

教堂外，在街巷中一路迤逦，便看到一个铁艺的栅栏门，上面写着"上天之门"。这就是通往桑峪的后山——圣母山的路了。拾级而上，道路曲折，十四个十字架在每一拐角处引领，象征着耶稣十四难。走到山顶，蓝天下，慈爱安详的圣母玛利亚在花团的簇拥中。

我们也都默默地，检点言行，生怕打扰了虔诚的村民，打扰了这个传奇的肃静的有着西洋色彩的京西小山村。

门头沟的砖头、木头和石头
——谈北京古村落的传统建筑装饰

传统的建筑装饰艺术是依附于传统的建筑而存在的,传统建筑是先民生存的场所,生活的空间,而传统的装饰艺术是在满足人们生存生活的同时,使审美和精神得到满足。装饰本身没有生命,但这些材料——砖头、木头、石头,通过加工可以多姿多彩和灵动地表达人们的思想情感,承载人们的美好追求。传统的装饰艺术所表达的主题内容同我国传统文化,特别是本地区的民俗文化、价值观念及当时的政治、宗教、信仰等有直接或间接的关系,是其必然的反映。

门头沟地处京西山区,有180多个自然村,主要形成于明清时期。据门头沟区志的记载,其中清水、齐家庄、斋堂、胡家林等早在辽代就已成村,还有一批元代成村的村落,明代村落达到140个。至今仍然保持古村风貌的村子有50多个,是北京最集中的古村落群。门头沟古村落传统建筑十分重视建筑装饰,木雕、石雕、砖雕等装饰艺术广泛应用,这些装饰不仅具有实用价值,同时体现朴素的感情和积极的文化寓意,有很高的观赏价值、艺术价值。不少建筑集三雕于一体,虽经岁月的侵蚀,却依旧意趣盎然。

一、门头沟传统建筑装饰的主要类型

门头沟古村落的传统民居,以明清四合院为主体,坐北朝南,青砖灰瓦,具

有严谨的空间秩序，因山区平地有限，更注重设计和规划，因地制宜、错落有致。门头沟古村落主要分布于深山，远离京城，但其建筑却注重装饰和文化，建筑装饰的类型有砖雕、木雕、石雕、彩绘、壁画等诸多方面。

砖雕 中国的砖雕经历了数千年的发展历史，陕西曾出土西周晚期的空心砖，在春秋战国时期就出现了带有文饰的花砖。我国的晋陕地区，安徽、江西、宁夏、甘肃以及北京、天津等地的古民居有经典丰富的砖雕遗存。北京是明清两代的都城，皇室的辉煌使北京的砖雕达到了鼎盛时期，其中北京四合院住宅是砖雕艺术的优秀代表。门头沟的村落里砖雕应用普遍，纹饰题材广泛，雕刻风格有的古拙粗犷，有的细腻精致，有的简约，有的繁复，给没有生命的建筑注入了灵动，使其多姿多彩，其内容丰富，工艺精美，一点也不逊色于京城胡同的砖雕。

砖雕的主要手法有：浮雕、透雕、圆雕等，砖雕装饰的主要部位有墀头、门楼、屋脊、博风头、影壁，以及山花、院墙等。

砖雕装饰离不开瓦当，秦砖汉瓦，是在我国传统建筑的文化概念。瓦当具有遮挡固定檐头瓦件的实际功能，又有美化屋檐、屋脊的装饰功能，是历史上颇具盛名的建筑材料，同时又与砖雕相依相随，是砖雕的组成部分，在北方房屋装饰中不可缺少。门头沟古村落的瓦当包括滴水构件，遗存相当丰富，纹式多种多样，古朴美观，有花草、动物、文字等。花草类以各种莲花纹的瓦当为主要形态，兽头以狮、虎、猫的造型较多，文字有各种变形的"寿"字，"福"字，"延年"等，还有蝴蝶纹，人面纹，龙纹、蝙蝠纹等。瓦当在传统建筑装饰中与砖雕相得益彰。

石雕 在传统建筑中石雕是装饰工艺的瑰宝，在皇室、寺庙等大建筑中尤为突出。颐和园里的石坊长36米，船身建有两层，雕梁画栋、精彩无比，象征清朝政权永不覆灭。皇宫内栏杆、踏步、石狮、各种龙纹等处显示着威严至上。南方的一些古村落有大量富有雕刻的石牌坊遗存，甚至形成气势恢宏的牌坊群，一类是记录功名忠义的牌坊，一类是贞节牌坊，其雕刻的精湛和数量之丰富令人惊叹。门头沟民间建筑大多是就地取材，主要是门前枕石、角柱石等重点部位，这些部位的装饰在整个建筑中往往起到了画龙点睛的作用。

在京城和民间的石雕中，狮子的形象是广泛的，不同形态，不同场合，宅院门口都可见到，天安门、故宫、颐和园等地也可见到高大威武的狮雕，但狮子已不再是皇宫的特权，这是和龙所不同的。门头沟古村落中的独立于大门之外的狮子石雕主要应用于寺庙的门口和民宅门前的门枕石上，而且多是在门枕石的上部的趴狮。

在京西古村落中还会有一些石雕的物件，比如拴马桩和泰山石敢当，这些物件往往是注重实用，石材有的经过打磨造型规整，有的完全按原有的形状不做任何打磨，雕上字样或凿上孔即可，造型简单粗犷，迥然不同，有的立于门口一侧的地上，有的嵌在门口的外墙上。少数讲究的人家把石敢当雕上边框，拴马桩雕成传统吉祥造型。

石雕的雕刻的技法主要是平雕和浮雕。

木雕 传统建筑多为砖木结构，在中国建筑装饰中木雕艺术相对砖雕、石雕都显得更加精致，内容更加丰富。在被列为世界文化遗产的安徽宏村和西递，以及南方许多古村落，梁、柱、门、窗都是木雕的重要载体。在宏村的承志堂前厅的横梁雕有宴官图，厅里的四个立柱上分别是渔、樵、耕、读的画面，中门上方雕有百子闹元宵，后厅横梁雕有郭子仪献寿，九世同堂图等，人物惟妙惟肖，画面气势恢宏。有的村落的祠堂仅木雕就花费几年的时间完成。在北方，门窗是木雕的主要载体，包括大门门框上的门簪、门罩等。无论是王府大院还是平民百姓之家，门窗都是不可缺少之物，人们可以不设门枕石、可以不雕墀头但不能没有门窗。门头沟古村落的门窗采用材料多种多样，门窗作为整个建筑的一部分，不仅在功能上是组合需要，在风格上门窗和建筑物也形成和谐完美的搭配。木雕加工灵活，木雕的主要手法有透雕、深雕、浅雕、线雕等，这些手法在实际操作上并不是完全单独使用，截然分开，而是根据内容和要求，兼而有之。

壁画题字 壁画题字实际上都是以建筑为载体的文化的一种表现手法，为传统建筑增添了精神内涵,表达了主人的意境。

门头沟古村落的壁画题字在建筑装饰中占有一席之地,古诗词,古人座右铭、山水、文字等。山区的村民虽然远离都市,生活条件艰苦,却视文化为荣耀,崇尚文化之风处处可见。村民喜爱把一些文字书写在房屋的外墙、影壁等明显的位置,台上村一个宅院大门的过道有1905年书写的张思叔座右铭,虽经百余年字迹仍然清晰。沿河城一户人家将古诗词以壁画的形式绘在大门过道的墙壁上:"清明时节雨纷纷,路上行人欲断魂,若问酒家何处有,牧童遥指杏花村。"一句诗词一幅画,山水、行人、牧童,形象生动。苇子水一家民居的后墙题写王勃的《滕王阁序》,几经沧桑已经斑驳但大部分字迹依然可以辨认。如今人们仍然有这样的习惯,一家村民为表达盖起新房的心情,在门前的影壁上书写了"精打细算托党恩造就幸福宅,勤劳俭省靠群朋建起子孙堂"。壁画在寺庙发挥到了极致,门头沟灵水的灵泉禅寺、下苇店龙王庙、三家店龙王庙等寺庙都有彩色壁画,三家店的墙壁上有完整的彩色的龙王行雨图。

碣石村更是喜画好字,在村落的主街道上有五十年代的壁画;也有《主席挥手我前进》的巨幅画像;在一侧的胡同里有更早时期的巨幅题字灵光瑞气、革故鼎新;在村头的古碾旁有一面墙上记录了村子发生的大事,走进村民的家中,家家都有吉祥的题字。

各种丰富的文化内容,吉庆祥和的词组,形形色色的壁画和传统的建筑相融合,人们从中可以领略历史的变迁,文化的深邃和民俗与民风。

二、门头沟传统建筑装饰的题材

木雕、石雕、砖雕、壁画是人们传统文化观念、审美观念,宗教、信仰,经过艺术手法表现出来的物化形态,在门头沟古村落人们把诸多的民俗文化、道德趋向、希望期盼,集中展现在每一个所要装饰的对象上形成作品。人们使用的材料大体是一致的，但装饰的作品几乎没有完全一样的，装饰渗透了主人的思想、情趣、审美、追求、期盼。

木雕、石雕、砖雕、壁画所利用的材料不同，表现的内容、图案会有所侧重，装饰的部位也有所侧重，但主要题材多是吉祥富贵，引导教化、驱邪镇灾，祈福纳祥，有少量题材是世外桃源的闲情逸致。

在封建社会人们崇尚儒家思想忠、孝、仁、义，这是社会的道德标准，在生活中希望富贵祥和，追求福、禄、寿、喜、财，期盼在这些装饰中都淋漓尽致地表现出来。因此，可以说各种装饰的图案是图必有意。传统装饰的题材主要有花卉、植物、果实、祥瑞动物、人物、几何图案与文字等。

花卉、果实、植物类

这是在各种装饰中最为多见的纹饰。门头沟的传统民居花草、果品、植物类的装饰十分普遍，使用的花卉、果品、植物的图案或组合图案非常广泛。主要有：莲花、牡丹、菊花、水仙、兰花、梅花、大丽花、葵花；佛手、石榴、桃、柿子、葡萄、苹果、稻菽；竹、松、万年青、灵芝、葫芦、瓜类等。在花卉中牡丹、荷花、菊花、梅花使用得最多，民间公认牡丹是富贵之花，称菊花为寿菊，葵花象征多子，荷花出于污泥而不染，是圣洁的象征，荷花也称莲花又结莲蓬，被赋予了更多的寄托。梅花在有些南方地区是忌讳的，因梅和霉是谐音，但松、兰、竹、梅，历来为文人雅士所追捧，是气节、品质的象征，被称为四君子。门头沟在石雕、木雕、砖雕中都有梅花，有的与其他四季花卉相媲美，有的是同喜鹊构成喜上眉梢的寓意。

在门头沟的装饰中用上述纹饰组合的图案很多，在此仅举有代表性的寓意的纹饰介绍如下：

四季花卉：梅、兰花、菊花、牡丹、水仙；

福寿三多：由佛手、桃子、石榴组成的纹饰，象征多福、多寿、多子；

万年平安：由花瓶和万年青组成；

事事如意：柿子和如意组成；

荣华富贵：以牡丹和荷花或牡丹和花篮组成；

连生贵子：莲花、莲蓬和笙组成；

祥瑞动物类

在我国有些动物形象是民间所神化的，而且是在人们心中非常神圣的，被广大民众所接受的，如：龙、凤、麒麟等，他们是能呼风唤雨，给人们带来幸福的神灵。这些动物在门头沟的传统建筑中都有出现。龙在我国被认为是最神圣的，我们都自诩为龙的传人，中国龙纹并不是随处可用，而是有严格的限制，龙纹自古就是皇宫的特权，龙纹是皇权的象征。门头沟的龙纹雕饰主要体现在寺庙的砖雕或琉璃装饰，屋脊、墙帽、瓦当等处，形象体现威武和力量。在百姓的民居装饰中则通常出现拐子龙纹饰，少了威武，象征吉祥。

凤凰：是传说中最美丽的大鸟，百鸟之王，百鸟朝凤题材在刺绣、音乐、各种装饰中都屡见不鲜，不曾衰败。在门头沟古村落的装饰中凤凰的纹饰出现在窗户、门神龛的边框、影壁的岔角和墀头的戗檐部分，既有木雕也有砖雕。凤凰通常与祥云相伴，或与牡丹组合，民间称凤喜牡丹，凤凰纹寓意美好和幸福。

喜鹊：喜鹊在民间非常受欢迎，喜鹊叫喳喳，定有喜事到我家。喜鹊在门头沟的装饰中不受材料的限制，既有木雕、也有石雕和砖雕。但喜鹊往往与梅花组合，寓意喜上眉梢、喜鹊登梅。

蝙蝠：在传统建筑装饰中是不可缺少的，在任何部位都可出现与很多题材都可组合。福到眼前、福寿绵长等，这源于祈福纳祥是民间最为广泛的题材，同时蝙蝠与遍福谐音，使这一貌不惊人的小动物飞入千家万户。蝙蝠为中国民间所广泛喜爱，不论南方还是北方，上至朝廷下至百姓。颐和园是为当年的慈禧60寿辰而建，在园子里体现福、寿的题材非常之多，既有五福捧寿，也有象征万寿无疆的九只蝙蝠的雕刻。

仙鹤：中国民间认为鹤是仙禽，性情高雅、千年长寿。朝廷要的是江山社稷，在皇宫陈设有铜鹤和铜鹿、铜瓶，寓意六合太平；民间在装饰中木雕和砖雕比较多，

图1：三家店影壁富贵花篮壁心

图2：杜家庄鹿鹤同春山花

门头沟则主要是在墀头、影壁等处的砖雕，一般是鹤与松树组合寓意松鹤延年，鹤与鹿、松组合寓意六合同春，欣欣向荣。

鹿：鹿是民间传说中的祥瑞之兆，因此常常用于祝寿、祈寿，鹿、禄又是谐音，表达人们对厚禄财运的追求。在社会的各种层面、各种场合、各种材料的装饰中是最多的。门头沟的古村落，鹿的形象往往是身上有梅花，头上有角，口衔灵芝，体态悠闲，回首相望。

鼠：这是一个当今不受欢迎的动物，老鼠过街，人人喊打。在门沟古村落传统建筑装饰中却时常出现在显赫的位置，大门的门楣、房屋的屋脊、墀头的戗檐、影壁的边框等。鼠繁殖能力极强，在装饰中往往与葡萄、瓜蔓、松树相伴，寓意多子多孙、多子多寿等。

装饰中的动物非常之多，麒麟、大象、蝴蝶、猴子、牛、马、羊、鸡、狗、獾、蜻蜓、鱼等，这些动物和山石、树木、花卉、人物等图文的不同组合表达人们赋予的意愿。

博古类

博古纹是由铜炉、瓷瓶、如意、字画书籍等组成的图案，通常还有花卉、石榴、佛手、桃等一起组合。在北宋时期曾修成《宣和博古图》一书，共三十卷。后人把绘制铜炉、瓷瓶等文饰称为博古纹。博古常用于官宦人家，有博古通今的含义。门头沟博古纹装饰在门头沟古村落三家店的殷家大院和石门营的刘洪瑞大院都有使用。

人物类

人物出现在中国传统建筑装饰中，一是表达人们民俗生活的愿望，如吉星高照、渔樵同乐等；二是表现流传广泛，脍炙人口的历史故事、神话传说，以示景仰，表达情趣，如姜太公钓鱼、竹林七贤、孟母教子等；三是通过人物故事教化，训导，效法，表达宏远的抱负和理想，如桃园三结义、张良纳履等。人物因其工艺的复杂难度以及故事、传说的文化背景，在中国的建筑装饰中可以更加体现其文化的内涵，是较高装饰艺术的一个标志。在我国南方的一些古村落人物雕刻是非常普遍的，故事完整，手法细腻，栩栩如生，主要以木雕的形式出现。

北方的民居与南方有很大的不同，木雕受到限制，效果受到影响，人物的雕刻也受到限制。门头沟的人物装饰题材主要体现在砖雕、石雕艺术上，和合二仙、张良纳履、农夫、樵夫以及市井人物、连生贵子等，题材不多但却很生动。灵水村谭姓宅院，墀头上有一组张良纳履的砖雕，桥下有潺潺流水，在桥头有一端坐的长者，张良双手捧鞋，人物神情惟妙惟肖。

吉祥纹饰和符号类

八吉祥：八吉祥是由海螺、法轮、宝伞、白盖、莲花、宝瓶、鱼鼓、盘长等组成。八吉祥是法物。盘长是在门头沟村落中最受喜爱和最为常见的装饰纹饰，在房屋的脊饰，墀头，窗户、门枕石、甚至影壁的壁心无处不在，木雕、石雕、砖雕皆宜。盘长象征长久、永恒、连绵不断。北京雍和宫法物即明册曰："盘长：佛说环贯彻一切通明之谓。"①中国结是盘长现代的形象，象征吉祥和团结。

四艺图：指琴棋书画，在图案中由古琴、棋盘、画轴和书本组成。

暗八仙：是指传说中的八大仙人所持之物，如葫芦、花篮、扇子、箫、剑、荷花、渔鼓、玉板等。

传统吉祥纹饰图案：万字、回字、缠枝、云纹、水纹、山石、太极、如意、犀角、磬等。这些文饰在各类题材中常常是用于衬托或用于边框处，特别是万字四端延伸，字字相连形成连锁花纹，寓意好事绵长。

文字和颂辞类

装饰中用文字直接作为表达也是常见的，从字体上有的演化成更适合装饰的图案，像"寿"字、"福"字等，民间"寿"字可有百种之多。从内容上可分成三类：一是吉祥文字，如：平安、吉祥、福、禄、禧、寿等；这些字经常单独使用，即可完整表达其含义，有时对称出现；二是颂辞、诗句，常用于门联、影壁和角柱石；三是警句、古文类。门头沟古村落远离都市，交通和生活都有诸多不便，但很多

图3：三家店博古纹门楣

图4：石门营樵夫门楣

村庄的文化氛围却非常浓厚甚至令人吃惊,在村庄的重要场所井台边、碾坊里、宅院的大门、影壁,或围墙上,都有各种各样的文字或记载。传统的建筑上文字的装饰也比比皆是,无疑也是主人的文化素质的反映。

在门头沟的村落其装饰题材往往以象形、比拟、借喻、谐音等方式表达。有的直白朴素,表达追求平安、希望幸福的愿望,给人以安逸宁静的感觉,有的涉及佛教、易经、伦理哲理等内容,给人以启迪和思考。如:

谐音:鸡—吉;鹿—禄;莲—连;鱼—余;瓶—平;蝠—福等。人们通过谐音表达吉庆有余、福禄双全、连年有余、富贵平安等。

借喻:借牡丹表达富贵;借四艺图表示才华;借历史人物故事示效法和弘扬。

比拟:以梅、兰、竹、菊比拟君子品行,以鸳鸯荷花比拟夫妻和美等。

象形:在传统装饰中人们用瓜,带子象征延绵不断,用石榴、葡萄,松子等象征多子多孙等。

三、门头沟传统装饰的建筑载体

门头沟古村落传统装饰的主要载体是:民居、寺庙、公共设施(包括戏台、过街楼、茶棚)等。

寺庙 门头沟几乎村村都有寺庙,有的村落不止一座。寺庙建筑独具特色,是历史文化、建筑艺术的见证和载体,砖雕、木雕、石雕、琉璃、壁画、彩绘在这里集合,龙的造型装饰在这里不再受到限制,在很多村庄寺庙是古村落中最豪华的建筑,在门头沟一些最为精美的装饰作品就出在寺庙。

灵泉禅寺位于斋堂镇灵水村,坐北朝南,规模宏大。山门为砖石结构,歇山式,大脊有吻兽,垂脊有垂脊兽。券门上有石额,刻有"灵泉禅寺"的字样。内有天王殿、三世佛殿、三大士殿等,有砖雕、彩绘、鸱吻,从遗迹上可以看出曾经的辉煌和兴盛。东杨坨村朝阳庵,琉璃构件与砖雕相互辉映,脊端有精美的璃鸱吻,脊饰有大朵

图5：双塘涧盘长砖雕

图6：张家庄福字脊饰

图7：上清水村戗檐

的立体莲花砖雕和大鹏金翅鸟砖雕，垂脊上有琉璃垂脊兽，整个建筑在村落里显得气势非凡。大村娘娘庙正脊两端鸱吻高耸，大脊上二龙戏珠的大幅砖雕颇有气势，戗檐上的砖雕是松鼠葡萄，博风头是极为少见的松树和鹿。在齐家庄的灵严寺，斋堂的灵岳寺、宝峰寺，台上村、马栏村、黄岭西村、石厂等村落遗存的寺庙旧址也有处处折射往日鼎盛的各种装饰精品，荟萃了建筑艺术文化艺术的精华。

戏台 戏台是中国古建筑中的一种独特的建筑形式，主要是民间酬神、娱乐的场所。在村落里并不是都有建造，戏台一般和寺庙相邻，娱乐活动与庙会相伴，在一些较有影响的寺庙，规模较大的村落戏台是不可缺少的。门头沟保存较好的戏台有：灵水龙王庙戏台、张家庄戏台、大村娘娘庙戏台、沿河城戏台、圈门窑神庙大戏台等。圈门窑神庙大戏台创建于明代，由前后台两个部分组成，台口有木制透雕腾龙祥云构件，前后台之间有精美的木雕隔扇，墀头有砖雕戗檐。圈门大戏台就在圈门窑神庙的庙前，是为祭祀窑神保佑窑工平安的。门头沟自古盛产煤炭、石灰、琉璃，因此民间有敬奉各路窑神的习俗，圈门窑神庙供奉的是煤窑的窑神，每年祭祀时戏台演戏三天。

门头沟的戏台有的建在村头，有的建在村中，往往紧邻寺庙或与寺庙相对而建。张家庄、马栏、大村等设在村的一头，沿河城则设在村子中间部位，由于戏台都建在台基上，高于周围的建筑，成为村子里一道风景，戏台周边有寺庙、井台、碾坊等，空间比较开阔，显然这也是人们交流的重要场所。

过街楼 过街楼是我国古代建筑中的一种形式，是古村落标志性建筑，是领域的象征，有些过街楼是城池的大门，起安全的保障作用，所以一般设在主要街巷、出入口的地方。在北京郊区密云的遥桥峪、令公村，房山的常乐寺村都有保存完好的建筑。门头沟的过街楼遗存数量多，风格各异。装饰最为精美的有圈门过街楼、琉璃渠过街楼。琉璃渠过街楼坐西朝东，建于清朝。过街楼下部为城台状，砖石结构，嵌有琉璃匾额，东是"带河"，西写"砺山"，城台两侧石刻"众善奉行，诸恶莫作"。城台上有殿堂，装饰有琉璃鸱吻、宝相花、琉璃脊兽，还有象驮宝瓶的造型，寓意吉祥太平。整个建筑装饰华丽，有很高的艺术价值。

门头沟过街楼比较典型的还有：军庄过街楼、桑峪过街楼、台上村过街楼、斋堂过街楼、燕家台过街楼、阳坡园过街楼、马栏过街楼等，在北京地区遗存数量是最多的。

会馆 在我国很多地方都有会馆，这是人们交流和聚会的地方，是为了商业经营的需要。说到门头沟的建筑装饰不能不提坐落于三家店村的山西会馆，会馆正殿六间，两厢配殿各三间，殿用黄琉璃瓦装饰，正脊有吻兽，在村落里十分显眼，这象征和当朝皇宫有密切联系。山西会馆在各地都有建造，在京城郊区只此一家。三家店位于门头沟水陆的交通枢纽，是过去山里进入京城的必经之地，商业十分发达，在此经商的有不少山西人。

民居 民居是各种建筑装饰最为主要的载体，门头沟目前仍存有带有各种砖雕、木雕、石雕等装饰的古民居数百所之多，留下了丰富的物质文化遗产和非物质文化遗产。

传统民居保存比较好的村落有被评为中国历史文化名村的爨底下村、灵水村、琉璃渠村，以及被评为历史文化古街区的三家店。除此以外还有许多有特色的宅院，琉璃渠的赵姓宅院、灵水的谭瑞龙家族宅院、刘懋恒、刘增广等十几处举人宅院，三家店的殷家大院、石门营的刘洪瑞大院、黄安坨的马家大院等都是其中的佼佼者，古朴典雅。

门头沟的传统民居保存比较集中的还有斋堂、清水地区的几十个村落，如沿河城、杜家庄、齐家庄、张家庄、马栏、燕家台、李家庄、台上村、台下村、碣石村、西胡林村、前桑峪村、西斋堂村、双石头村、黄岭西、黄安村、达摩村、小龙门村、双塘涧村等，这里的民宅以小三合院、四合院为主，其中不乏大型四合院，且都建造优良，以石雕、木雕和砖雕装饰，整体协调，在山水之间古朴别致。

参考文献：

①互动百科词条 http://www.hudong.com/wiki/%E7%9B%98%E9%95%BF.

门头沟的传家宝
——再谈北京古村落传统建筑装饰

自2003年至2009年,我们用六年时间走访拍摄和调查北京的古村落。由于在拍摄过程中逐步地体会到,在北京地区,随着城市化的进程,周边很多的村落逐渐消失,而在京西门头沟则较为集中完整地保留了明清以来的古村落。因此,我们将目光重点集中在了门头沟,不仅拍下她的大山、古村、古树、古井、老碾……还重点对门头沟古村落的传统建筑装饰文化进行了深入细致的研究。

一、门头沟古村落建筑装饰的重点

在门头沟古村落的传统建筑装饰中,重点主要有以下几方面:

1.门楼:

在徽州民居中有"千金门楼四两屋"之说,可见人们对门的重视。门是门脸,是建筑的门面,是建筑与外界联系的出入口。过去门是主人等级地位和经济实力的象征。围绕门的装饰包括:门簪、门联、门楣、门罩等。

门簪位于大门的上方,一般两颗或四颗,有圆形、六边形、四角形、菱形、花瓣形等。门簪的正面雕刻题材有吉祥文字,福、寿、吉祥、平安等词组。在门头沟一些古村落中,还有很少见到的题字门簪。比如灰峪村一户宅院两颗门簪分别是"一""善",即一善压百恶的意思。还有另一户的四颗门簪写的是

"攸""往""咸""宜"，表达了一种处世的心态。也有的门簪则是直接雕花，包括葵花、牡丹、葫芦等纹饰，比较讲究的则在雕刻的基础上涂抹油彩。

门联在北京民俗中，则与门墩、门雕一样，是北京胡同里的一"宝"。它将诗情画意与建筑情趣共生，借古喻今，规劝言志。门头沟古村落中，大门上典型的门联有"山河气象新，读书旧家声"；"春秋多佳日，瑾瑜发奇光"；"孝友征家庆，读书启世昌"；"忠厚传家久，诗书继世长"等。在灰峪村一个宅门上的门联，上联是"麒麟凤凰出处皆为是瑞"，下联是"芝兰玉树芳馨自应家徽"，横批"斗柄回寅"。

门楣是大门门框上方的横向构件；门罩是在门的上方与门同宽的木雕装饰。门头沟古村落中的门楣装饰主要是砖雕。在大门的门楣上使用万字纹图案是最为常见的，万字相连如人们所说"万字不到头"，象征绵长不断。也在一些显赫的大院门楣雕饰繁缛精美，四季花卉、珍禽瑞兽、市井人物、博古图、四艺图等有机组合。门罩在门头沟古村落里有很多遗存，纹饰主要有狮子滚绣球、富贵牡丹、福到眼前等，也有简单的网格纹，有的则漆上亮丽的颜色。在西胡林一处老宅的木雕门罩，是由鲤鱼和莲花组成，莲花盛开，鲤鱼跳跃，寓意连年有余。

门枕石主要有抱鼓石和箱式方礅两种。在门头沟，抱鼓石数量相对箱式方礅要少。抱鼓石的图案以转角莲花最为常见，鼓上多有趴狮。特别值得一提的是，在牛战村还可以见到木雕的圆鼓。方礅纹饰以刻字最为普遍，也有正面为字，侧面则是吉祥动物或花卉。刻字的有：吉、祥、鸿、禧、寿、福、禄等。侧面雕刻的吉祥动物主要是鸡、羊、鹿、鹤、牛、马等。当然也有牡丹、荷花等花卉图案。

2. 影壁：

影壁是中国传统建筑中非常典型的建筑构件，门头沟以山区四合院为主，影壁是不可缺少的。影壁多以砖雕为主，少数有石雕的。影壁有内外之分，门外影壁坐落于大门之外，实际在大门的对面，有一字式、反八字式、三滴水式、燕翅式等。门头沟的影壁多为门内影壁，外影壁在各个村落中也屡见不鲜，一些大的

图1：商旅图人物门楣

图2：台上村福字影壁

宅院都可看到，杜家庄、李家庄、杨坨、担里、上苇店、齐家庄、川底下、苇子水等，装饰相对简洁，壁心以文字见多。壁心分硬心、软心，硬心影壁用方砖斜拼磨砖对缝，正中刻有文字、花卉或吉祥图案；软心是将壁心用白灰抹墙写字或绘上壁画。影壁的四角也称岔角。门头沟的影壁软心、硬心都不少见，四角的岔角花都很精致，主要有拐子龙、凤纹、莲花纹等，最精美的当属三家店殷家大院的影壁，中间是盛开的牡丹，四角分别是三羊开泰、封侯挂印、鹤寿延年、松树和鹿的砖雕图案。

3. 窗：

窗是建筑的眼睛，与建筑风格及整个建筑和谐一致。过去房子的窗是没有玻璃的，是用木棱条组成的木制窗格，糊上白纸，起到阻断空间和装饰空间的作用。木格的组合各式各样，有万字纹、灯笼框、盘长纹、步步紧、一马三箭等。门头沟以直棂窗见多，也有嵌上精致的花纹，如梅花、蝙蝠等，疏密得当，古朴雅致。在清水镇明代就已成村的两个村落，有比较精美的，由瑞兽组成的图案，一组是象征美满如意，寓意四世同堂的凤凰与祥云，以及狮子滚绣球的团花；另一组是鸡和鹿象征大吉大利，这是很少见的。

4. 博风头：

博风头指山墙上部博风板与墀头交汇的砖雕装饰。门头沟古村落的博风头多姿多彩，有动物、花草及其他吉祥纹饰。有的图案复杂，小小的博风头涵盖了福、寿、吉祥等多种内容；有的则简单，以线描刻画出动物或花卉的轮廓造型即可。一枚铜钱、一朵小花线条简单，不失精美。太极图是门头沟古村落的博风头中常见的图案，人们认为太极是万物之本源，一生二，二生三，三生万物，阴阳平衡，太极纹饰能避免灾难。

5. 屋脊：

屋脊高高在上，也是砖雕装饰最为突出的地方。门头沟古民居的屋脊一般有清水脊和皮条脊，装饰基本是砖雕为主。屋檐配以各式瓦当滴水，装饰多为花草

图 3：达摩村狮子滚绣球木窗

图 4：燕家台阴阳鱼博风头

图 5：三家店盘长屋脊

和吉祥动物。清水脊两端有蝎子尾高高翘起，蝎子尾下点缀各式砖雕，压在蝎子尾下的花砖雕饰称平草，也有陡立的砖雕造型称跨草，更具韵味和立体感。跨草在屋脊的装饰中每一侧的纹饰往往不同，如一侧是菊花，另一侧是莲花或其他纹饰，一般装饰数量对称，或四组，或五组等。一些大的宅院，连排的两房之间用大块的砖雕相衔接，砖雕的图案有盘长、花卉、文字等，文字一般多为福、吉、禄、祥等。

6.门神龛：

门神龛是供奉门神的龛位。大门上贴门神是中国民间的普遍现象，历史悠久，为的是驱邪以保门户的安宁。在门头沟斋堂、清水地区的村落里，不仅可见贴门神，设门神龛也是其独特的现象。在百花山下的古村落有两户民居的门神龛，两侧雕有"早晚一炉香，晨昏三叩首"的字样，横联雕的是"供奉"二字。

门神龛一般在大门外的右侧墙壁上，青砖砌筑而成，有的简约，有的繁复。龛位是一个长方形的砖孔，宽和进深约有10厘米。简约的门神龛工艺是线刻或平雕，有的甚至是在砌墙时留一孔而已，但讲究的在门神龛周边有精美砖雕，在龛位的底部雕上盛开的莲花、牡丹，也有石榴、桃子等，门神龛四周雕有云纹、缠枝纹等。

7.墀头：

墀头是硬山山墙突出于檐头的装饰部位，是砖雕艺术表现的重点。墀头上部的戗檐是一块垂直的方砖，是整个墀头中最抢眼的地方，雕刻也最精美。戗檐的砖雕内容一般是花卉和瑞兽图案，寓意吉祥富贵。讲究的在盘子底下还有垫花，垫花通常是丰满精美的花篮。门头沟戗檐砖雕有鹿鹤同春、喜鹊登梅、凤戏牡丹、鹌鹑荷花、松鹤延年等，戗檐上文字纹是不多见的，上清水村则有几处老房的戗檐是文字纹，而且是两个字组成的词组，有"百福""骈臻""山明"等。

此外，在灵水村和赵家台村发现了与众不同的墀头雕饰。灵水村3号的墀头，中部雕有细腻的人物故事；赵家台的一个四合院，整个墀头通体有方框，方框内四角有角花，中间部位两侧分别是牡丹和莲花，独特简洁。

8. 角柱石：

角柱石是墀头最下方的部位，也叫墙腿石。墙腿石是最容易受到损害的构件，也是重点进行装饰的构件。门头沟的墙腿石都是就地取材，雕饰的内容百花齐放，两侧对称，主要题材有喜鹊登梅、牡丹富贵、连生贵子、一品清廉、四艺图以及文字图案等，也可见到琴、棋、书、画等纹饰。门头沟村落里在角柱石上雕刻的文字有"门庭清且吉，家道泰而昌""东壁图书、西院翰林""发福生财地、堆金积玉门""福如东海、寿比南山"等。另外还有不少角柱石雕刻的是几何纹，如万字纹等。

以上是门头沟古村落建筑装饰的重点内容，但实际上门头沟的建筑雕饰之丰富，还不止这些。比如三家店的殷家大院、杜家庄村民居、上清水村民居等还可见到砖雕精美的山花等，在此不做详述了。

二、门头沟古村落建筑装饰的文化内涵

传统建筑无论是民居，还是王府；无论是寺庙，还是皇宫，任何建筑及其装饰都是人们的理念与追求的反映，任何有生命力的建筑都是有思想的建筑。

门头沟地区的古村落不少是明清以来沿袭下来的，中国传统文化在门头沟古村落的建筑装饰中得到了体现。这既包括政治制度，也包括审美观念、道德观念、伦理观念、价值观念、哲学思想等。大体上可以将门头沟建筑装饰的文化内涵归纳为两大点：第一，门头沟的古村落中儒家的忠孝仁义；佛教的因果报应；道家的阴阳等，在各种装饰题材与各种建筑载体中相辅相成，浑然一体，是中国传统思想儒、释、道的体现。

如门头沟地处京西，山地四合院因地制宜，延伸了京城四合院的灵魂，天人合一，崇尚自然，主次分明，对称和谐，尊卑有序，聚而不乱。

图 6：杜家庄门神龛

图 7：花卉墀头

图 8：台上村"诗书继世长"角柱石

在门头沟民间有"先有潭柘寺，后有北京城"之说。被誉为天下第一坛的戒台寺，京都第一寺的潭柘寺，金顶妙峰山娘娘庙都在门头沟。在明清两代鼎盛时期几乎村村都有寺庙，龙王庙、药王庙、关帝庙、娘娘庙、九圣庙、马王庙、窑神庙以及庵、观，不胜枚举。寺庙建筑是木雕、石雕、砖雕、绘画等建筑装饰艺术最重要的载体之一。

第二，体现了民俗文化，包括福文化、寿文化、和文化。寿文化的元素在古村落的建筑装饰中最为多见。各种图案和多种形式的表达反映了人们对生命的崇拜和希望长寿健康的寄托。在门头沟的民居中有许多艺术化的寿字，也有寓意长寿的鹿、鹤、蝴蝶、猫、梅花、松树、寿桃、菊花、灵芝、山石、暗八仙等，遍布民居建筑。

福文化的各种题材和纹样在建筑装饰中体现得更加丰富多彩。福字本身"一口田，衣禄全"，在农耕时代涵盖了人们对幸福的朴素理解和追求。代表性的纹样还有梅花、葫芦、蝙蝠等。梅花有五福之说，葫芦、蝙蝠是借其谐音，常与钱币、寿桃、牡丹、海棠、飘带、祥云等组合图案，寓意福寿双全、福到眼前、福从天降、福寿绵长、福寿如意、幸福吉祥等。门头沟民居中影壁的壁心、瓦当、门簪是直接使用福字最多的构件，民居的墀头、门罩等则多使用蝙蝠等。

和文化是中国文化中的重要组成部分，和字的寓意无穷，但在建筑中一般不是通过文字题材表达，而是通过其他众多题材表现。荷花在门头沟古民居的建筑装饰中是使用最多的一个题材，为众多题材之首。荷花有莲花之称，不仅莲与连谐音，同时荷与和、合谐音，与以和为贵，和气生财，家和万事兴的传统思想相契合，深得人们喜爱。反映"和合"内容的题材和图案不在少数，通过吉祥纹饰，表达夫妻和睦、兄弟和睦、家庭和睦、天下大同的理想境界。如和合二仙、和和美美、鸳鸯喜荷、鸾凤和鸣、六合同春、五世同堂、七世同居、九世同居等。

三、地域对门头沟古村落建筑装饰的影响

谈到地域的影响，这里特别提到一个概念，就是"线型文化遗产"。单霁翔在《从"文物保护"走向"文化遗产保护"》一书中提到了线型文化遗产的概念，即"拥有特殊文化资源集合的线状或带状区域内的物质和非物质的文化遗产族群，因其线状的分布和遗存的特性而称之为线型文化遗产"。"线型文化遗产的形式和内容丰富多彩，其中河流、峡谷、运河、道路以及铁路等都是重要的表现形式，大多代表了早期人类的运动路线，并体现着地区文化的发展历程，例如从早期的利用河渠运输，逐步发展到修建运河、公路及铁路。带状绵延的长城及周边的附属建筑、城堡、关塞、烽燧等，也属于线型文化遗产……"[1]

北京的母亲河永定河贯穿门头沟境内，佛教胜地香火鼎盛，寺庙众多，有通往山西、河北、昌平等地的古驿道、古商道，因历史上的战略地位关口重重，物产丰富，煤业、石灰、琉璃业、手工制造业发达。永定河、古香道、古驿道、古商道，东连京城，西往山西、内蒙，成为了门头沟古村落在历史上聚集、发展、兴旺的重要原因。这样的生活环境，也使门头沟古村落建筑形式、装饰风格体现出地域的特征和个性，既吸收了山西民居的特点，又兼受京城民居的影响，同时带有山村的粗犷拙朴风格。

除了门头沟的交通运输，门头沟历史上物产丰富，工商业的发达也给当地的村落兴建提供了便利。琉璃渠村生产琉璃制品，所烧琉璃直接为宫廷建筑所用。元代时迁居琉璃渠并将工艺带到此地的山西赵姓人家，在光绪年间后人被朝廷授以三品顶戴。

三家店是交通要道，商业运输发达，商贾云集、店铺林立，最多时有商户、作坊二百多家，有很多山西客商在此设立会馆，甚至有外国人开设的咖啡馆。布、粮、药、杂货、首饰、饭铺、缝纫、客栈、煤厂等经营，以及各种服务门类一应俱全，天利、泰和、天成等煤厂经营达百年。

门头沟盛产煤炭，范围东起区界香峪大梁西至百花山，长约40公里，南北宽约20公里。不少村庄是以生产和运营煤炭为主，西山进京的路上运煤的车队络绎不绝，成为京西特有景象。旧时京西门头沟一带以运煤为业者达万余人，运煤牲畜万余头，形成许多运煤的大车户、骆驼户、饲草供应、客栈等。元代熊梦祥在《析津志》中写到："城中内外经济之人，每年九月间买牛装车，往西山窑头载取煤炭，往来于北新安及城下货卖，咸以驴马负荆筐入室，盖称其时……往年官设抽税，日发煤数百，往来如织。"这些都带动了门头沟村落的发展。

三家店的殷家大院，琉璃渠赵姓宅院，石门营刘洪瑞宅院，灰峪村的范家宅院，其当时的主人都是显赫一时的皇商或开办煤业、灰业的窑主、富商，这些住宅也成为门头沟古村落传统建筑的经典代表。

四、小结

随着城市化进程，古村落正以惊人的速度消失。北京郊区部分县区已完全没有了明清古村落，有的地方村落依然，但其韵味，气质、个性全无，不可再生，只能在书中寻找过去的记录。

山西的乔家大院、安徽西第宏村、江西婺源、湖南凤凰等地的开发，无论是对历史文化研究、建筑文化研究、民俗文化研究，还是开发旅游都有重要意义。爨底下是开发较早的村落，对门头沟古村落的开发有重要的示范作用。而一些地区重建、仿建的尴尬也给人以借鉴。

随着社会物质水平的提高，人们对精神文化的需求快速增长，对文化的需求为古村落在新时期的发展与保护利用提供了机遇。人们不仅看到了古村落的研究价值，也看到了它具有的旅游开发价值，开始重新认识古村落的民居、寺庙、古井、古树、老碾。当前人们对古村落保护的意识不断提高，但社会发展与文物的保护不能同步，政府对文物保护的重视程度与人们现实的利益以及期待尚存在一定的差距，这些都值得研究。

门头沟的古村落保留数量是最多的，就像大山深处的瑰宝。随着城镇发展越来越快，老村的风貌越来越少，历史资源将越来越珍贵。爨底下、琉璃渠、灵水已成为全国历史文化名村，三家店被评为历史文化街区，这些都得到整体保护，成为门头沟的宝贵财富。不仅如此，每一个村落的每一块花砖，每一枚瓦当，每一对石礅，每一幅门联都是门头沟的传家宝。

参考文献：
①单霁翔著，《从"文物保护"走向"文化遗产保护"》，天津大学出版社，2008年。

京西的线型文化遗产与永定河文化

谈到线型文化遗产，人们耳熟能详的是中国北方的万里长城，西北五省的陆地丝绸之路，东部的海上丝绸之路，滇藏的茶马古道，贯通南北的京杭大运河等。

故宫博物院院长、原国家文物局局长单霁翔曾在文化遗产的书中提到过："线型文化遗产即指拥有特殊文化资源集合的线状或带状区域内的物质和非物质的文化遗产族群，往往出于人类的特定目的而形成一条纽带，将一些原本不相连的城镇或村庄串联起来，构成链状的文化遗产状态，真实地再现了历史上人类活动的移动，物质和非物质文化交流的互动，并赋予作为重要文化遗产载体的人文意义和文化内涵。"[①]

"线型文化遗产的形式和内容丰富多彩，其中河流、峡谷、运河、道路以及铁路等都是重要的表现形式，大多代表了早期人类的运动路线，并体现着地区文化的发展历程，例如从早期的利用河渠运输，逐步发展到修建运河、公路及铁路。带状绵延的长城及周边的附属建筑、城堡、关塞、烽燧等，也属于线型文化遗产。"[②]

在京西地区，门头沟的山山水水也有着属于自己的线型文化遗产。永定河、古商道、古驿道、古香道、古军道、西山大路、长城等，这些京西地区的线型文化遗产，也穿越了北京西部山区的历史，串联起星罗棋布的村落，哺育着生活在这里的人们和他们淳朴的习俗，都孕育形成了包括地质文化、水利文化、交通文化、古人类文化、古村落文化、宗教文化、军事文化、民俗文化等在内的独具一方特色的永定河文化。

一、永定河与三家店的村落文化

"京西境内的最大河流永定河，源出于山西省的宁武县和内蒙古自治区的兴和县，全长680公里，流经山西、内蒙、北京、河北、天津等五省、市、自治区，被称为'北京的母亲河'。永定河裹挟的大量泥沙淤积形成的北京冲积、洪积扇平原是北京城建立的地理基础。而永定河流域的水利、煤炭、建材、木材等则是北京城延续和发展的主要资源基础。"[3]永定河及其支流养育了京西地区远近散布的村落和集镇，也滋生了丰富多彩的民间文化。著名的古村三家店就扼守在永定河的出山口处第一大村，是连接西部山区至京城的交通枢纽之地，也是各种物资交流的中转站，京西重要的贸易集市。

1. 千年古村三家店

三家店位于门头沟永定河的北岸，已被北京市列为历史文化保护区的老街。

它绵延近两公里，两侧古朴的民宅，沧桑的槐树，见证着老街千年的历史。

三家店庙宇众多。有始建于唐朝的白衣观音庵，坐落于中街，庵中前殿三间，正殿三间，均为琉璃瓦挑大脊顶，庵中藏有碑刻。

村西有座龙王庙，推开庙门几步之遥便能望到永定河宽阔的水面。龙王庙里供奉着龙王像，带着百姓的企盼，镇守在永定河畔，掌管着年年的风调雨顺。庙中还有一棵古槐，遮天蔽日，清凉了整个小庙和一段老街。

还有一个关帝庙，又称铁锚寺，在京城仅此一家。小庙只有一间房，小巧精致。原是由于三家店村头曾是一个古渡口，是北京最早的水上交通枢纽，1921年村西渡口修桥，人们将渡船的铁锚供奉在关帝庙，从此关帝庙也称铁锚寺了。现在，三家店已有数座桥相连两岸，天堑变通途。

由于门头沟煤矿资源丰富，自明清起，便形成了煤运集散地。在三家店小学，

图1：三家店龙王庙

图2：京西太平鼓

校园内有一组保存完好的明清建筑——山西会馆。会馆旁的一个石碑上记载了修建会馆的年份和捐款之人，当年山西煤炭商贾的云集让人依稀可感。

中街路北75号院天利煤厂的旧址殷家大院，也是三家店煤业繁盛的见证。殷家开办煤厂，收购山区运来的煤炭，再转运京城，身份显赫。煤厂有三组院落，七十二间房，门楼砖雕精美，影壁雕饰华丽，很是气派。

历史上的三家店还经营有大大小小商铺，如杂货、粮食、肉铺、药铺、油盐店等，甚至还有日本人开的三吉咖啡馆，咖啡馆原坐落在82号，现在已经是普通民居了。除了这些，山里人也将东山的白梨、龙泉务的白杏，山里的核桃和大盖柿等山货特产运到此处卖掉，换回盐、杂货等，丰富而热闹。

现在，公路已经延伸向山里，国道从三家店村旁经过，三家店不再是人们进山出山的必经之道了。村子失去了往日的繁华，长长的街道不再熙熙攘攘，只是一些走街串巷的商贩，卖些豆腐、蔬菜、粮油以及当地的时令水果。

不变的是那粗大的国槐，一座座老宅和庙宇，剥落的门帘，依旧像一本泛黄的故事书，让人们浏览和回味。

2.太平鼓民俗文化在三家店的传承

除了耐人寻味的古槐、老宅、庙宇……在三家店村还传承着走出了门头沟，走向全国乃至世界的国家级非物质文化遗产——京西太平鼓。

"太平鼓"历史悠久，源远流长，是一项流行在中国北方的北京、河北、辽宁等地区的民间自娱自乐的舞蹈表演艺术。它在历史上几经盛衰，在京西地区已经流传了二三百年。相传太平鼓自明代起在北京流传，清初的京城内外，太平鼓极为盛行。至清末，太平鼓传入门头沟地区。历史上门头沟很多村落家家户户、男女老少几乎都会击打太平鼓。在清代宫廷中，旧历除夕要击打太平鼓，取其"太平"之意，所以北京也称太平鼓为"迎年鼓"。太平鼓在每年的腊月和正月最为活跃，百姓们击打太平鼓更是对太平盛世国泰民安的期盼，在某种程度上也可以折射出北京地区的节庆习俗。

三家店村的高洪伟，是国家级非物质文化遗产京西太平鼓的传承人，其父高殿启是京西太平鼓的代表人物之一，为京西太平鼓的传承和发展做出了重要的贡献。高洪伟的太平鼓技艺是家传的，他是父辈太平鼓技艺的继承者。

高洪伟和他的父亲高殿启（1935年生人），就生活在永定河左畔的三家店村。这样的地理环境，永定河带来的交通枢纽与经济贸易的往来，使得这里的农村生活不完全受到自然条件的限制，村民在物质和精神生活上容易打破自给自足的局面，与外面的世界有较多的接触机会，造就了当地人开放交流的性格，便利了民间文化的接纳吸收与交互传播。

早在民国年间，高洪伟的奶奶和村里的妇女们在自家院子、街巷和田间打太平鼓，高殿启就跟着她们把这项技艺学了下来。因为当时的妇女大多缠足，她们打太平鼓的动作幅度都比较小，舞姿呈现出一种阴柔之美。太平鼓一直是女人的游戏。高殿启根据自身的特点，对自己从前辈那里所学习来的技法进行了大胆的改革，他把太平鼓的舞蹈动作幅度加大，把节奏加快，特别是增加了一些适合于男性表演的跳跃性动作，使太平鼓的动作变得雄健、刚劲，给人以一种生龙活虎的感觉，更适合于营造热烈的场面，烘托喜庆的气氛，从而也形成了自己的表演风格，他的太平鼓表演方式被称为"男子太平鼓"。

高洪伟家兄弟姐妹四人，在他上面有两个姐姐，一个哥哥，他们都没学打太平鼓。高洪伟却从小在父亲的耳濡目染之下，从上世纪70年代开始走上了打太平鼓的艺术道路。"舞步重心在后跟，抬脚后刨带颤肩，人随鼓点而舞动，耍起鼓来要走圆，鼓缠人舞人不见，扭起身躯似柳弯。"这是高洪伟总结起来的多年来打太平鼓的心得。

直到2006年，高洪伟毅然扔掉首钢的"铁饭碗"，一门心思地组织起了北京门头沟区京西太平鼓民间艺术团。团队由4人发展到现如今的50人，凭着太平鼓的精湛技艺，走出了三家店，走出了门头沟，走出了国门，代表中国把民族的特色和民族的自信展示给了世界。太平鼓也成为了门头沟的一张亮丽的文化名片。

二、长城与沿河城的军事文化

门头沟的黄草梁,位于斋堂镇北14公里处,这里自古就是北京通往塞北的重要通道。这里保存着明代长城,北通居庸关,南到紫荆关,曾是北京西部重要防线。敌台丛密,城墙连缀,七座城楼于山体上连成一线,故称"七座楼"。敌台地据要处,有"一夫当关,万夫莫开"之势。由于现在归属沿河城管辖,所以这里的敌台都标有"沿字×号台"。历史上几次战役都发生在这里,金灭辽,元灭金,均假道于此而攻居庸关。明代有此前车之鉴,故重兵把守,增筑敌台、城墙、扼守古道,保卫京西。

正因为长城设于此,也就形成了永定河流域的军事文化。沿河城村,正是由此得以发展。沿河城村,村如其名。村北沿永定河,河水清澈,岸边绿树成荫。村子依然保持着城垣,厚重而高大的城墙围裹整个东西走向的村庄,东、西、北三面为直线直角,南面依山势蜿蜒如弯弓,全部以巨大的石块垒砌,甚为壮观。也有的地方已经坍塌,但轮廓清晰,城墙上杂草丛生,跑马道却依稀可见,让人不免联想当年的固若金汤,旌旗猎猎。

据史料记载,沿河城金代成村,曾叫三岔口、沿河口,战略位置极为重要。明永乐年间设守驻防,万历年间建成城垣,更名为沿河城村,可谓名副其实了。沿河城原有东、西、南、北四个城门,东为万安,西为永胜,南、北门为水门。现西门和北门完好。建城以后,附近百姓陆续迁入,成为了五业兴旺,人烟辐辏的小城。由于曾经是军事要塞,村里的遗址和故事传说都与此有关。沿河城立于清乾隆二十五年壬午(1762年)的《重修真武庙》碑记载:"沿河以山为城,以河为池,乃京师咽喉之地。"④

村子里的院落规整和紧凑,两条主街为前街和后街,大大小小的巷子和胡同四通八达,与主街相连。据记载:"城中原有三街六巷七十二条胡同,城外西关关帝庙内有总的衙署,人称下衙门;城东有守备府衙;城东北角设有营房、小校场;

图3：修缮一新的明长城敌台

图4：西山大路北道牛角岭至韭园村段

城西南制高点上设有大板仓、望警台;城西设有火药楼、过营岗、大校场、演武厅等设置。沿河城作为京畿西陲军事守备中枢,驻防之官明时为守备,清时为都司,官阶为四品武官,下辖十七道关口,空心敌台十七座,附墙台五座,烽火台九座,边墙五百八十丈,二三千马步军兵。"⑤

今天,村子中央的古戏台前,老槐树下村民围坐在一起,休憩乘凉。小城犹存,河水依旧,烽火狼烟不再,崇山峻岭之中,沿河城静谧而祥和。城外的珍珠湖映衬着层层叠叠的青山,勾连起湖那边的树林和湖这边的村子。残存的城垣依然坚守,坚守着村子的历史,坚守着村子的记忆。

三、古道西风瘦马

在永定河流域,遍布着纵横交错的京西古道。单霁翔院长曾经撰文概括指出:"北京门头沟地区文化线路遗产资源丰富。西山大路,自古以来就是京西山区通往京师的重要交通干线。这条古驿道历经金、元、明、清、民国长达800多年,特别是明代以来古驿道经修建,成为联系陕西、内蒙草原的主要道路。同时,由于商贸、宗教、军事等各方面的需要,门头沟地区逐渐发展形成了一条条重要的交通干线和枢纽。在商贸方面,由于门头沟山区蕴藏着优质煤炭,辽代以后一直是北京城的煤炭供应基地,早期以驴、骡等牲畜运输为主,昼夜不断,逐渐形成商道。同时山里的干鲜果品、土特产品也通过商道外运,城里的食盐、布匹以及各种日用物品则通过商道运进。在宗教方面,门头沟地区的寺庙众多,尤以潭柘寺、戒台寺、妙峰山娘娘庙等最为著名,到寺庙进香的民众常年不断,庙会期间香客更是数以万计,从而形成以寺庙为中心的香道。在军事方面,沿河城作为古代北京西部重要的军事隘口,明代有重兵驻守,清代设守备负责沿线敌台的防务。斋堂城则是军事防御线的后方基地,当时所有军事物资、建筑材料的运输,以及敌台之间联络等,均依靠斋堂至沿河城的古道通行。"⑥

京西的古道遗存，以河流、山隘等地形为基础，以人类各种活动为主线，包括了商旅、宗教进香、军事等功能系统，主要包括以下干线：

一、永定河天然走廊及水运航道。二、永定河两岸河畔古道。三、以东西向为主的主干道——西山大路。四、永定河左岸地区的古道。五、连接明代"内三关"的皇太妃岭道（又称沿长城关隘古道或明内长城"三关"联络道）。六、以较大寺庙及庙会活动为主的进香道。

以西山大路为例。阜成门是北京内城的西门，原叫平则门，俗称煤门，即进煤之门。城门洞里刻有一朵梅花，即旧京十二景之一的"阜成梅花"，取自"煤"的谐音，北京城与门头沟之间运煤的车马驼队从此门进城。西山大路出阜成门自永定河庞村、麻峪、三家店等古渡口向西，分南、北、中道，在王平口汇合后，越大寒岭到斋堂川，再分路连接村镇，越岭到房山、涞水、涿鹿、怀来，是以商旅为主要用途，辅助用于军事和进香等活动。永定河出山口处左岸的三家店及右岸的琉璃渠、城子、大峪等地，是京西古道平原路段与山区路段的衔接点，也是西山大路的起点。三家店白衣观音庵内现完整地保存着一块立于清同治十一年（1872年）的修桥补路碑，碑文题刻名曰"重修西山大路碑记"，碑文为："西山一带仰赖乌金以资生理，而京师炊爨之用尤不可缺，道路忽而梗塞，各行生计攸关。"⑦此碑见证了西山大路上繁荣的商贸历史。

京西古道正像诗歌中所描写的那样：

驼铃悠悠，
只有那些枯枯荣荣的草丛中，
深深浅浅的蹄窝，
镌刻下那沧桑的过往，
日日月月，月月年年……

参考文献：

①单霁翔：《大型线型文化遗产保护初论：突破与压力》，《南方文物》2006年第3期，第2页。

②单霁翔：《大型线型文化遗产保护初论：突破与压力》，《南方文物》2006年第3期，第2页。

③刘铁梁主编：《中国民俗文化志·北京门头沟卷》，中央编译出版社2006年版，第5页。

④北京门头沟村落文化志编委会编：《北京门头沟村落文化志》，北京燕山出版社2008年版，第723页。

⑤北京门头沟村落文化志编委会编：《北京门头沟村落文化志》，北京燕山出版社2008年版，第723页。

⑥安全山编著：《京西古道》，团结出版社2013年版。

⑦安全山编著：《京西古道》，团结出版社2013年版。

谈非物质文化遗产京西太平鼓的保护

联合国教科文组织《保护非物质文化遗产公约》定义：非物质文化遗产指被各群体、团体、有时为个人所视为文化遗产的各种实践、表演、表现形式、知识体系和技能及其有关的工具、实物、工艺品和文化场所。各个群体和团体随着其所处环境、与自然界的相互关系和历史条件的变化不断使这种代代相传的非物质文化遗产得到创新，同时使他们自己具有一种认同感和历史感，从而促进了文化多样性和激发人类的创造力。

"太平鼓"历史悠久，是一项流行在中国北方的北京、河北、辽宁等地区的民间舞蹈表演艺术。它在历史上几经盛衰，在京西地区已经流传了二三百年。太平鼓自明代已在北京流传，清初的京城内外，太平鼓极为盛行，明清大量诗文对此有所记录。在清代，太平鼓已传入门头沟地区。历史上门头沟很多村落几乎家家户户都会击打太平鼓。在作为"天朝大国"的清代宫廷中，旧历除夕要击打太平鼓，取其"太平"之意，所以北京也称太平鼓为"迎年鼓"。太平鼓在每年的腊月和正月最为活跃，在当地的岁时民俗活动中很吸引人，百姓们击打太平鼓更是对太平盛世、国泰民安的期盼。打太平鼓不仅可以烘托节日气氛，在某种程度上也可以折射出北京地区的节庆习俗。

太平鼓经过了人们数百年的祖辈相传、多代人的口传身授，至今一直保持着朴实无华、健康活泼的艺术特色。现今在北京地区主要流行的太平鼓集中于西部的门头沟、石景山、丰台、房山等地区，由于地理方位的原因，人们习惯地称这种民间舞蹈为"京西太平鼓"。

在这四个地区中，以门头沟的太平鼓最具有代表性。太平鼓作为一种老百姓自娱自乐的民间舞蹈，深入门头沟人民的心中。从区域东部的永定河边到西部的百花山下，几乎每个村子的村民都有打太平鼓的传统，从历史上以采煤业为主的工矿区，到西部以农林为业的深山区，到处都可以听见太平鼓的"咚咚"声，太平鼓是门头沟区在春节前后最普遍的一种民间文化活动。

2006年5月20日，经国务院批准，由门头沟区申报的"京西太平鼓"被列为首批国家级非物质文化遗产保护项目。2008年，石景山太平鼓、丰台区怪村太平鼓被列为"京西太平鼓"的扩展地区，也列入了国家级非物质文化遗产。为了与外省市的太平鼓舞蹈加以区别，门头沟区在进行非物质文化遗产申报的时候，特意在"太平鼓"的前面，加上了"京西"二字，正式把这种民间舞蹈的名称定为"京西太平鼓"。

京西太平鼓作为历史悠久的地域性民间舞蹈样式，在新时期得以延续，风生水起，生命力得到新的诠释和升华，应当是有效保护的结果。所谓保护，就是使文化遗产得到传承延续，我们需要采取怎样的措施，如何保护，保护什么，谁来保护等。保护是一个长期的过程，这个过程是对文化遗产进一步确认的过程，也是文化进一步传承、发展、创新的过程。对于京西太平鼓的保护在文化传承与创新中的作用，门头沟在实践工作中对我们有宝贵启示。

一、开展普查、调研是保护工作的基础

"中国民族民间文艺集成志书"的编撰，是新时期非物质文化遗产抢救与保护工作中令人瞩目的成就，对京西太平鼓的传承、保护有不可低估的示范作用。被誉为"中国文化长城"的中国民族民间文艺集成志书的编撰及普查、研究、出

图1：永定河博物馆藏京西太平鼓

图2：永定河博物馆藏京西太平鼓

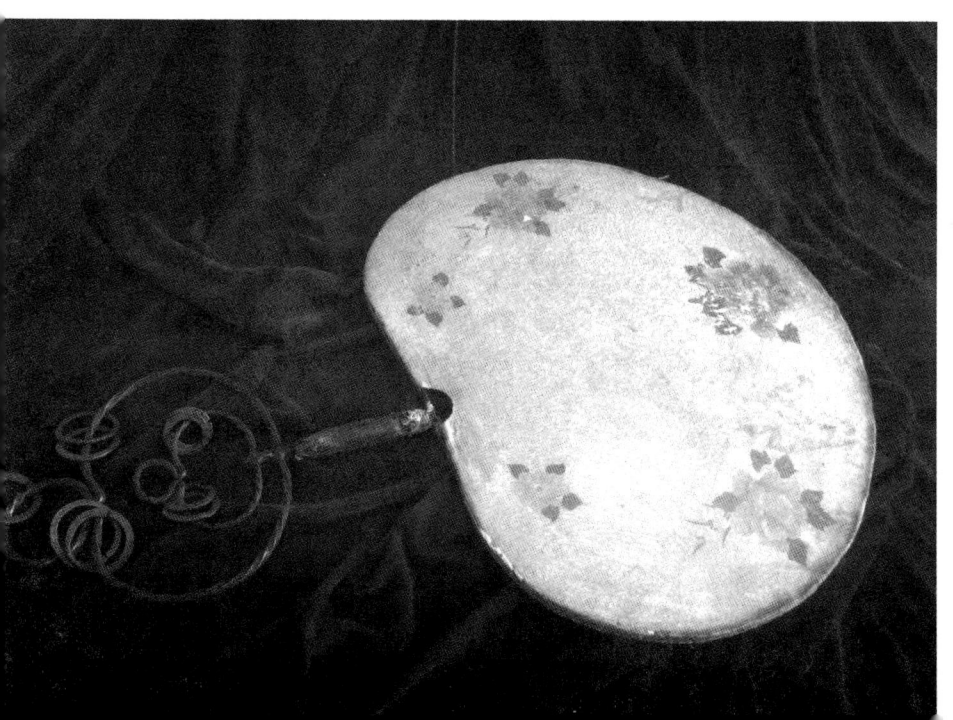

版工作的启动，是我国 20 世纪抢救与保护非物质文化遗产的宏大工程，涵盖了民间文学、民间音乐、民间舞蹈、戏曲、曲艺 5 个艺术门类的 10 个领域。

1983 年，北京市民间舞蹈集成编辑组董敏芝、阮兰玉和门头沟文化部门的董秀森、焦志刚等工作人员深入民间搜集、整理太平鼓艺术，并应用在创作实践中，取得了可喜的研究成果。当时条件艰苦，到各个村落的道路都是土路，汽车不通，他们下乡时乘坐 130 货卡，将自行车一同带到乡里，然后再骑车下村，深山区的村落分散有的完全靠步行，每次下乡都要几天再返城。门头沟区具有典型性代表的太平鼓老艺人高殿启、李全友、阎锡青、鲁香林等人参加了这次太平鼓的传授工作。

门头沟文化馆副研究员董秀森曾长期致力于太平鼓艺术搜集、整理、研究。他回忆当年调查时的情景，太平鼓无论是鼓点、套路、绳歌完全没有文字流传，太平鼓的传承全靠口传心授，对保护和传承十分不利。经过整理的门头沟太平鼓被收入《中国民族民间舞蹈集成·北京卷》《中国民间歌曲集·北京卷》中，从口传心授到鼓谱、曲谱、歌词形成书面化。在采访和调查中，为太平鼓老艺人建档，做了录像，留下了宝贵的影像档案资料。现在的太平鼓，既有文字范本可考，又有音像资料可查。

京西太平鼓的有效保护首先得益于"中国民族民间文艺集成志书"这项工程的开展和实施。《中国民族民间舞蹈集成·北京卷》《中国民间歌曲集·北京卷》的搜集、整理、编撰对太平鼓的传承、保护至关重要，取得了丰硕成果。同时，这一普查、研究工作也促进了各项民间文化的保护工作展开。门头沟区本着对民间文化的重视和爱护，从上个世纪 80 年代起文化部门开展广泛普查、调研工作，收集本地区民歌近 400 首；民间故事、传说 400 余个，民间小吃上百种，民间戏曲 4 种，剧目数十个，民间音乐曲谱 100 余首，民谣民谚 6000 余条，整理记录民间花会 16 种 40 余档等。

这一过程培养锻炼了队伍，无论是专业文化工作者还是民间的太平鼓艺人传承、保护、弘扬的意识都得到明显提高；同时激发了文艺工作者的创作热情。1984年，门头沟组织300余人的太平鼓队伍参加了国庆三十五周年的天安门游行表演；1988年，门头沟400人的太平鼓表演队参加全国农运会开幕式演出；1990年，门头沟800人的太平鼓表演亮相于北京第十一届亚运会开幕式上。

2002年在北京市的支持下区政府再次拨专款并组织人员对太平鼓进行以"保护北京民间艺术，打造门头沟特色文化品牌"为主题的挖掘、保护、弘扬工作。2002年京西太平鼓列为北京市民间文化重点保护项目。

无疑，普查工作是非物质文化遗产保护的重要基础，不仅获得大量的珍贵的文化资源信息，资料，摸清了"家底"，同时为进一步的保护工作创造了条件。门头沟区在对京西太平鼓的搜集整理的基础上，加大了对太平鼓文化的理论探讨，多年来召开不同层面的座谈会、研讨会、专家论证会等；80年代以来京西太平鼓研究成果显著，太平鼓艺术研究、太平鼓文化研究及历史研究的著述不断涌现，分别是董秀森的《京西太平鼓》、魏洲平《关于太平鼓的有关问题》、梁云龙《花会中的太平鼓》、李元强、潘慧楼《京西太平鼓》。

对太平鼓的重视，在整理、挖掘工作中的严谨态度，原始、翔实的资料为太平鼓的传承发展打下了坚实的基础；同时理论工作的深入对太平鼓的保护起了积极的推动作用。

二、京西太平鼓的"申遗"成功，对保护的重要意义

2005年京西太平鼓"申遗"工作开始，这一阶段工作的主要特点是门头沟区对京西太平鼓的传承、保护，无论在观念上还是在具体工作中，都已经达到比较自觉和积极的状态。

2005年，国务院办公厅下发了《关于加强我国非物质文化遗产保护工作的意见》（国办发【2005】18号），同年，文化部下发了《文化部办公厅关于开展非

物质文化遗产普查工作的通知》（文办社图发【2005】21号），北京市人民政府办公厅也下发了《关于加强本市非物质文化遗产保护工作的意见》（京政发【2006】1号），对北京市各区县非物质文化遗产普查工作进行了具体的安排。

在这一重要节点，门头沟区没有犹豫和等待。门头沟区以"申遗"为契机，组织动员上百名调查员深入村镇实地调查采集了数百种非物质文化遗产项目，在普查的基础上编印了《门头沟区非物质文化遗产普查项目汇编》《门头沟非物质文化遗产名录论证报告汇编》等，共计40余万字。记录了40项普查项目，23项区级非物质文化遗产，其中申报北京市非物质文化遗产名录项目11项，国家级非物质文化遗产项目3项。这次普查工作不仅对全区宏观性的京西太平鼓生存、发展状况作了调查、梳理，还对全区各村镇太平鼓状况作了详尽了解，进行填表登记。

2005年9月在进一步普查和整理的基础上，门头沟区文化委员会正式提出京西太平鼓申遗报告，申报北京市级非物质文化遗产，同时申报国家级非物质文化遗产。此项目在同一年顺利通过专家组的论证。2006年5月20日，经国务院批准，门头沟区申报的"京西太平鼓"被列为首批国家级非物质文化遗产保护项目。2006年6月10日，京西太平鼓正式入选国家级非物质文化遗产代表作。《国家级非物质文化遗产代表作申报书》（详见附件）。2008年，石景山太平鼓、丰台区怪庄太平鼓被列为"京西太平鼓"的扩展地区，也列入了国家级非物质文化遗产。申遗的成功，使京西太平鼓的保护进一步得到保障，发展有了质的飞跃，可以说是一个重要的里程碑，打上了中国非物质文化遗产的烙印，代表中国的民间传统文化走向更为广阔的世界舞台。

自2006年申办国家非物质文化遗产以来，京西太平鼓呈现跳跃式发展的良好态势，庆典、展演、庙会、舞蹈比赛、民间交流、国际交流等多层面立体式市场体系已经形成，参加有重大影响的活动是近年来京西太平鼓发展的一大亮点，显示出申遗成功活力，真正成为人们喜爱的民间艺术，成为门头沟的一张文化名片。

门头沟京西太平鼓申遗工作的成功，是对以往传承保护工作的一个确认，同时以此为起点，重新审视传承、保护工作中的问题，制定切实可行的措施，更加科学的规范的计划，传承、保护工作进入到一个全新的更高的发展阶段。

三、不断突破表演瓶颈，以创新促进保护

任何非物质文化遗产都是具体人文环境与自然环境的产物，在社会发展和转型中没有创新就会萎缩或消失。因此，对太平鼓的保护也必须主要抓好两点：一是保护，保护首先是传承，传承是保留原来的，不中断，在传承中保护；二是创新，创新不是重新开始，不是抛弃，而是在前人的基础上原有的基础上创新，使太平鼓在创新中发展，拓展生存空间和扩大积极影响，增强生命力，这也是时代赋予的任务，单纯的原封不动的保护是消极的保护，是萎缩，不进则退。

京西太平鼓的发展过程既是嬗变的过程，也是在尝试和创新中得到升华的过程。

1953 年，西店村老艺人樊宝善组织队伍参加北京市劳动人民文化宫的演出，演员以门头沟煤矿工人为主，舞蹈名称为《和平鼓》。至此，太平鼓从街头巷尾登上舞台，开太平鼓舞台演出之先河。

1977 年，门头沟聘请东方歌舞团的田农同志和罗捷书同志与区文化部门的同志一起研究，从原始太平鼓舞蹈艺术中获取素材，编排了配乐舞蹈《胜利鼓》以表达庆祝粉碎四人帮，百姓为之欢欣鼓舞的愉悦心情，这一节目参加了国庆游行的调演并获得成功。

1984 年，门头沟区组织 300 人的太平鼓队伍参加了国庆三十五周年天安门游行表演。这是首次参加大型的广场表演活动，参与人员创历史之最，为以后大型展演活动的人员组织、舞蹈编排提供了宝贵经验。

2006 年，门头沟区太平鼓民间表演团第一次走出国门，参加"北京风情舞动悉尼"盛装游行活动，这是北京市组织的宣传北京和 2008 年奥运会的重大活动。

为了适应国外的演出，时任总编导刘向阳对太平鼓的套路和舞蹈重新组合，突出亮点，突出神韵，队员身着色彩明快的民族服装，营造喜庆气氛，演出获得巨大成功。

笔者认为上述的表演成功，在太平鼓的发展和传承上有重要意义，它意味着太平鼓的突破和创新。首先，突破了太平鼓走向更大舞台的三个瓶颈，突破的第一个瓶颈是将原来适于庭院的太平鼓，本着既要保留主要套路的原汁原味，又要适应于时代的要求，加入现代的舞蹈元素，对于舞台表演、行进中的表演进行了大胆尝试和实践，取得了经验。突破的第二个瓶颈是将原来少数人自发、即兴，自娱自乐的太平鼓，经过改编、创新，通过组织、复制，演变为可以多元舞蹈元素组合、众多数量人员参加的集体舞蹈。第三个突破是通过大胆创新尝试，将带有中国传统的韵味和传统程式的曲牌与多元文化有机融合，使太平鼓在不同的国度，不同的语言和不同的文化背景下得到共鸣和认可，走出国门。

我们国家不断走向强大，大国就要有大国的风范。随着社会的发展，在广场、大街上表演越来越多，在大的场合表演需要大气，否则没有效果。经过数次改编的太平鼓大气磅礴，一往无前，体现了中华民族的崛起和复兴，体现了我们对中国梦的追求。

以上问题的突破和解决，实际是探索、创新的结果，也有利于太平鼓的传承、保护、利用，发展，太平鼓艺术是活态的艺术，一成不变就没有出路和前途。通过创新，太平鼓焕发出新的生命力，不仅是民众参与的娱乐活动，同时也已转化为体现民族精神文化内涵的表演，在传播、交流、审美、娱乐、庆典等多方面得到展示和提升，成为具有影响的民族文化品牌。

传承是非物质文化遗产的基本特点，进化是非物质文化遗产发展的基本规律，任何艺术的发展过程实际都是继承与创新的彼此融合的过程。传承不是脱离当下，发展不是抛弃过去，在任何时代背景下，任何艺术形式的继承与发展，一定不是原有的艺术形式的复制与照搬，而是在诸多因素的影响下在原有艺术的基础上再

图3：2006年京西太平鼓表演在首都博物馆　　　　图4：1953年太平鼓舞蹈队

图5：京西太平鼓舞台表演（门头沟太平鼓民间艺术团提供）

图6：门头沟三家店

创造、再发展、再创新的过程。京西太平鼓成功地将继承与创新、保护与发展巧妙结合，有机结合，成功结合，保证非物质文化遗产的"优秀基因"世代相传，有利于促进在传承的基础上创新和发展，这应当是保护非物质文化遗产的应有理念。

四、保护非物质文化遗产，必须重视保护其生态环境

民间文化的生态环境保持的好，因而与其相关的民间艺术事项得以生存和延续，这已经被越来越多的人所认识。

京西太平鼓是一项地域性民间艺术，是京西地区民俗文化，地域文化的沉淀。因此，对它的保护不仅只是艺术形态的保护，还包括它的生存的环境依赖。京西太平鼓传承至今，良好的文化空间和氛围不可或缺。

首先，门头沟有悠久的历史，独特的地理环境及深厚文化背景，使其呈现文化的多元性、兼容性，既有浓郁的地方特色的民俗文化，也有丰富多彩的民间艺术。门头沟素有"民间花会之乡"的美称，百分之八十的村子都有自己的花会表演活动。太平鼓曾经在门头沟地区的近自门城镇远至妙峰山，以及百花山下的黄塔村、军响村等地广为流传，虽然经历了各种现代艺术形式的冲击，但由于深受民众喜爱，太平鼓依然留存和活跃。

其二，门头沟地处京西山区，长期处于城市的边缘，保留了大量的古村落。这些村落最早在辽代成村，大部分是明清时期的古村落。其中被评为中国历史文化名村的有三个，爨底下村、琉璃渠村、灵水村。被评为北京市历史文化古街区的有三家店村。至今，仍然保持古村落风貌的村落有50多个，是北京最为集中的古村落群。这些村落不仅较好地保留了原生态的风貌和历史格局，同时承载着优秀的地域文化和民族文化。这些有形的乡村实体，是传统文化的土壤，对无形的、传统的、原生态的文化极为重要，不仅对保护有益，同时对传承有益。

古村落在我国具有漫长的农耕文明史，是传统社会的重要单元组织。门头沟的古村落因历史原因和地理条件不仅以农业做依托，还有繁荣的煤业、运输业、手工业、商业等，因此其文化遗存是丰厚的，呈复合型。至今，这些古村落既有物态的，也有不可触摸的大量非物质的文化遗存。

古村落是非物质文化遗产得以延续的最重要的文化空间。古村落这一空间格局的延续对沉淀其中的非物质文化的保护、传承极为重要。当前中国乡村社会在现代化大潮的冲刷下，正迈入急剧的社会转型中。随着经济的发展，人们生活水平的有效提高，新农村建设的不断推进，古村落的空间格局面临打破和调整，如何保护非物质文化遗产已成为我们面临的刻不容缓的课题，皮之不存毛将焉附？非物质文化遗产所依赖的环境变化可以导致其遭受侵蚀、甚至失传已成为不得不正视的现实。

太平鼓在门头沟能得到有效的传承和保护，其重要原因之一即是许多古村落至今仍然保留着与之相辅相成的文化空间。受到人们尊敬的老一代艺人大都生活在农村，在他们的影响下村民自发组成的太平鼓活跃在民众当中。作为新一代京西太平鼓传承人，门头沟艺术团的骨干演员、被视为团宝的高洪伟、闫万喜、于德胜、李来水都是来自农村，高洪伟、于德胜来自三家店村，闫万喜、李来水来自于琉璃渠村。三家店历史悠久，于2009年列为北京市历史文化古街区，琉璃渠村于2007年被列入国家历史文化名村。至今门头沟太平鼓艺术团的成员一半以上是来自农村的农民。

其三，京西太平鼓作为非物质文化遗产延续至今，始终根植于广大农村的沃土之中，与劳动人民群众的生产、生活密切相关，表达着人们最朴素的情感，寄托着人们的祈愿，其特有的自娱自乐的艺术形式长久地在广大群众中广泛流传。

当今社会虽然各种来自各个方面的娱乐形式丰富多彩，但是太平鼓已经成为人们的精神寄托和生活的一个部分，成为能够自然地架构起人民群众之间感情的桥梁纽带，人们依然具有亲切感。这也许就是民间艺术之所以被称为民间艺术的原因。

五、小结

  历史上太平鼓几经盛衰，命运多舛，在许多地区销声匿迹，但却在京西的很多古村落得以延续，这足以证明环境的重要，足以证明人们的感情对非物质文化传承、保护的重要。非物质文化的保护是基础，传承是核心，以创新促进保护。我们仍然要看到，目前随着社会的发展，社会文化活动日益繁荣，文化活动项目越来越多，对传统文化存在着冲击。在进入经济全球化的时代，伴随人们生活方式的根本改变，非物质文化遗产仍然正面临流失的危险。这些都是需要我们予以充分重视，坚持不懈地做好太平鼓的传承与保护工作，实现太平鼓艺术的可持续发展。想方设法地留住和记忆这些民间文化遗产，重温这些文化对于我们生命的意义，为了今天留住昨天，为了明天记住今天，也成为当代人的历史责任。

元宵节话太平鼓

京西太平鼓是一种民间舞蹈，它流传了 200 多年，在历史上几经盛衰，至今深受广大人民群众的喜爱。

京西太平鼓以门头沟地区最具代表性，还分布流行于北京的石景山、丰台、房山等地区。2006 年 5 月 20 日，经国务院批准，门头沟区申报的"京西太平鼓"被列为首批国家级非物质文化遗产保护项目。2008 年，石景山太平鼓、丰台区怪村太平鼓被列为"京西太平鼓"的扩展地区，也列入了国家级非物质文化遗产。为了与外省市的太平鼓舞蹈加以区别，门头沟区在进行非物质文化遗产申报的时候，特意在"太平鼓"的前面，加上了"京西"二字，正式把这种民间舞蹈的名称定为"京西太平鼓"。

通过史籍的记载，可以了解到，太平鼓与我国的春节与元宵节的年俗有着密切关系。

在中国远古时期，人们认为鼓声的节律可以通神，引来雨水，因此鼓舞可能是在干旱求雨时表演。可见在远古时期鼓舞的祭祀活动，可能与农事有关。

古代有腊月击鼓催春的风俗，古谚云："腊鼓动，农人奋。"腊冬期，农事最要紧的是施腊肥。腊肥可以提高土温，保暖防寒，是争取来年丰收的重要保证。因此，腊鼓一响，农民们就忙着往地里送肥了。

对应到今天，在门头沟依然流传着从腊月开始玩太平鼓，一般要一直玩到第

图1：京西太平鼓

二年的农历二月二"龙抬头",到了农历二月初一,必须要把鼓具收起来,因为在"龙抬头"的日子怕"惊吓了龙",影响一年的风调雨顺。

在宋代时,以鼓为道具的舞蹈称为"打断","打断"是当时巫师驱鬼的一种方式,词典上说,"打断"是一种敲鼓驱疫的风俗,所敲击的鼓就是"单面鼓"。宋代吴曾《能改斋漫录·事始一》记载被:"崇宁、大观以来,内外街市鼓笛拍板,名曰'打断'。至政和初,有旨立赏钱五百千;若用鼓板改作北曲子,并著北服之类,并禁止支赏。其后民间不废鼓板之戏,第改名'太平鼓'。"这是在史籍上比较早出现"太平鼓"名称的记载。

明代方以智《通雅·乐器》记载:"打断,宋街市古曲也,一名太平鼓。"

明代刘侗、于奕正《帝京景物略》中记载:"今北都灯市,起初八,至十三而盛,迄十七乃罢也。童子挝鼓,傍夕向晓,曰太平鼓。二童子引索略地,如白光轮,一童子跳光中,曰'跳白索'。妇女相率宵行,以消疾病,曰'走百病'。"

灯市是我国古代元宵节的习俗,明代在紫禁城东华门外。每年正月初八到正月十八"上元节"期间开市。上元节也称元夕,也就是我们今天所说的元宵节。元宵节源于汉朝,每到正月十五日大街小巷张灯结彩,随着历史的发展,元宵节的节俗活动不仅有各种灯火,而且不断增加各类民俗娱乐活动,成为每年春节期间娱乐活动的高潮。

灯市从正月初八开始,到正月十三最盛,再到正月十七结束。整个灯市的活动上,有打太平鼓,跳白索,走百病等习俗。

所谓走百病,是古代妇女避灾求福的一种民俗活动,明清时尤为盛行。"走百病"在民间是很讲究的,必须是在特定时间进行,一般在元宵节前后的夜晚,妇女们聚合在一起,或走墙边,或过桥,或走郊外,目的是驱病除灾。至今,有些地区依然保留着这一习俗,以沧州、德州等地区为甚,只是参加走百病活动的不仅是妇女,而且成为男女老幼均积极参与的健康活动。

跳百索是今之跳绳。明清时期的文献中,击太平鼓和跳百索总是相联系。明沈榜《宛署杂记·民俗》云:"跳百索,正月十六日,儿以一绳丈长许,两儿对牵,飞摆不定,令难凝视,似乎百索,其实一也。群儿乘其动时,轮跳其上,以能过者为胜。"跳百索源于汉代的一种用红索装饰门户以辟邪的习俗。

到清代《燕台口号一百首》有:"转跳白索闹城闉,元夕烧香柏作薪。索络连环声不断,太平鼓打送年人。"可见在明清时期,太平鼓是与我国春节过年的习俗有关。

清代李鉴堂《俗语考原》:"腊鼓,今北方有之,即《荆楚岁时记》逐疫之遗意。宋谓之打断,政和初,令禁之,民间改为太平鼓。"

清代王夫之《斋文集·杂物赞·太平鼓》记载:"北宁崇宁,大观年音,京城内外市街,有鼓笛拍板演唱,称为'打断'。政和初年,官令禁止,民间改称'太平鼓'。"

太平鼓在清代康乾时期的北京民间已经十分的兴盛了,汪启淑的《水曹清暇录》、钱载咏的《太平鼓》都描述了太平鼓在内外城的演出盛况。在当时的北京,太平鼓又被称为"迎年鼓"。每年的腊月和正月是舞太平鼓的活跃期,在宫廷中,旧历除夕也要打太平鼓,取其"太平"之意。老百姓击打太平鼓是对太平盛世国泰民安的期盼,借此祈愿"求太平、追太平",表达了老百姓一种美好的心理需求和愿望。清人何耳在其所著《燕台竹枝词》中有一首"太平鼓":"铁环振响鼓蓬蓬,跳舞成群岁渐终。见说太平都有象,衢歌声与壤歌同。"

在首都博物馆曾经与故宫博物院合作举办的《长宜弗禄——乾隆花园的秘密》展览中,可以看到展出有故宫博物院藏的两幅乾隆花园的婴戏图通景画贴落,都绘有太平鼓。通景画在清宫档案中称作线法画,是采用中西结合的方式制成的整壁图画。其中的一幅故宫乾隆花园养和精舍明间西壁的《园林婴戏图通景画贴落》,制作于乾隆四十一年二月二十八日,由王幼学主持绘制。画中所绘屋顶、地面与室内真实屋顶、地面相连,纵深排列的廊柱和远处的山峦,构成极具透视的近景和远景,仿若前面横立着一条走廊。画中有七位皇子在廊下嬉戏,正中三位皇子蹲在地上掷骰子，一位皇子手拿太平鼓在旁边观战。两位骑木马的皇子，其中一位身挂红绫手拿爆杖。柱旁的皇子手托花篮给两位头戴凤冠的王妃献花。另外三位皇子在廊柱旁放风筝，一只红色蝙蝠式风筝挂在天边。图中皇子手中的太平鼓是一面素鼓，形状与遗存下来的太平鼓无异，鼓柄系有铁环。在《贾全等绘厅堂婴戏图通景画贴落》中也绘有儿童击打太平鼓。乾隆曾有诗曰："迎年鼓听都曼想，欣与吾民庆序调。"这里无疑是表达的太平之意。

台北故宫博物院的院藏有乾隆年间的《太平春市图》《岁朝欢庆图》《日月合璧五星联珠图》等画作，其中都可见到击打太平鼓的孩童。由此，也从文物上印证了太平鼓在清代乾隆时期的盛行。

因此，太平鼓是一种以单面鼓为道具，脱胎于古代祭祀活动的舞蹈而形成的民间舞蹈。它历史悠久，自宋代始有明确的记载，定名"太平鼓"，并盛行于明清时期。同时，太平鼓也是我国北方地区广泛存在的一种民间习俗，与我国的春节以及元宵节的年俗有着密切的联系，太平鼓属于民俗文化。经过多年来专业文化工作者的开拓创新，现在的太平鼓进一步发展成为了可用于广场表演和舞台演出的舞蹈艺术形式。太平鼓见证了伟大祖国的繁荣昌盛，见证了百姓生活的富足平安，传承了人们对太平盛世的赞颂和期望，体现了中华文明的生生不息、绵延不断。

图2：故宫博物院藏园林婴戏图通景画贴落

图3：故宫博物院藏贾全等绘厅堂婴戏图通景画贴落

藏品与馆史研究

首都博物馆收藏的北京民间传统手工艺

话题还要从2005年的夏天说起,正值首都博物馆新馆筹备《京城旧事》民俗展,上展文物的征集与复制工作就像夏天的天气一样,如火如荼。对北京民间传统手工艺品的征集与收藏,恰是这项工作的内容之一。

一点一滴的线索使我们一一找到了那些藏于闹市之中的民间手工艺人们,从而得以领略他们用十指造就的传奇。

一、"盘中戏"——鬃人

鬃人,又称"盘中戏",受皮影、京剧和民间花会影响而产生,兴起于一百多年前的民间庙会。早年的鬃人,以胶泥为头、秫秸为体、彩纸为衣。鬃人面部按戏曲脸谱勾画,上戴头盔,身披铠甲,手执兵器。其底部的胶泥座上,依据物理学的共振原理,细细黏合一圈角度不同的猪鬃,一个生动的小鬃人就跃然掌心。再找来一个老铜盘,将鬃人轻托于其中,用掸子把敲击铜盘的底部,"一出好戏"就开演了。

鬃人现在的传人——白大成,已是年逾古稀。他因解放初,经过"鬃人王"二代传人王汉卿位于南池子的小店,对橱窗内陈列的小鬃人产生了浓厚的兴趣,从此与鬃人结下不解之缘。

说起王汉卿,是鬃人的创始人——王春佩的儿子。当年王春佩只在白塔寺、

图1：新老两代鬃人之比较

图2：曹氏风筝之比翼燕

护国寺摆摊出售鬃人，1915 年，因参加"巴拿马万国博览会"而声名鹊起。王春佩去世后，儿子王汉卿便继承了衣钵。处于那个仅仅靠做鬃人难以为继的年代，王汉卿的鬃人生涯在后来也不得已改弦易辙，倒是在航空工业学校学习的白大成，将鬃人这门手艺继承下来。

白大成继承鬃人艺术，得益于他对京剧艺术的热爱，生旦净丑在他的心中相当熟稔。他还收集了大量带有京剧图案的花砖、轿帘、瓷器等，从不同的艺术品当中汲取养分，充实自己的鬃人艺术。

在继承的同时，他还对鬃人进行了改良，以棉絮充实身架，辅之以铝片的刀枪，毛线的缨子，戏装边角料的靠，药壳的道具。这样一来，鬃人更加精制，更加威武生动，也更易保存了。

白大成的代表作是八大锤和大闹天宫。八大锤取材于《岳飞传》，共五个人物，由里面的岳飞等人物，号称烂银锤、流银锤、梅花锤与青龙锤八锤联手，围攻另一人物陆文龙的两杆银枪。鬃人色彩丰富的戏装，加上铮铮作响的敲击铜盘声，煞是热闹。

大闹天宫更是为大家所熟悉。美猴王孙悟空率领众小猴，鏖战哪吒三太子与托塔李天王等，被小鬃人演绎得别有一番意趣。那美猴王的花翎、彩绘，是何等地精致，何等地威风。

自 1996 年起，白大成多次参加出访耶路撒冷、法国、新加坡等国家的海外民间手工艺交流活动，带着鬃人艺术走出国门……

二、直上青云——风筝

风筝在我国有着悠久的历史，是我国工艺史上的一大发明。大约在春秋战国时期，哲学家墨翟用三年时间，做成了一个名为"鸢"的木鸟，载着祖先飞天的梦想，乘风而起，成为我国最早的风筝。《韩非子·外储说左》记载："墨子为木鸢，三年而成，飞一日而败。"

"风筝"一词则来源于五代，有李邺于宫中引纸乘风为戏，并在上面装上风笛和丝弦弓，发出"筝"的声音，从此，有了风筝这个名称。北宋末年，风筝从宫廷流传到民间，成为人们喜闻乐见的手工艺品和玩具。到明清时期，风筝无论在大小、样式、制作工艺和绘画方面，都有了长足的发展。

北京传统的手工艺风筝，于明清起先后出现过四大派："风筝金""风筝哈""马氏"与"曹氏"。其后"风筝金"与"马氏"相继沉寂，"曹氏"与"风筝哈"幸存。

曹氏风筝，相传源自曹雪芹的遗稿《废艺斋集稿》，共八卷，主要内容是传授为那些身有残疾的人用以谋生的手艺。其中的第二卷《南鹞北鸢考工志》，是关于风筝制作的系统理论文献。书中，曹雪芹将自古有关风筝的资料与前辈制作的经验，进行了梳理与汇集，详尽记述了43种风筝的制作方法，并总结出扎、糊、绘、放四种风筝技艺。

1943年，一个叫金田的日本人，拿着一本《废艺斋集稿》的古籍，找到当时在华美美专教授绘画与雕塑的日本籍老师高见嘉十做鉴定。经高见嘉十与学生孔祥泽等人的研究鉴别，认为是曹雪芹的遗稿。于是，师生们在与金田商定的条件下，开始对《废艺斋集稿》进行抄摹。26天后，金田与古籍一并消失，从此杳无音信。而这未抄全的《南鹞北鸢考工志》则被孔祥泽、孔令民、孔秉章一代代地继承下来。

现在，已是耄耋之年的费保龄，是曹氏风筝的传人之一。他生于天津，长于北京。1951年进入银行工作后，由于自幼对风筝的喜爱，常常和朋友一起研究扎糊风筝的技巧，并在春天放飞。1963年，费保龄在天安门放风筝时，与曾经参加曹雪芹《南鹞北鸢考工志》摹抄工作的孔祥泽相识，从此开始对曹氏的《南鹞北鸢考工志》潜心研究，并按照孔祥泽所提供的大量曹氏风筝歌诀、图谱，扎制了一系列具有典型代表意义的曹氏风筝。

据费保龄介绍，曹氏风筝的主要特点是，假物象形，谐音寓意。这不禁使人联想，它与《红楼梦》的"甄士隐（真事隐），贾雨村（假语存）"有着异曲同工之妙。曹氏风筝借燕子之形及四字吉祥成语之义，将燕子人格化、图案化，组成北京扎燕风筝家族。家族内，有肥燕、瘦燕、比翼燕、娃娃燕、童子燕、少青燕等成员。每件风筝内涵丰富的典故，吉祥图案常借助语音的谐音寓意。曹雪芹在《红楼梦》第七十回——"林黛玉重建桃花社 史湘云偶填柳絮词"①中，曾用相当的笔墨描写了一个大观园里众人放风筝的图景，一些红学家认为，曹雪芹借助黛玉、宝玉、宝钗、探春等手中放的不同风筝，暗喻人物未来的命运。

曹氏风筝制作的原材料非常讲究，采用浙江湖州所产的"蝉翼笺"绢，以及三年以上阳面所生的毛竹并经三年自然干燥与热处理后所得的竹子骨架。扎糊诀有"汗不出透形必还"，又叫"杀青"，讲的就是要用火将竹子中的油质烘烤出来，做出的风筝才不变形，不生虫。风筝制作时，画面描绘讲究一丝不苟，里面干净，糊时平整，接口无痕无毛刺。放风筝时，还要对风筝进行调试。

1988年，费保龄在台湾《汉声》杂志举办的第一届中国北京民艺理论研讨会上，介绍了16首曹氏扎燕风筝的扎糊歌诀和画诀。后来《汉声》曾载文："听他谈风筝艺术，娓娓道来，愈听愈有味，结果整理出一大沓谈话记录……汉声决定要把费保龄制作的风筝谱，结合他的谈话，编成一本讲中国风筝艺术的书……"

2006年，《曹氏风筝图谱考工志》由《汉声》编辑出版。

北京风筝的另一派——哈氏风筝，起源于十九世纪中叶。据哈氏风筝传人——哈亦琦介绍，哈家祖籍河北，考武状元进京后家道中落，光绪年间，曾祖父哈国良因自幼喜爱风筝，并受到周围文化气氛的耳濡目染，开始研究制作风筝，并于随后在北京南城琉璃厂开了两间铺面，搞起了风筝的制售生意。之后经过哈长英、哈长林一代与父亲哈魁明一代，哈氏风筝的影响日益扩大，如今已是第四代。

通过哈亦琦的介绍与现场演示制作，我们更清楚和直接地了解到哈氏风筝的特点：

一是用料讲究。风筝骨架主要原料是中国南方的毛竹。绑扎用的材料为麻、棉线、丝线等。面料为高丽纸、皮纸、宣纸、绵纸、绢等。绘画颜料为矿物质酸性水色、国画颜料、水彩、水粉等。

二是造型古朴。风筝画面将中国传统绘画与民俗寓意相结合，写实与装饰相结合。

三是精巧设色。色泽鲜明、古朴，多用纯色，通过渐变、平涂和晕染等技法，力求达到颜色的块面、冷暖等层次对比变化。

四是工艺精良。选竹，竹子轻，韧。削竹，竹子劈开，精削，烘烤，定型。

几代人的积累、探索和创造，哈氏风筝的工艺日趋成熟，逐渐形成了民间与宫廷相结合的特色流派。1915年在美国旧金山巴拿马国际博览会上，哈氏风筝的蝴蝶、蜻蜓、仙鹤为中国的民间传统手工艺捧得了银奖。上世纪九十年代以来，哈亦琦也曾出访美国、新加坡、荷兰、比利时、俄罗斯、德国等十多个国家，进行交流研讨与展出，其作品五龙燕、黑锅底、五子夺魁、小蜈蚣等为美国国家博物馆、日本民俗馆、法国图书馆、英国风筝博物馆等国际文化机构收藏。

三、五光十色的记忆——花灯

许多年前，每逢元宵佳节，大观园、北海等地总是张灯结彩，保持着中国的传统，那些人物的、动物的、山水的、龙凤的花灯，给玩赏的人们留下了五光十色的记忆。

北京民俗专家李滨声在《燕京画旧》中用生动的图画表现了几个儿童耍灯笼的情景，并在书中记录："纸扎的羊灯是元宵节的吉祥物……除羊灯外，还有狮子灯，也会摇头晃脑。"②

七旬有余的张连友，是民间灯笼的传人。他7岁时，师从原清宫造办处的太监董仕荟，学习制造民俗灯笼，并在地安门、东华门、东四等地挑着扁担卖过自制的灯笼。新中国成立后，他被调到机关做行政工作，只是这做灯笼的爱好，从未放弃。张连友笑说，每年过春节可是最忙的时候了，上上下下，都是找他做灯

图 3：花灯

图 4：毛猴拉洋车

笼的人。晚年的张连友，终于可以专心致志地重拾旧艺，仿佛更加地忙碌，被人们颂上了"灯笼张"的称号。

张连友的灯笼继承了中国民间传统灯笼的样式，材质以木头、铁丝等为骨架，糊以具有手绘图案的纸、绢、丝等，种类有龙灯、狮子灯、羊灯、走马灯、莲花灯、官灯等。据张连友介绍，这不同的灯笼用于不同的节日，是有讲究的，"正月十五闹花灯，五月端午挂红灯，六月无风放天灯，七月十五莲花灯，八月十五玉兔灯，九九重阳孔明灯"。

制作一个结实又好看的灯笼，过程也是复杂的。先将竹子加热半小时，然后取出，置阴凉处晾干，但不得过分干燥，也不能放在强光下暴晒。然后刨去粗糙的表皮，裁取竹条所需的长度（视灯笼大小而定）。接着按编织方法，以交叉方式完成灯架，灯架中间要扎数圈竹条在灯壁上。灯架就绪后，就可以糊灯笼。糊灯笼要先裱糊棉纱布，再粘贴二层做灯笼用的棉纸。裱糊棉纱布得先将稀释的糨糊，均匀地平刷在骨架表面，再将剪好的纱布轻附在灯架上，最后用刷子刷平，这里需要注意，所用的刷子必须干净，否则灯面会很脏。同时，裱糊的纸也必须糊得没有接缝才算真正的裱糊完成。糊好的灯笼经过在阴凉通风处晾干，就可以进行最后一步——彩绘。彩绘以个人所需图案进行绘制，如人物、花鸟、仕女等，并可视情况而定是否书写文字。待文字、图案完全晾干后，一个灯笼才大功告成。

现在，由于人们对文化传统的再度热衷，花灯越来越多地走进了美术馆、恭王府、大观园、东安市场……

四、半寸猢狲——毛猴

初见毛猴的人，都会为它绝妙的想象，惟妙惟肖的造型和拟人的生活场景设计而惊叹。

毛猴是一种北京独有的民间艺术品，最早出现在清朝末年。相传在清朝同治年间，京城有一家"南庆仁堂"药店。一天，抓药的小伙计在摆弄药材之际，偶然发现蝉蜕（知了壳）、辛荑（玉兰花凋谢后留下的毛绒状物）、木通（木质茎）、白芨（兰科）四味中药在一起很有意思，便趁掌柜不在，做出了一个神似掌柜的小毛猴。之后，掌柜觉得小伙计的创作很有趣，便把这4味中药包在一起，作为"猴料"出售，从此毛猴就成为了一种民间手工艺流传开来。

毛猴的制作很简单。以长约一厘米，宽约半厘米，上尖下圆的辛荑用作毛猴的身体，然后取下蝉蜕的鼻子为毛猴的头，蝉蜕的大腿作毛猴的下肢，蝉蜕的细腿作毛猴的上肢，辅以木通作毛猴的斗笠，最后用白芨（现为乳胶代替）把各部分黏合即可。毛猴的拟人生活场景和相关道具，多用纸和纸板剪裁、拼贴、黏合而成。

毛猴的传承，相对广泛。年轻的、年长的，包括邱贻生（从事房地产工作）、邱志刚（承父业）、于光军（从事物业工作）、周宫仲（从事药店工作）、马福立（从事戏剧美术工作）、曹仪简（从事民间艺术工作）等均有继承。

其中，75岁的马福立生于北平，自幼随父亲学习裱糊手艺。因儿时随父亲在市场庙会看到毛猴等小工艺品，非常喜欢，对其萌发了兴趣并开始尝试制作。二十多岁起，他被分配到中国评剧院工作，任职期间从事美术，直至退休。

他制作的毛猴，以再现其童年时所经历的老北京生活见长，几只毛猴演绎出一个个老北京的生动场景。有反映市井行当的，如拉洋片的、卖茶汤的、卖酸梅汤的、卖切糕的，还有反映老北京人生活习俗的，如娶亲、洗澡堂、剃头等。

晚年的马福立因疾患行动不便，但他依然以乐观的精神面对生活，对民间传统手工艺孜孜以求。

五、化腐朽为神奇——泥塑

北京泥塑是用黏土经过一番工艺，手工捏制各种形象，阴干上彩而成。

具体地讲，泥塑制作分九步：一、选泥，将胶泥原料放置两年。二、澄泥，将胶泥置于注入水的大缸中浸泡，经沉淀，泥浆分成最上层的清水，中层的黄泥，最下层的沙子，中间的黄泥就是泥塑的原料。三、揉泥。四、做"子儿"，制作模具的原型。五、翻模，依据造型制作石膏模具。六、印坯，在石膏模具里压入黄泥，印出泥坯。七、打底色。八、上色与开脸。九、上漆。

泥塑以人物或拟人造型为多，如三百六十行之卖糖葫芦的、吹糖人的、拉洋车的、杂耍卖艺的、兔爷、虎头阿福、还有三国刀马人等。

出身泥塑世家的韩宝才，继承家业已是第四代了。韩家泥塑第一代创始人穆克登阿，镶白旗人，随吴三桂进京，属皇族部下。由于当时家境宽裕，生活闲适，穆克登阿平素喜好用泥捏小人、小动物等。后来由于朝廷取消了俸禄，生活需要维继，穆克登阿便以捏泥人为生，并创造了韩家刀马人的雏形。

继承父业的韩明顺，是第二代，自小学艺，酷爱京剧，常常在天桥剧场流连忘返。每出戏的人物、戏文，韩明顺都能如数家珍。他尤其喜爱三国，醉心于《长坂坡》的曲折、武打、唱段等。于是，在他的手上，曹操、刘备、周瑜、关羽、张飞、赵云等相继脱颖而出，还有大大小小的将士，横刀勒马，威风八面。同时，他还吸收了京剧脸谱艺术的一些特点，使韩家泥塑趋于脸谱化。

第三代韩增启，自幼跟随父亲学习泥塑，在前辈的基础上不断改良，增加了刀马人的配饰，扩大了刀马人的阵容，使得韩家的刀马人享誉海外。

今天的第四代传人韩宝才，自幼喜爱国画，山水花鸟都很出色。后来在大家庭的熏陶下，他继承韩家泥塑，并以其良好的绘画功底，在泥塑的造型和画法上不断精益求精。韩宝才还创作了《西游记》里的师徒四人、《红楼梦》里金陵十二钗等形象，丰富了传统的泥塑造型。

图5：虎头阿福

除收藏上述民间手工艺人的代表作品外，我们还对双启翔的生旦净丑京剧脸谱，梁俊的百轮风车，"面人郎"传人——郎志丽的百子图面人，"面人汤"继承者——冯海瑞的过年作品，果照升的福寿双钱、年年有余等绒花作品进行了征集和收藏。

　　这一件件独特的民间手工艺作品，展现了北京民间传统手工艺的历史、发展与传承，浸透着民间手工艺人们人生的智慧、艺术与变迁。它们是现在人们的生活所不需要的，它们却是历史所需要的。谁也不知道，它们还会走多远……

参考文献：

①《红楼梦》，曹雪芹著，作家出版社，1954年出版。

②《燕京画旧》，李滨声著，人民美术出版社，2005年出版，第132页。

③《民间绝艺》，新京报社编，当代中国出版社，2005年出版。

试析京西煤窑契约涉及的股份制与货币制度

首都博物馆收藏有契约文书类实物资料两万余件，其中包括房契、地契、窑契、租佃契、典当契、借贷契、赔偿契、各类合同、票证等，这些是研究北京地区经济史珍贵的第一手资料。本文是在近年首都博物馆对其中两百件窑契和其他经济契约文书资料整理的基础上，以148件京西煤窑契约为依据，时代跨度自顺治元年（1644年）至民国三十三年（1944年），从经济史研究的角度，对这些窑契有关利润分配所涉及的股份制分配形式和货币制度进行分析。

一、京西煤窑契约文书表现的股份制形式

在148件京西煤窑契约中，主要包括三种身份的合同参与人，即第一种："立合同人"，也称"立夥做窑合同人"（夥，同"伙"）"立批合同窑业人""立賣煤窑股份人""立賣契人""立賣窑业字據人"等叫法不一，其中这类"立合同人"也包括"出工本人""旧窑业人""地主""山主"等人，这些人一般是煤窑的所有者、出资人和经营者等；第二种："中人"，即"中見人""中見説合人"等，也就是在各位"立合同人"之间起联系和牵线搭桥作用的人；第三种："代字人"，也称"書字人"等，主要是书写契约文书的执笔者，也是契约文书的一种辅助参与人。

从合同参与人中的"立夥做窑合同人"，即可看出清初的京西煤矿事业已经较为普遍地采用"合伙制"。彭久松和陈然在《中国契约股份制》一书中曾解释为"在

前资本主义时期，随着商品生产发展，营利经营要求投资额不断提高，个人筹集常感力不从心，与此相应，一些商人、自由民和手工业者乃至奴隶主贵族与土地所有者，便以一定数量的人、财、物等项生产要素实行联合经营。也就是两人以上合力，共同出资经营，共谋经济利益的一种做法。"①这成为股份制经济的原始形式，正如在契约文书中常常出现的"同出工本，夥做夥開"。

据彭久松的调查，类似形式的股份制经营模式，在我国以盛产井盐而闻名遐迩的"盐都"——四川自贡的盐场，自18世纪前期至20世纪中叶，普遍存在了200多年，成为那里最主要的企业形式制度。"契约股份制是中国人建构的一种股份制民族形式。"②

京西煤矿股份制经营具有合资模式的特点，在利润分配上依据各位"立合同人"工本出资的比例进行分配，如下列举顺治元年（1644年）至道光二十五年（1845年）最具代表性的七个窑契文书，反映这一时期窑契利润分配的股份制表现形式的发展变化：

1. 顺治元年（1644年）高义等重开下嘴窑合同

立合同人高義、趙明，因門頭溝村地方下嘴窯一座。先年舊例，直開九日，騰開七日，路開八日，明、義、選各

開五日。今黎亂之後，鄉親議和，其窯按六分開採。同鄉親講明，見錢先除騰、直、路大費用

錢貳百肆拾文，其餘按六分均分。日後月課賠累六分均納。再無更端返悔，恐後無憑，故立合同一樣六張六分，各執一張，以為永遠之昭。

順治元年拾月初二日　　立合同人：焦雲路（畫押）、李秉直＋、趙明＋、高義＋、高應選＋、高騰（畫押）

（字頭有方印一枚）　　中　人：梁衍祚＋、馬體忠＋、安汝魁＋

（有右側對縫字一行）　　書　字　人：李問學（畫押）

下嘴合同

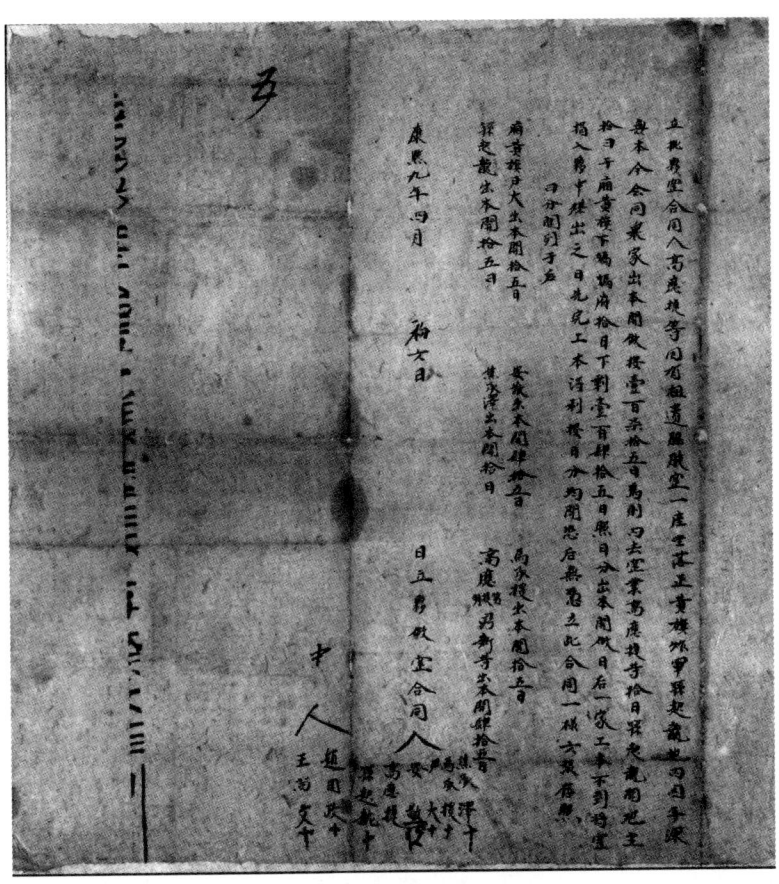

图1：康熙九年（1670年）高應捷等批夥做胁肢窑合同

2. 康熙九年（1670年）高应捷等批夥做胁肢窑合同

立批夥窑合同人高應捷等因有祖遺胁肢窑一座,坐落正黃旗炸軍孫起龍地內,因年深無本,今会同眾家出本開做,按壹百柒拾五日為則。內去窑業高應捷等拾日、孫起龍開地主拾日、于廂黃旗下媽媽府拾日,下剩壹百肆拾五日,照日分出本開做。日後一家工本不到,將窑捐入夥中。煤出之日,先完工本,得利按日分均開。恐後無憑,立此合同,一樣六張,存照。日分開列于後:

廂黃旗尹大出本開拾五日、安敬出本開肆拾五日、馬承援出本開拾五日、孫起龍出本開拾五日、焦承澤出本開拾日、高應第、捷、明、鼎新等出本開肆拾五日。

康熙九年四月初六日日。

立夥做窑合同人:焦承澤+、馬承援+、尹大+、安敬（畫押）、高應捷、孫起龍+

中人:趙國政+、王尚文+

五

中間對縫字一行:立夥做窑合同一樣六張存照□□□

3. 康熙五十五年（1716年）赵国良复做白石窑合同

立復做窑合同人趙國良,地內有白石窑一座,今憑說人會到王嘉瑞、閻文煥出本開。其窑按式百八十日為則。地內窑業八十日,下剩式伯日。去旧業一伯日,新窑出工本開做一伯。王嘉賓抱開工本窑五十日,閻文炳出工本開做十日,閻文煥出本開做煤窑廿日,閻文燭出本開十日,閻文熿出工本開做十日。衣煤土末,俱隨地主。煤出之日,先囬工本,然後見利,均分按日。恐後無憑,立此存照。合同一樣四張,各執一張。

立此出工本人:閻文燭+、王嘉賓+、閻文炳+、閻文煥+、閻文熿+

地主:趙國良+

康熙五十五年十月十五日。　　　旧窑業人:閻文煒+、王嘉瑞+

說合人：姬裔周＋、張夢兆＋、馬世琦＋

二

中間對縫字一行：批窑合同一樣四張各執一張

4. 乾隆二十二年（1757年）刘思宏等复批做窑合同

立復批做窑合同人舊業刘思宏、石宗琳、山主刘元舜，因有祖遺山場內有煤窑一座，坐落潘家澗東腰石石＋曹煤□□□□

無工本開做，情愿會到刘茂隆、刘升隆、呂君玉名下開做，其窑按壹百貳拾日為則。各名下窑分開例於後，言明煤出□□□□

新工本，然後見利，按日分均分。如有鋪中買賣見利，按拾成均分，窑抱鋪中，鋪中抱窑。此係六家情愿，各不許返悔，恐後無憑，立字永遠存照。如有窑上馱兒錢，不與新舊窑業相干，係山主承管。從前合同以為故紙。

計開

刘思宏抱開舊業窑拾日、買賣三成。石宗琳抱開舊業窑伍日、買賣一成。

山主刘元舜開地分窑拾日、刘茂隆抱開新窑業三十日、買賣三成。呂君玉、刘升隆抱開新窑業三十日、買賣三成、孫德昌抱開落水窑三十日＋、本身窑五日＋。

乾隆貳拾十二年二月初三日。　　立復批做窑合同人：孫德昌＋、刘升隆＋、刘元舜（畫押）、刘思宏＋、石宗琳＋、刘茂隆＋、呂君玉＋

（有中間對縫字一行）　　　　書字人：侯成紀＋

五

5. 乾隆三十三年（1768年）张德君复批夥做兴盛窑合同

立復批夥做煤窑合同人張德君，因有祖遺到北青山嶺村西岔道坡地壹段，內有興盛煤窑壹座，因自無工本開做，今同中人會到侯元良、趙士魁、趙伏、安國用四人名下，新出工本開做。其窑按壹百貳拾日為則。趙士魁新出工本開做拾日，趙伏新出工本開做拾日，侯元良新出工本開做貳拾日，安國用新出工本開做肆拾日，舊窑業拾日。山主張德君開地分窑貳拾日，舊窑業五日。范文得開舊窑業五日。

同眾言明，煤出之日，先囬完新工本，然後得利，按窯股份均分。此係眾家情愿，各無異說，恐後無憑，故立夥做煤窯合同壹樣六張，各執壹張，永遠存照。

中見人：彭雲＋、安富代書

乾隆卅三年拾壹月二十六日。　　　立批夥做煤窯合同人：趙士魁＋、侯元良＋、趙伏＋、張德君＋、安國用（畫押）、范文得＋

道光拾四年（1834）五月初三日，興盛煤窯改做窯名坩子窯。

中間對縫字一行：天理合同壹樣六張各執壹張存照

首博 35.4.124 右側又補寫：

道光廿年（1840）四月廿四日買道此青山嶺安成天合仝一張。

6. 乾隆四十五年（1780年）孫成批做長盛煤窯合同

立批煤窯合同人搶峰坡孫成，因有祖遺置到搶峰坡村西北六道灣子道下，

內有孫姓地內有長盛煤窯壹座。因自無工本開採，今會到孫、侯二人名下開採，永遠為業。其窯按壹百五拾日為則。新業抱開壹百式拾日，山主抱開三拾日。言明煤

出之日，先迴新工本，工本迴完，見利按股均分。山廠道路不明，俱有山主一面承管。窯不明，俱有新業一面承管。此係大家情愿，各無返悔，恐後無憑，立此合同，一樣叄張，各執一張，永遠存照。

計開窯分開列於後：

孫德興抱開新業六拾日＋、侯兆燕抱開新業六拾日＋、山主孫成抱開地分窯三十日＋

式張

中間對縫字一行：口煤窯合同一樣叄張各執一張

中見人：侯忠良＋、靳元瑞＋、趙元祿代筆

乾隆四拾五年二月初十日。　　　立批合同窯業人：孫成＋

7. 道光二十五年（1845年）张希彦等批做宝盛窑合同

　　立批窰合同人張希彥，同佃戶安名遠，因有安家灘村西南大渠溝岩下有煤窰壹座，因自無工本開做，今全中人情願會到趙應寶、楊進財二人名下開採為業，議名宝盛窰。按壹佰式拾天為則。出煤之日，先迴新工本，將新工本迴完，在有獲利，按壹伯式拾天均分。窰上有中旧業不明，有張希彥一面承管。有山場地分不明，有山主張、安姓一面承管。此係大家情願，各不返悔，恐后無憑，立此合同，一樣四張，各執一張，永遠存照。

　　新業人趙應寶抱開陸拾日　押、楊進財抱開式拾日 +

　　中旧業人張彥抱開式拾日 +

　　山主張希彥抱開地分窰拾日 +、山主安名遠抱開地分窰拾日 +

　　道光式拾五年拾一月初九日　　　立山主：張希彥 +、安名遠 +

　　（字頭上有紅方印一枚）

　　為右邊字：合同四張各人一張

　　　　　　中見：李明剛 +、張珍 +

頭張

　　上述七份契約，順治元年（1644年）高義等重開下嘴窑合同采用"見利按六分均分"，分，同"份"，用"分"表示股份形式；康熙九年（1670年）高應捷等批夥做胁肢窑合同采用"見利按日分均開"，用"日分"表示股份形式；康熙五十五年（1716年）趙國良復做白石窑合同采用"見利均分按日"，用"日"表示股份形式；乾隆二十二年（1757年）劉思宏等復批做窑合同采用"見利按日分均分"和"如有鋪中買賣見利，按拾成均分"，用"日分"和"成"表示股份形式；乾隆三十三年（1768年）張德君復批夥做興盛窑合同采用"按窑股份均分"，是148件窑契中第一件首次明確提到"股份"一词的契约；乾隆四十五年（1780年）

孙成批做长盛煤窑合同"见利按股均分",已经简化为"股";道光二十五年(1845年)张希彦等批做宝盛窑合同提到"按壹伯式拾天均分",是用"天"表示股份的形式。

值得注意的是,第一份窑契——顺治元年(1644年)高义等重开下嘴窑合同中提到:"先年舊例,直開九日,騰開七日,路開八日,明、義、選各開五日。今黎亂之後,鄉親議和,其窯按六分開採",据潘惠楼的《清代煤窑股份制》一文研究指出,"此合同立于顺治元年,为离乱之后,那离乱之前的'先年旧例'应是何时,无疑应是清代以前的明代。那么,此合同还可以说明,在清代之前,北京煤窑就已存在合伙入股经营了。"③

此外,在尚未一一列举的其他一百四十余件窑契中,民国时期的窑契,已经普遍使用"股"和"股份"进行利润分配的约定,很少再出现其他代表股份的词语了。

还需要提到的是,从这些窑契中可以看出,在清初,煤矿经营实行的股份制分配就已经存在"干股"的形式,体现在一份顺治十七年(1660年)姜维诏等做椿树窑合同中,以三十五日为则,由立合同人安敬开做二十一日,姜维垣开做六日,姜维诏开做三日外,特别提到"又干开地主五日",也就是给地主的干股,以"五日"为利润分配比例,具体合同原文如下:

顺治十七年(1660年)姜维诏等做椿树窑合同

立夥做窯合同人姜維詔、垣,因有祖遺椿樹窯壹座,坐落馬家峪,自做無力。今憑中人劉虔宇說合,情願會同安等出工本開做,以三十五日為則。安開做二十一日、姜維垣開做六日、姜維詔開做三日,又乾開地主五日。各家情願,亦無返悔,恐後無憑,立此夥做窯合同為炤用者。

順治十七年十月十三日。　　立夥做窯合同人:姜維詔+、姜維垣+、安敬(畫押)

中人:劉虔宇(畫押)

二

(有中間對縫字一行)

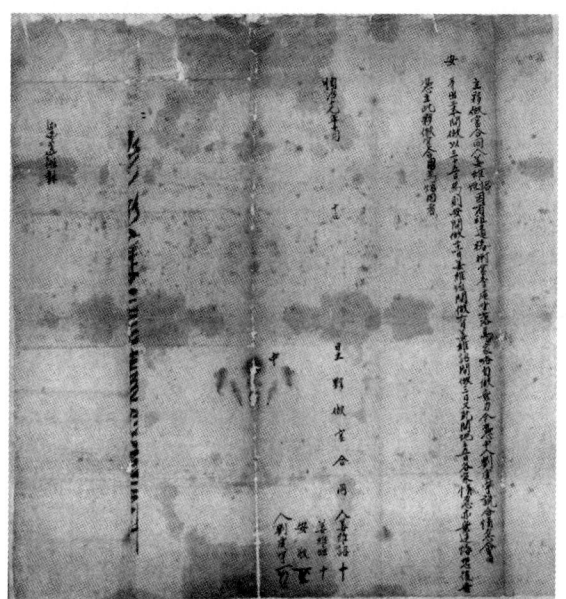

图 2：顺治十七年（1660 年）姜維詔等做椿樹窑合同

图 3：顺治十二年（1655 年）王從廉復開合夥做大興窑合同

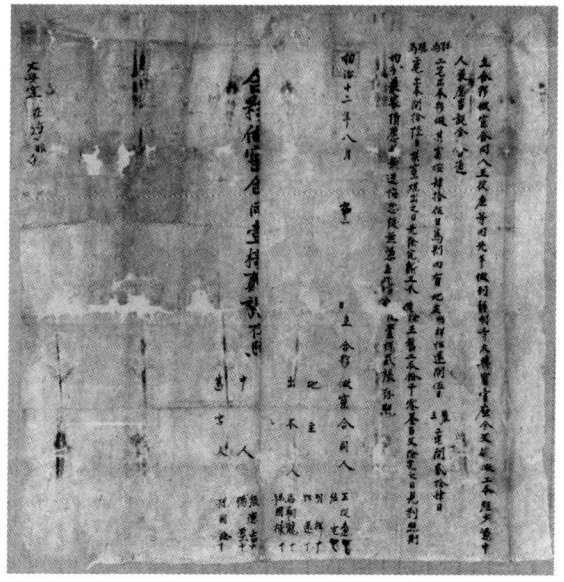

倒寫：椿樹窑合同

二、京西煤窑契约涉及的货币制度流变

在此，将逐一列举八份出现过的最具代表性的煤窑契约文书，分为四类，分别包含了铜钱、银两、银元和纸币四种不同时期的京西窑契的货币度量。

（一）铜钱

首先列举如下三份契约：

1. 顺治十二年（1655年）王从廉复开合夥做大兴窑合同

立合夥做窑合同人王従廉等，因先年做到靜明寺大興窑壹座。今又復做，工本短少，憑中人張應吉說合，會通孫、馬二宅出本夥做。其窑按肆拾伍日為則，內有地主明祥、性還開五日，張、王二宅開貳拾肆日，孫、馬二宅出本開拾陸日。其窑煤出之日，先除完新工本，後除王舊工本拾千零三百文，除完之日，見利照則均分。眾家情願，並無返悔，恐後無憑，立此夥合同，壹樣貳張，存照。

順治十二年八月初三日立　　合夥做窑合同人：王従廉（畫押）、張宅（畫押）

（字頭有方印一枚）　　　　　地主：明祥＋、性還＋

出本人：馬朝龍＋、孫國棟＋

中人：張應吉＋、楊璽＋

書字人：孫國銓＋

左側對縫字：窑合同壹樣貳張存照

大興窑在淨明寺

2. 乾隆三年（1738年）曹弘业卖杏树窑合同

立賣窑合仝人曹弘業，因為無錢使用，有韓須玉彎西坡地內有杏樹窑，分百日為則。內有窑分二十五日，忠人趙世英說和，情願賣与張姓為業，賣價清錢拾吊正，其錢当面交足，外無欠少。

若有親族人等爭競者，有弘業一面承管。並無返悔，恐後無憑，立賣契永遠存照。

中見人：趙世英 +

乾隆三年四月二十九日　　立賣契人：曹弘業 +

（字上有一紅方印）　　　　代字：趙世雄（畫押）

3. 道光二十七年（1847年）赵贵卖定宝窑窑业字据

立賣窑業字據人趙貴，因乏手，仝中將祖遺定寶窑賣與馬登墀為業，共窑按式仟壹佰六拾股。內有本身旧業六拾四股。煩中人將此窑業賣與馬登墀名下為業。言明賣價清錢式拾串整。其錢筆下交足並無欠少。自賣之後，倘有親族人等爭論，有趙貴一面承管。此係兩家情願，均無返悔，恐口無憑，立此賣字，一紙存証，隨代道光二十四年原合同一張為照。

中見代筆人：劉漢基 +

道光二十七年十月三十日　　立賣窑業字據人：趙貴 +

（字頭上有紅色方印一枚）

三份清前期和清中期的契约，利润分配以清钱，也就是清代铜钱作为货币度量。这三份契约分别是顺治十二年（1655年）王從廉復開合夥做大興窑合同，提到"舊工本拾千零三百文"；乾隆三年（1738年）曹弘業賣杏樹窑合同，提到"清錢拾吊正"；道光二十七年（1847年）趙貴賣定寶窑窑業字據，提到"清錢式拾串整"。

清朝是中国封建社会的最后一个王朝，货币制度基本与明代相同，实行白银和铜钱平行的复本位制，大额交易用白银，小额交易用铜钱。据有关资料记载，清代的老百姓日常生活与铜钱密切相关，人们虽然手里有时有些银锭和碎银，但使用时经常先到钱铺换成铜钱，再来支付购买日用杂货。

"清朝仍然称本朝铸造的铜钱为制钱，禁用明代铜钱。满族人在入关以前就开始铸造钱币。"[④]清代先后有十位皇帝在位，使用了十个年号，正式年号钱也有十种，分别是：顺治通宝、康熙通宝、雍正通宝、乾隆通宝、嘉庆通宝、道光通宝、

图4：清钱

图5：钱串

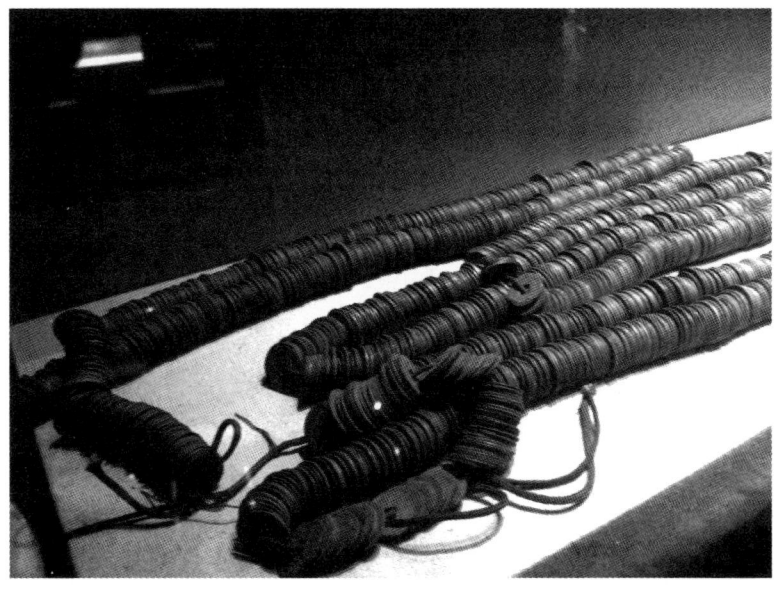

咸丰通宝和重宝及元宝（附：太平军和小刀会钱币）、祺祥通宝和重宝与同治通宝、光绪通宝和重宝、宣统通宝。

三份契约中，一份以"文"为单位，是清钱最基本的度量单位，第二份契约提到的"吊"，以及第三份契约中提到的"串"都是同一含义，一吊钱与一串钱一般都表示一千文，还有未涉及的一贯钱，也表示一千文钱。

（二）银两

列举一份契约如下：

1. 康熙四十六年（1707年）馬芝俊等夥做馬家窑合同

立夥做煤窑合同人馬芝俊、馬芝秀，有祖父至到山場一段，坐落安口村內，有馬家窑一座。因自無工本開做，今有舊窑業劉士君、劉士維無本開做，又全說合人安鳳會到草店水村人王、李二人名下出工本開做。其窑按百四十日為則。新本開做八十日，舊窑業開做四十日，地主開做二十日，四家共計百四十日正。其地分若有人爭競，有馬芝俊、馬芝秀一面承管。旧窑業有人爭競，有刘世君、刘世維一面承管。其工本無數，盡利開做。如有做的半頭而費，工本不接，此為故紙。衣煤土末俱隨地主。四家情愿，各不許返悔，如有先悔之人，干罰白銀十兩入官公用。立此合同一樣三張，各正一張，存照。

康熙四十六年拾月二十九日立此存照。　　説合人：馬芝俊、刘世君、王大福、李真、刘世維、馬芝秀、安國鳳

代字人：曹志興

全外有紙（排列不正）

从清初到本世纪三十年代，我国一直是一个银本位国家，白银（包括银两和银元）是货币的主体。"清朝对白银的使用，可以分为三个阶段。第一个阶段是顺治到乾隆的清前期一百余年，国内大部分地区专门使用银块，以两为单位，称为银两。第二个阶段是嘉庆至光绪初年的八九十年间，就是十九世纪的大部分，外国银元逐渐深入到中国内地，在中国变成了一种选用货币。第三个阶段是光绪

图6：银两

114

十五年（1889年）到宣统三年清朝灭亡，中国开始自己铸造银元，作为正式流通的法定货币。需要注意的是，在第二、第三两个阶段里，银两还是继续通行，占据主要地位，并没有被银元取代。"⑤此份契约为康熙年间，提到"白银十两"，正属于第一阶段。

银两的形式有银锭——元宝，重五十两到十两不等；有一两、五钱、三钱、一钱重的小元宝；有"锞子"，一般十两以下；还有小银块、银饼和碎银等。

银两的成色，政府规定纹银，含量93.5%的银块为标准成色；足银，含银量99.2%；还有九九、九八、九五、九三、八成等等。

银两的称重（平砝），衡量银两重量的标准叫做"平"，各地用于不同用途的称银砝码轻重各异，主要有库平、漕平、关平、京平、司马平、行平、申公砝平、湘平等。

（三）银元

首先列举三份契约如下：

1. 民国三年（1914年）杜国栋等卖永盛红煤窑股份文约

立賣煤窑股份文約人杜國棟、（杜國）銓，因礦務振興，今將宛平縣齊家司青龍澗村村西黃土坑永盛紅煤窑一座，共計股分十五股八厘。山分一股八厘，身金股十四分。內有自己置到身金股五分，情願出賣與大建紅煤礦有限公司承受開採，永遠為業。同中言明賣價洋圓九百圓，其洋圓筆下交足，並不欠少。自賣之後，如有山主身金股份爭論者，有賣主一面承管，與買主無干。所有賣主應分窑裏場外傢俱均在賣契之內，隨帶自置身金契紙五分，調查局窑照一張，一併在內。兩家情願，恐口無憑，立賣股份文約為証。

大建煤礦有限公司代表經手人：史俊峰

中華民國三年陽曆八月初一日。立賣煤窑股分人：杜國棟＋（杜國）銓＋

（宛平縣印）（紅印）

中說人：趙金璋＋ 宋廣瑞 押

右有半個"宛平縣印"騎縫章　　　　　　王　昶　代字　押

2. 民国三年（1914年）杜国桢卖七间房煤窑地契

立賣煤礦地文約人杜國楨，因手乏不便，今將祖遺宛平縣西齋堂村上北澗七間房煤窑地壹段，共計地五畝，情願出賣與大建煤礦有限公司收業開採自便。永遠為業。言明賣價銀元五百弍拾元。其元筆下交足不欠。此地各有四至，東至大道西，至韓姓，南至杜國華、杜國賓，北至小道。四至分清，上下土木相連，盡屬在內。隨代糧銀二分，楊戶取討自賣之後，如有單賬片，紙親族人等爭競，有賣主承管，與買主無干。隨帶原契壹張，此係兩家情願，各無反悔，恐後無憑，立賣煤窑地契為証。

經手人：史俊峰

中華民國三年五月十五日　立賣煤礦地契人：杜國楨 押

宛平縣印（紅印）

　　　　　　史玉珂 +

杜國華 +

中說人：馬福義 +

杜國棟 +

王　昶代字 +

（位於右上角）

正文有二宛平縣印　（紅印）

有騎縫印章一宛平縣印　（紅印）

3. 民国十五年（1926年）刘俊声等租批华兴煤窑合同

立租批窑業山廠合同人劉俊聲、劉双同姪國祥，父子、伯叔姪三人同心合意，將祖遺置到窑業山廠，座落王平口村北溝溝東山廠一段，各有四至：東至分水嶺，西至水溝，南至大井劉國山，北至分水嶺，四至分明。今同中人情願租批與高陽縣人曹植庭名下，開作華興炸窑。言明租價，每年大洋叁拾元整。當日現交貳年租價大洋陸拾元整,筆下交足不欠。自租之後,四至以內不准外租外批。如有親族人等爭競,山廠不明,有劉俊聲、劉双、同姪國祥三人承管,與開窑人無干。窑內臨風相透,有開窑人承管,與租批人無干。自租之後,自許客辭主,不准主辭客。不准增租長價;不許拖欠山租,欠租收業。此係兩家情願,各無口口反悔,恐口無憑,立租批窑業合同壹樣兩張,各執一張為證。中華民國拾五年貳月初壹日。

立租批窑業山廠合同人:劉俊聲、劉双、劉國祥

立合同一樣兩張各執一張永遠為証(為右半對縫字)

故紙　　　　　中見人:田萬祿　劉國明　劉國亮　劉國信

代字人:劉國隆

据历史记载,大约15世纪的明朝中叶,就开始有外国银元流入中国。清中晚期,外国洋元流入中国的品种和数量都大幅增加,流通范围也日益扩大,主要有西班牙本洋、葡萄牙十字洋、墨西哥鹰洋、英国站人洋、法国坐人洋、日本龙洋等等。

对于当时洋元广泛流入,兑换中国白银,造成中国白银外流,中国的有识之士提出铸造本国的银元。如郑观应的《盛世危言》的《铸银》一篇可以看到:"(洋圆)每圆计重七钱二分,运入中国,极贵时可抵规银八钱,即江苏平常市价总在七钱三四五六分之间(沪市买空卖空,昔年每元已涨过八钱。中国人因此亏耗者不知凡几。)其利之厚了然可睹。中国如不自行鼓铸,则其害正自无穷也。"⑥

中国首次用机器铸造银元是在光绪十五年(1889年),由两广总督洋务派官僚张之洞在广东设造币厂,银元铸有"光绪元宝"的字样,通称"龙洋"。最初为了追求"光绪元宝"的品质优于含银量七钱二的洋元,这种银元的含银量是七钱三。但是,当造币官方到民间进行调查,发现根本看不到市面上流通这种七钱三的银元,原来是发生劣币驱逐良币的现象,此后,便开始改铸七钱二的银元了。

辛亥革命后,币制混乱,外国洋元和清末的龙洋并行流通,同时还出现了民国元年铸造的孙中山半身侧面像的开国纪念币等。

北洋政府时期，在民国三年（1914年）颁布了一项国币条例，整顿和统一银元的发行使用，新铸造的银元正面是袁世凯侧面头像和铸造年份，背面是"一元"两字和嘉禾纹饰，俗称"袁头币""袁大头""大头"。

据中国人民银行总行参事室编辑的《中华民国货币史资料》，有关袁世凯政府《国币条例》和《国币条例施行细则》的公布以及各方面对条例、细则的评议等问题的相关记载，"1913年12月1日，熊希龄内阁主张沿用银本位统一币制……1914年3月1日，国务院财政讨论会第一次会议录——《国币及其施行条例与理由》……《国币条例》教令第十九号，民国三年二月八日公布：第一条国币之铸发权，专属于政府。第二条以库平纯银六钱四分八厘为价格之单位，定名曰元。第三条国币种类如下：银币四种，一元、半元、二角、一角；镍币一种，五分；铜币五种，二分、一分、五厘、二厘、一厘……国币《国币条例施行细则》，民国三年二月八日公布。"⑦

上述列举的三个京西窑契，正是处于民国时期，其中两个契约均为1914年，分别是"中華民國三年陽曆八月初一日"和"中華民國三年五月十五日"签订，均在《国币条例》颁布之后，分别提到"洋圆"和"银元"。另一个契约是1926年的，即"中華民國拾五年貳月初壹日"，提到"大洋"。因此，这三个契约利润分配采用的"洋圆""银元"和"大洋"，都是同一种货币，也就是"袁大头"。

（四）纸币

列举一份契约如下：

1. 民国二十九年（1940年）李文俊租批沟子窑合同

立租批山主舊業人李文俊，因有祖遺煤窑壹座，此窑座落在龍泉務村西，

溝子窑經中人說合，情愿批與

王立夫名下承做。每年押租國幣肆拾元整，其幣筆下交足。同中人言明，租批五年，抽分六厘，每月山主煤六筐，押租五年銷清。窑廠之內修蓋房屋，許蓋不許拆。五年期滿，將窑交還山主舊業。此係兩方情愿，各無異說，空口無憑，

图 7：银元"袁大头"

图 8：纸币（1940）

立字據兩張，各執壹張為证。

中華民國貳拾九年五月初壹日。立租批煤窰舊業人：李文俊 押

壹樣兩張各執壹張（為右半對縫字）

中說人：孫景印 押 鄧富和（畫押） 曹興林 +

代字人：周克銘 +

此份契约的年份是 1940 年，已经处于国民政府时期。1935 年 11 月 3 日，国民政府颁布"施行法币布告"。其主要内容包括三项，即垄断发行纸币，白银国有和法币成为英美共管的货币。因此，这份民国二十九年（1940 年）李文俊租批溝子窑合同中提到的"國幣"，正是以国民政府时期的法币为货币度量。

在北京市档案馆和中国银行北京分行整理的当时中国银行北京分行的历史档案文件中可以见到以下资料，成为 1935 年法币布告的佐证：

[银元兑换法币]财政部现已通令全国自本年十一月四日起以中央、中国、交通三银行钞票定为法币，凡公私款项之收付以法币为限，不得使用现洋各节，前已由总处及敝处先后电达在案。兹将此项办法实行后注意各节列左。

——各处本月三日库存现洋应一律封存不得动用。

——自本月四日起，同业存款及其他一切存款、放款应一律以钞票收付，即约定交付现洋者亦应改付钞票。

——自本月四日起，对外发出单据应一律改书"国币"字样。

——寄庄仓库所存现洋应运交其管辖支行、办事处集中保存,候敝处通知办理。

——凡以中央、中、交三行钞票托汇各处者应不分地名一律平汇，将来应否酌收手续费，俟规定再行布达。

——所收中央、交通券，在两行已设机关地方可逐日向其对轧其余额，以平价由付款行用上海电汇抵付，在该两行未设机关地方，俟积有成数可运至就近该两行，按上述办法办理。

（1865 津行致平支行函 1935 年 11 月 6 日）[8]

此间中、中、交三行奉三总行电示,现银元调换法币,除铜铅外,一律平价照调,银辅币按十二角调换一元。

（1865 津行致平支行函 1935 年 11 月 11 日）⑨

"从货币制度的进化过程来看,废除金、银本位,实行纸币管理制度,是一种历史的进步。"⑩

三、总结

本文探讨的京西煤窑契约有关利润分配所涉及的股份制形式与货币制度,从一个非常具体的视角对从清顺治到民国三百年间的契约进行分析,通过这些契约可以看到国家的时代变化和社会经济的深远影响。作为经济单位中很小的一员,京西的煤窑经营正是在时代大潮的变迁和影响中生存和变化,也成为北京近现代工业经济的一个典型的缩影。

参考文献：

①彭久松、陈然著,《中国契约股份制》,成都：成都科技大学出版社,1994 年,第 14 页。

②彭久松、陈然著,《中国契约股份制》,成都：成都科技大学出版社,1994 年,第 16 页。

③北京市门头沟区政协文史资料委员会作,《京西煤业》,北京：香港银河出版社,2005 年,第 38 页。

④宋杰著,《中国货币发展史》,北京：首都师范大学出版社,1999 年,第 252 页。

⑤宋杰著,《中国货币发展史》,北京：首都师范大学出版社,1999 年,第 257 页,第 258 页。

⑥郑观应著,《盛世危言》,郑州：中州古籍出版社,1998 年,第 368 页。

⑦中国人民银行总行参事室编,《中华民国货币史资料》第一辑（1912——1927）,上海：上海人民出版社,1986 年,第 85 页—第 90 页。

⑧中国银行北京分行、北京市档案馆编,《北京的中国银行（1914——1949）》,北京：中国金融出版社,1989 年,第 218 页。

⑨中国银行北京分行、北京市档案馆编，《北京的中国银行（1914——1949）》，北京：中国金融出版社，1989年，第218页。

⑩宋杰著，《中国货币发展史》，北京：首都师范大学出版社，1999年，第285页。

从四件近代藏品探讨中国近代文化的精神内涵

2005年首都博物馆新馆建成并对外开放,《古都北京——历史文化篇》是首都博物馆的基本陈列之一,上启旧石器时代,下至新中国建立,重点展示各个时期北京历史发展,补充展示文化艺术成就。应该说了解首都博物馆的人都知道,近现代藏品,无论从数量还是从类别体系上都属馆藏相对弱项,该基本陈列将单一的古代史陈列融进近现代史陈列,使得北京地区历史发展脉络得以完整呈现。在此,择其陈列的近现代部分中四件近代纸质藏品,从近代文化史研究的角度,探讨中国近代文化的精神内涵。

《瀛寰考略》抄本。"徐继畲(1795年——1873年),山西五台山人。字健男,号松龛。道光六年(1826年)中进士,钦点翰林院庶吉士,授编修,后历任监察御史、知府、道台、盐运使、按察使、布政使、巡抚等。咸丰元年(1851年)任太仆寺少卿,次年赴山西督办团练。同治二年(1863年)在总署行走。其著作有《瀛环志略》,于道光二十八年(1848年)刊行,是一部继《海国图志》后叙述外国历史、地理的书籍。该书除刻本外,目前已发现的稿本有6种:即山西五台县渠氏藏《瀛寰考略》手稿(残稿);五台徐氏《瀛寰考略》第三稿(残稿);五台徐氏藏《瀛寰考略》松龛过目稿(残稿);五台徐氏藏《瀛寰考略》校定誊清稿(残稿);北京图书馆藏《瀛环志略》誊清修改稿(全稿)。首都博物馆藏《瀛寰考略》抄本(全稿)是第七种,经与甲辰本对照核实,其内容比前本丰富,推算应写于1844年之后。"[1]

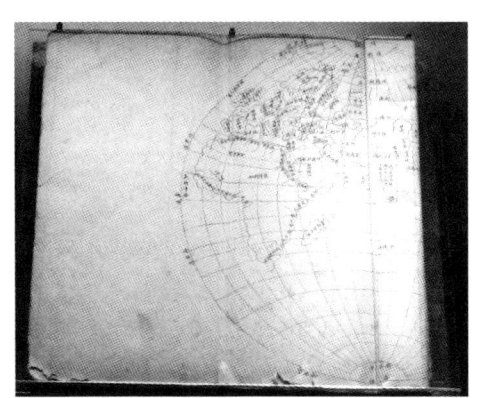

图1：《瀛寰考略》抄本

图2：一份官员签注冯桂芬著作的奏折

图3：《天演论》

图4：《原富》

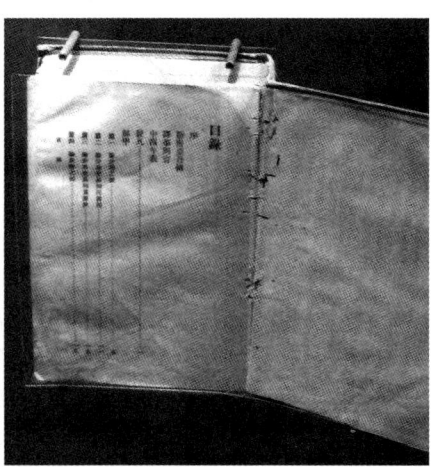

一份官员签注冯桂芬著作的奏折。"冯桂芬（1809年——1874年），江苏吴县人，字林一，号景亭，道光进士，授翰林院编修。咸丰十年（1860年）在沪主持中外会防局时，著《校邠庐抗议》。该书所列条目，首篇公黜陟议，余有汰冗员议、免回避议、厚养廉议、许自陈议、制洋器议等，共47条，是早期维新派的著名思想。光绪二十四年（1898年）7月，孙家鼐呈上奏折，建议京师官吏签注冯桂芬的著作，希望利用签注《抗议》，采取众议可行占多数的条目，请皇帝颁行。这是军机章京王彦威签注的奏折。"②

《天演论》和《原富》。"严复（1854年——1921年），福建侯官人，字又陵，几道。福州船政学堂毕业，光绪三年（1877年）赴英国格林尼次海军大学留学，归国后任福州船政学堂教习。甲午战争后鼓吹维新变法，主办《国闻报》。译英国人赫胥黎的《天演论》，以进化论观点，唤起国人救亡图存。戊戌政变后又译英国人亚当·斯密的《国民财富的性质和原因的研究》，简称《国富论》（译名《原富》）。"③

中国近代文化的时代进取精神

过去无法重写，历史留下每一次溃败，每一次蜕变，每一块伤疤，它让中国更加坚强。

乾嘉之际，正当清王朝逐渐走向没落，社会危机四伏，醉心科举，考据盛行的时候，一些不甘沉沦的有识之士开始提出经世致用的思想，并在嘉道年间成为具有影响力的社会思潮。到鸦片战争前，积极倡导经世致用思想的人物，涌现出林则徐、龚自珍、姚莹、包世臣、汤鹏、徐继畬、魏源等人，被称为地主阶级经世派。

经世致用的宗旨就是"济世利民"，以社会改良的方式，挽救和维护清王朝的统治，内容主要为针砭时弊和畅言社会改革。正如龚自珍于道光十九年（1831年）

岁次乙亥写下的《乙亥杂诗》："九州生气恃风雷，万马齐喑究可哀。我劝天公重抖擞，不拘一格降人才。"④林则徐的《畿辅水利议》及编译《四洲志》，魏源在《四洲志》基础上增补著成的《海国图志》，姚莹的《康輶记行》和徐继畬的《瀛环志略》，都是这一时期经世思潮的代表著作。

这其中的徐继畬，正是自1836年以后，鸦片战争前夕，被调往形势紧迫的沿海地区，肩负建立海防和排外攘夷的重任，当时从事鸦片走私的活动已十分猖獗。1840年鸦片战争爆发，历时两年。1840年农历七月，徐继畬被派往福建东南部海防前线，兼署汀漳龙道道台。道衙设在厦门对面的漳州，使得他直击西方侵略者对中国的威胁。1841年，厦门陷落。徐继畬曾在文中描述当时的情形："突于七月初十日，逆船三十余只驶厦门开炮。我兵亦开炮对击。我之铁炮不如彼铜炮之轻灵。我岸上之炮又不如彼船中之炮之稠密。相持半日，大炮台被其攻破，遂致全军溃败。死难者一总兵，两游击，一守备，千把数人。"⑤而他提及厦门失陷后所管辖的民众时写道："文武官中有将家眷偷运出城者，百姓纷纷有逃亡之意。"⑥在亲临沿海战事，亲历西方"夷狄"掌握比中国先进的技术和中国妄自尊大对英国的低估，"1842年初，徐继畬在给山西两位学友的长信中，分析了战争的起因，强盛的英国的特征，中国失败的原因。他把英国人称为红毛中最强大的种族。他们生活在距中国7万里之外的地方，侵占了大西洋、小西洋（印度洋）、南洋、东南洋（东南亚）沿岸的数十处港口。他们的船只最坚固庞大，他们的大炮最猛烈。"⑦1842年8月，清政府同英国签订了中国近代史上第一个不平等条约《南京条约》，其中，条约规定中国开放广州、厦门、福州、宁波、上海五地为通商口岸，英国可在这五口派驻领事。从此中国东南沿海门户洞开，外国资本侵略势力源源东来。在外部世界列强强行闯入中国的残酷现实面前，徐继畬清醒起来，认识到引进、搜集、整理英国及其他西方国家的信息，了解、研究他们的强弱是多么重要。这正是《瀛环志略》的写作背景，1843年，厦门开放通商口岸，朝廷委以徐继畬督办福建省通商事务，徐继畬开始亲自和形形色色的西方人打起交道，研究世界的历史地理。

1856 年,第二次鸦片战争爆发,历时四年,英法侵略军直入京师,咸丰帝逃往热河,外国侵略者对中国的打击已经从沿海地区延展到了国家的中枢,清廷内外产生极大震动,"实为数千年未有之变局"⑧。为挽救统治危机,清政府自上而下推行了一场以引进西方的军事装备、机器生产和科学技术为主要内容,以富国强兵为目的的自救运动,这就是洋务运动。正如奕䜣所指出:"治国之道,在乎自强,而审时度势,则自强以练兵为要,练兵又以制器为先。"⑨这样经世致用思潮进一步发展形成为洋务思潮和早期维新思潮,以曾国藩、李鸿章、左宗棠、张之洞为代表,而这些人物大都经历了提倡经世致用的思想发展过程。"冯桂芬于 1861 所著的《校邠庐抗议》,则是洋务思想的滥觞。"⑩

冯桂芬在《校邠庐抗议》的自序中这样阐述了他的写作动机:"桂芬读书十年,在外涉猎于艰难情伪者三十年,间有私议,不能无参以杂家,佐以私臆,甚且羼以夷说,而要以不畔于三代圣人之法为宗旨。志此者有年,一官无言责,怀欲陈之,而未有路。乃者乡居,偶一好事,创大小户均赋之议,辄中金壬所忌,固宜绝口不挂时政,重以衰病逡巡,无用世之望,惧遂泯没,爰以避地暇日,笔之于书,凡为篇四十,旧作附者又二,用《后汉·赵壹传》语,名之曰'抗议',即位卑言高之意。"⑪

首都博物馆所藏这份签注冯桂芬著作的奏折所列,涵盖了冯桂芬最精华的思想,包括公黜陟、汰冗员、免回避、变科举、制洋器、善驭夷、采西学、兴水利、劝树桑等,实际上是吸取经世派抨击时政、主张变革和学习西方的思想,针对现实存在的最尖锐的社会问题,阐发自己的见解,较之以往更全面系统地提出了改革的主张。自序中"要以不畔(同叛)于三代圣人之法为宗旨"是《校邠庐抗议》的核心思想,"以中国之伦常名教为原本,辅以诸国富强之术"则成为洋务思潮倡导的"中学为体,西学为用"的开端。

其《制洋器议》中呼吁的:"有天地开辟以来未有之奇愤,凡有心知血气,

图5：甲午战争纪念馆序厅

莫不发上指者,则今日之以广运万里地球中之第一大国,而受制于小夷也。……如耻之,莫若自强。夫所谓不知,实不如也。忌嫉之无益,文饰之不能,勉强之无庸……道在实知其不如之所在,彼何以小而强,我何以大而弱,必求所以如之,仍亦存乎人而已矣。"⑫冯桂芬强烈地感受到了中国在当时所处的落后地位,"采西学、制洋器"的著名观点,发扬经世致用的精神,通过对中西之间力量对比强弱悬殊原因的分析,在已经形成的强烈危机意识的前提之下,提出了自强和自救的对策。"则非天赋人以不如也,人自不如耳。天赋人以不如,可耻也,可耻而无可为也。人自不如,尤可耻也,然可耻而有为也。"⑬更是主张一种励精图治的奋斗精神,知耻而后勇,自强不息。

有人这样评价冯桂芬的《校邠庐抗议》,"不妨把它看作一部分具有前瞻眼光的人们对当时中国所面临的危急形势的回应。从思想渊源来看,它无疑是40年代林则徐、龚自珍和魏源等人改良思想的继承,同时也意味着近代中国的改革思潮在经历了第二次鸦片战争之后的发展。"⑭

梁启超曾说:"唤起吾国千年之大梦,实自甲午一役始也。"⑮

日本原为与中国情形相似的封建落后国家,1868年"明治维新",日本学习西方,开始大力发展资本主义,建立起近代化的国家,并寻求对外侵略扩张的出路。1894年,中日甲午战争爆发,洋务运动时编练的北洋舰队全军覆没,中国惨败,这是中国人从来没有想到,也不愿意接受的现实。中国不是败于西方列强,而是败于"区区一岛之倭奴"。⑯中国与日本签订了《南京条约》以来最不平等的条约——《马关条约》,"辱国丧师,剪藩压境,堂堂华夏不齿于邻邦,文物冠裳被轻于异族。"⑰日本不仅据此占领中国大片领土,而且助长了帝国主义列强侵略中国的野心,掀起了列强瓜分中国的狂潮。

"敌无日不可以来,国无日不可以亡。"⑱中日甲午战争,成为中国近代历史的一个重要转折点,民族危机空前严重,资产阶级性质的政治运动发生发展,社会各个领域急剧变化,思想界产生了重大震荡,各种社会思潮纷纷涌现,中国近代思想文化演变迎来新契机。新兴资产阶级登上政治舞台，掀起以救亡图存、变法图强为宗旨的维新运动。与经世思潮、洋务思潮、早期维新思潮相区别的是，维新思潮在继承中国传统思想的基础上，广泛吸收了西方自然科学知识、哲学、社会政治学说，形成理论，近代特点更为突出，极猛烈地冲击着晚清专制统治思想。康有为、梁启超、谭嗣同、严复都是其代表人物。

严复的《天演论》就是在甲午战争失败的刺激下译成的，初稿约于1894年（光绪二十年）至1895年（光绪二十一年）开译，1898年（光绪二十四年）正式出版。《天演论》译自英国生物学家赫胥黎的《进化论与伦理学》一书，严复只译了前半部分，并加了许多按语和注释。他说"物竞者，物争自存也；天择者，存其宜种也。意谓民物于世，樊然并生，同食天地自然之利矣……动植如此，民人亦然。"[19]严复把达尔文的进化论系统地介绍进中国，引进"物竞天择，适者生存"的生物进化规律，企图敲响救亡警钟，告诫国人因循守旧，势必遭到淘汰，必须变法图强。《天演论》的出版，曾风行海内，引起社会巨大影响。

严复的另一重要译著《原富》，是翻译的英国古典经济学家亚当·斯密的经典著作《国富论》。该书以经济自由为中心思想，以国民财富为研究对象，从分工开始，依次论述交换、货币、价值、价格、工资、利润、地租、资本、重农主义、重商主义等问题，使西方经济学传入近代中国，严复成为近代中国较系统地研究经济学的第一人。

从嘉道年间的经世致用，到1840年鸦片战争后"中学为体，西学为用"的洋务思潮，到1895年甲午战争后的维新思潮，乃至1919年兴起的五四思潮……中国近代文化是层累的，递进的，中国近代文化迈出的每一个前进的脚步，进行的每一次蜕变，都密切结合时代脉搏，紧随中国近代社会政治、经济的发展进程，一环扣一环，渗透着近代中国有识之士对中国命运的苦苦探索和不屈不挠的抗争，具有强烈的时代进取精神。

毛泽东曾对中国近代文化有过精辟的论述："在中国，有帝国主义文化，这是反映帝国主义在政治、经济上统治或半统治中国的东西。……一切包含奴化思想的文化，都属于这一类。在中国，又有半封建文化，这是反映半封建政治和半封建经济的东西，凡属主张尊孔读经、提倡旧礼教旧思想、反对新文化新思想的人们，都是这类文化的代表。帝国主义文化和半封建文化是非常亲热的两兄弟，它们结成文化上的反动同盟，反对中国的新文化。……至于新文化，则是在观念形态上反映新政治和新经济的东西，是替新政治新经济服务的。"[20]

中国近代文化向西方学习的精神

早自明代晚期，西学就已经通过少数的传教士传入中国，西学代表人物有利玛窦、徐光启等。到清朝，宫廷成为当时文化交流的重要舞台。现今，故宫博物院中珍藏了大批反映当时西学东渐的科技文物，大致包括天文学、数学、物理学、地学、机械钟表及医学等几大类。如顺治年间，有天球仪、浑仪、日晷、地球仪、望远镜等藏品。康熙年间，康熙皇帝对西学采取比较开放的政策，他本人"对于西学有着莫大的兴趣，余暇热衷学习西方天文、历算、几何、物理、医学、解剖学等西学。西方的传教士从欧洲带来各种教学所需的工具、仪器与书籍。为了教与学的便利，并在皇帝的要求下，传教士多将西方科学翻译成满文，以作为教材。"[21]故宫博物院中现藏有康熙年间的数学、测绘学、光学等仪器。至乾隆年间，机械钟表数量和种类激增。乾隆后，宫廷西学科技仪器的来源基本枯竭，光绪末年除增添了一些西医药类器具，再未出现其他反映西方科技水平的器物。这些科技文物，都成为反映中西文化交流的一面镜子。但是在鸦片战争以前，整体主导社会文化的，仍然是八股和考据，中国文化并没有在自己的社会内在发展中走向近代。

鸦片战争后，西方侵略者用坚船利炮打开中国大门，林则徐成为近代中国开眼看世界的第一人，编译《四洲志》。魏源在《四洲志》基础上，撰成著名的《海国图志》，率先提出"师夷长技以制夷"的主张。他说："夷之长技三：一战舰，

二火器，三养兵练兵之法。"㉒

徐继畬，在经历鸦片战争后，震惊于西方侵略者的文明，在对中华文化的一种义不容辞的责任感召下，开始竭尽全力地探求中国以外的世界知识，百折不挠地从西方人那里了解地理实情，搜集研究地理文献。他出版的《瀛环志略》，涵盖日本、琉球、越南、缅甸、南洋各岛国、俄国、印度、葡萄牙、西班牙、荷兰、法兰西、英吉利、美利坚、拉丁美洲等等，以图为纲，成为介绍世界各国的疆域形胜、风土人情及历史变迁的手册。

冯桂芬的《校邠庐抗议》提出"采西学，制洋器"，他曾说："如算学、重学、视学、光学、化学等，皆得格物至理。与地书备列百国山川厄塞、风土物产，多中人不及。"㉓又在书中的"采西学议"中介绍："西人见用地动新术，与天地密合，是可以资以授时。……闻西人海港刷沙，其法至捷，是可资以行水。又如农具织具，百工所需，多用轮机，用力少而成功多，是可以治生。"㉔不仅如此，冯桂芬主张的西学内容不仅包括学习科学知识、生产技术，而且还包括一些西方社会的思想和制度，是近代早期提倡西学的具有代表性的观点，他提出的"以中国之伦常名教为原本，辅以诸国富强之术"㉕成为洋务运动时著名的"中学为体，西学为用"思想的开端。如后来张之洞所说："中学为内学，西学为外学；中学治身心，西学应世事。"㉖

严复十四五岁起，便在船政学堂学习科学技术，接触几何、代数、解析几何、微积分、光学、电磁学、地质学、动静重学、水重学等，后去英国留学，转向西方的资本主义政治和哲学。他在《天演论》的序中说："风气渐通，士知拿陋为耻，而西学之事,问途日多。然亦有一二巨子,訑然谓彼之所精,不外象数形下之末……"㉗严复又在给友人的信中曾说："复今者勤苦译书，羌无所为，不过闵同国之人于新理过于蒙昧，发愿立誓，勉而为之。极知力微道远，生事夺其时日；然使前数书（指斯密、穆勒等所著诸书）得转汉文，仆死不朽矣。"㉘

向西方学习的精神，弥漫在整个近代社会文化的空气中。不仅仅是林则徐、魏源、徐继畬、冯桂芬、严复，还可以在如容闳的《西学东渐记》、郑观应的《盛世危言》、王韬的《弢园文录外编》等各种近代著作中，都能看到一致的主张，就是会通融合中西文化。"泯中西之界限，化新旧之门户。"㉙这是康有为在戊戌变法时提出的。"发扬吾固有之文化，且吸收世界之文化而光大之，以期与诸民族并驱于世界。"这是孙中山提出的。这些都表明甲午战争后，西学范围进一步扩大，已经不局限在"中体西用"了，而是成为社会新的资产阶级性质的文化运动，又为 1919 年五四运动时期的文化思潮做了铺垫。向西方学习，寻找救国真理，中国知识分子的脚步从来都没有停下过。

正如毛泽东在论《人民民主专政》中说："自从一八四〇鸦片战争那时起，先进的中国人，经过千辛万苦，向西方国家寻找真理。洪秀全、康有为、严复和孙中山，代表了中国共产党出世以前向西方寻找真理的一派人物。"㉚

中国近代文化的爱国主义精神

如果说研究中国古代史，吸引你的是中国古代灿烂的文明成果；那么研究中国近现代史，让你看到的就是当中国落后挨打的时候，中国人是什么样的！

近代中国，深受屈辱，灾难深重。鸦片战争、英法联军、中法战争、甲午战争、八国联军，每一场战争都把中国一步一步拖向半殖民地的深渊。近代的中国人，在国家危亡，民族危机面前，释放出强烈的爱国主义精神，任意翻阅近代留存的每一个人的每一本著作，爱国都是他们共同的精神支撑，"救亡图存"是时代的最强音。

冯桂芬在《校邠庐抗议》的"制洋器议"中说："凡有心知血气，莫不冲冠发上者，则今日之以广运万里地球中第一大国而受制于小夷也。"㉛在关注到邻邦的崛起，扼腕自己国家的落后时，也在"制洋器议"中说："近事，俄夷比达者，微服佣于英局三年，尽得其巧技，国遂大兴。前年西夷突入日本国都，求通市，许之。未几，日本亦驾火轮船十数，遍历西洋，报骋各国，多所要约，诸国知其意，亦许之。日本蕞尔小国耳，尚知发愤为雄，独我大国，将纳污含垢以终古哉？"㉜从而他发出"如知耻，莫如自强""自强之道，诚不可须臾缓矣""复本有之强，雪从前之耻"的呼声。

  严复则在给友人——商务印书馆的张元济的信中流露他译书的动机："复自客秋以来，仰观天时，俯察人事，但觉一无可为。然终谓民智不开，则守旧、维新，两无一可。即使朝廷今日不行一事，抑所为皆非，但令在野之人，与夫后生英俊，洞识中西实情者日多一日，则炎黄种类未必遂至沦胥，即不幸暂被羁縻（亡国），亦得有复苏之一日也。所以屏弃万缘，惟以译书自课。"㉝正是在这样的驱策力下，严复一生翻译《天演论》《原富》《群学肄言》《群己权界论》《社会通诠》《法意》《穆勒名学》（未完）《名学浅说》《支那教案论》《中国教育议》《欧战缘起》，共计十一部译著，约一百七十多万字。

  严复在《天演论》原书的最后这样表述并引用了诗人丁尼生的诗作全书结尾："吾辈生当今日……固将沉毅用壮，见大丈夫之锋颖，疆力不反，可争可取而不可降。……早夜孜孜，合同志之力，谋所以转祸为福，因害为利而已矣！丁尼生诗曰：

  '挂帆沧海，风波茫茫，或沦无底，或达仙乡，二者何择，将然未然，时乎时乎，吾奋吾力，不竦不戁，丈夫之必。'

  吾愿与普天下有心人共矢斯志也。"㉞

参考文献：

①首都博物馆编，《古都北京——历史文化篇》，北京出版社，2011年，第209页。

②首都博物馆编，《古都北京——历史文化篇》，北京出版社，2011年，第187页。

③首都博物馆编，《古都北京——历史文化篇》，北京出版社，2011年，第210页。

④龚书铎主编，《中国近代文化概论》，北京师范大学出版社，2010年，第154页。
⑤（美）德雷克著，任复兴译，《徐继畬及其瀛环志略》，文津出版社，1990年，第19页。
⑥（美）德雷克著，任复兴译，《徐继畬及其瀛环志略》，文津出版社，1990年，第19页。
⑦（美）德雷克著，任复兴译，《徐继畬及其瀛环志略》，文津出版社，1990年，第20页。
⑧郑师渠主编，《中国近代史》，北京师范大学出版社，2011年，第88页。
⑨郑师渠主编，《中国近代史》，北京师范大学出版社，2011年，第88页。
⑩龚书铎主编，《中国近代文化概论》，北京师范大学出版社，2010年，第73页。
⑪冯桂芬著，戴扬本评注，《校邠庐抗议》，中州古籍出版社，1998年，第68、69页。
⑫冯桂芬著，戴扬本评注，《校邠庐抗议》，中州古籍出版社，1998年，第22页。
⑬冯桂芬著，戴扬本评注，《校邠庐抗议》，中州古籍出版社，1998年，第22页。
⑭冯桂芬著，戴扬本评注，《校邠庐抗议》，中州古籍出版社，1998年，第22页。
⑮龚书铎主编，《中国近代文化概论》，北京师范大学出版社，2010年，第5页。
⑯郑大华、彭平一著，《社会结构变迁与近代文化转型》，四川人民出版社，2008年，第254页。
⑰郑大华、彭平一著，《社会结构变迁与近代文化转型》，四川人民出版社，2008年，第255页。
⑱郑大华、彭平一著，《社会结构变迁与近代文化转型》，四川人民出版社，2008年，第255页。
⑲郑师渠著，《中国近代史》，北京师范大学出版社，2011年，第197页。
⑳龚书铎主编，《中国近代文化概论》，北京师范大学出版社，2010年，第25页。
㉑冯明珠主编，《康熙大帝与太阳王路易十四特展》，台北故宫博物院，2011年，第142页。
㉒郑师渠主编，《中国近代史》，北京师范大学出版社，2011年，第77页。
㉓冯桂芬著，戴扬本评注，《校邠庐抗议》，中州古籍出版社，1998年，第33页。
㉔冯桂芬著，戴扬本评注，《校邠庐抗议》，中州古籍出版社，1998年，第33页。
㉕冯桂芬著，戴扬本评注，《校邠庐抗议》，中州古籍出版社，1998年，第38页。
㉖龚书铎主编，《中国近代文化概论》，北京师范大学出版社，2010年，第74页。
㉗商务印书馆编辑部编，《论严复与严译名著》，商务印书馆，1982年，第30页。
㉘商务印书馆编辑部编，《论严复与严译名著》，商务印书馆，1982年，第13页。
㉙龚书铎主编，《中国近代文化概论》，北京师范大学出版社，2010年，第10页。
㉚商务印书馆编辑部编，《论严复与严译名著》，商务印书馆，1982年，第59页。
㉛冯桂芬著，戴扬本评注，《校邠庐抗议》，中州古籍出版社，1998年，第40页。
㉜冯桂芬著，戴扬本评注，《校邠庐抗议》，中州古籍出版社，1998年，第40、41页。
㉝商务印书馆编辑部编，《论严复与严译名著》，商务印书馆，1982年，第13页。
㉞商务印书馆编辑部编，《论严复与严译名著》，商务印书馆，1982年，第8页。

近现代史料在博物馆中的利用

史料是治史的基础。关于史料学，通常的做法是将中国史的史料学分为古代史料学和近代史料学，分置在古代史和近代史专业下进行研究，历史文献学、史学理论史学史专业也有部分涉及，史学史专业倾向对史家、史学著作和史学思想的考察。世界史方向史料学相对薄弱。史料学中近现代史料的一般分类为文字史料、实物史料和口碑史料，经查阅各类资料可以看到，实物史料可能存在着学术规范和学科交叉的问题，是以往史料学研究中较为忽视的。而作为博物馆，实物则是博物馆的特征，是博物馆机构的基本条件。看起来史料学与博物馆学存在着结合点——实物，然而史料学中的近现代史料、实物史料与博物馆中的实物、藏品是否完全一致？存在着怎样的区别与联系？近现代史料在博物馆中是如何利用的？本文将以历史理论史料学为基础，结合博物馆实践，进行比较与融汇。

比较史料与实物

依据东汉许慎《说文解字》中释"史"的文字记载："史，记事者也。"[①]也有人认为史学源于史书。另外在民国时期，中央研究院历史语言研究所所长傅斯年认为："近代的历史学只是史料学，利用自然科学供给我们的一切工具，整理一切可以逢着的史料""史学的工具是整理史料""史学便是史料学"。[②]而从今天研究的普遍学术观点来看，搜集、整理史料，即史料学，是史学研究的一个重要部分。

一般地，将近现代史料分为三类，第一类是文字史料，也可称为历史文献。白寿彝先生认为，"'一切具有历史意义的文字记录'都可称作历史文献。"③据查阅各种资料，这一类里包括的细项分类不一，大致主要包括：

一、档案：中国历史档案馆对该类史料主要分诏令、奏议、平行衙门的文书、下级官员向上级官员报告的文书等文种；主要档案史料汇编包括《实录》和《圣训》；方略、纪略等军事史料；以及《筹办夷务始末》《清季外交史料》等外交史料。

二、报刊：各个历史时期的报刊和外国人所办报刊等。

三、记载：包括真迹手札、家书、日记、笔记、诗歌、自订年谱、回忆录、文集。

四、正史及其他：史料选集、纪传史、年谱、地方志、典章制度、外人编著的史集等。

第二类是实物史料，主要包括生产工具、生活资料、武器和刑具、货币、度量衡器、印信、建筑、墓葬、古迹、历史事件的遗迹、模型和雕塑、照片和绘画、碑刻和砖瓦、纪念物等。在现代史中重点是革命文物，包括石刻、标语、布告、壁画、印章、衣服用品、武器、旧址等。

第三类是口碑史料，包括口述、调查、传说、文艺作品。如首都博物馆的征集部在2004至2005年借筹备《老北京民俗展》之机，曾对一批北京民间传统手工艺人进行以手工艺为内容的非物质文化遗产方面的采访，2010至2011年曾做过对满族和回族的民族、民俗调查的课题等。

而对于博物馆来说，通常博物馆学所指的实物或藏品，一般地具有广义实物的概念，其中包括了文献形态和狭义的实物形态。博物馆学对藏品的定义是："藏品是博物馆为了社会教育和科学研究的目的，根据自己的性质，搜集保藏的自然界和人类社会物质文明、精神文明发展的见证物。"④实物是博物馆机构的必备条件和基本特征，是博物馆与诸如学校、图书馆、文化馆、剧院、出版社等同属文化教育事业的机构的根本区别点。在国家文物局主持的《中国博物馆学基础》中明确地说明:"博物馆必须具备一定数量和质量的藏品,即实物。这些'物'是具有典型性和重要性的,负载着关于人类活动和自然变迁的各种信息,是对某种事物的实物见证。没有这样的'物'就不能成为博物馆。"[5]从世界上最早的博物馆雏形,公元前5世纪古希腊特菲尔·奥林帕斯神殿——保存有战利品和雕塑的古物收藏室,发展到今天北京文博网站统计的北京地区150家博物馆,实物始终是博物馆的共同命题。

曾在北京召开的国际博协博物馆学委员会1994年年会,会议主题之一就是:"物质世界",即"实物——资料"。这是一次在全世界博物馆范围内,对实物研究的广泛探讨。

法国学者米歇尔·曼努提出:"难道实物只是静止的、赤裸着站在人们面前吗?或者说实物可否也是一种资料,也有一些东西要告诉人们呢?实物是不是'可阅读'的呢?"[6]他认为实物从最初所处的"真实"环境转移到博物馆的"人为"环境中,其价值、含义、状态都发生了变化,进入了新的传播领域,成为存在的或曾经存在的事物的证明或例证。

中国的学者沈庆林提出了文物与其固有的使用价值分离的特征。他特别指出:"近现代文物的这一特征更为突出。近现代文物由于同某一历史事件或人物有联系,而具有某种纪念意义,因而成为文物。当人们尚未认识这种意义时,这件用品可能尚在使用,这种纪念意义一旦被认识,它就将退出使用,并被保护起来。"[7]

荷兰学者彼得·冯·门施指出,博物馆的实物是作为信息的载体,其负载的信息可划分为自然物质信息、功能信息、与其他事物联系中的信息和记录性信息四个层次。

同时,还有学者对博物馆被认为只能收集、保护、展出三维物品提出了质疑,并得到许多学者的支持。多数学者认为"博物馆的物都是三维空间的实物,这是传统的概念,这一概念已被博物馆的不断发展所突破。"[8]并且,他们提出了二维空间实物和无形实物,这一提法扩大了博物馆实物概念的外延,在这样的学术观点之下，博物馆的实物概念已经可以等同于史料的概念，将细分的文字史料、实物史料和口碑史料全部囊括在内了。

涉及近现代史料的博物馆藏品管理

2003年5月13日由国家文物局印发了关于《近现代文物征集参考范围》和《近现代一级文物藏品定级标准（试行）》的通知。通知中可以看到"据不完全统计，目前全国收藏、展示1840年以来的近代文物（含革命文物）的博物馆、纪念馆已达400多所，征集、保管近代文物50多万件。"⑨但通知中指出，我国博物馆对近现代文物普遍收藏较少，有的地区，有的博物馆几乎是空白。除中共党史有关的革命文物较为受重视外，1840-1949年新中国成立以来具有历史意义的近现代文物史料尚未得到系统征集和保护抢救。

需要补充说明的是，上述问题在今天的博物馆中仍然是突出问题。而值得一提的是，国家博物馆在近现代文物的征集工作中走在了前头。国家博物馆对近现代文物特别是革命文物的征集与收藏最早可以追溯到1933年5月，当时还是中华苏维埃共和国临时中央政府时期，设立了中央革命博物馆。后来几经社会动荡，国家博物馆前身经历次变革，几代建制，征集工作一直延续。迄今为止，近现代文物已成为国家博物馆馆藏体系的重要组成部分，反映1840年鸦片战争以来的近现代文物已逾20万件（套），其中一级文物2220件（套），图书资料30万件，历史照片15万余张，含原版照片1万余张，艺术品数千件。

同时，涉及近现代文物管理的法制建设滞后，该通知印发之前，我国《文物保护法》《博物馆藏品管理办法》《文物藏品定级标准》等各类文博法律法规中，均未具体对近现代文物史料予以法律规范，这也影响到各博物馆的实际工作，使得征集范畴、价值判断存在随意性。

有鉴于此，国家文物局根据法规制定与近现代文物鉴定确认工作的经验，审定并印发《近现代文物征集参考范围》与《近现代一级文物藏品定级标准（试行）》，要求各文物工作单位参照执行。

其中的《近现代文物征集参考范围》对近现代文物征集工作的征集范围进行了明确的规定：

一、反映中国近现代社会历史变革及有关社会历史发展的文物。包括近代中国（1840年—1919年"五四运动"爆发之前）重大事件、重要人物、著名烈士和爱国志士的有关文物；现代中国（1919年"五四运动"爆发—1949年9月30日）重大事件、重要人物、著名烈士和爱国志士的有关文物；以及当代中国（1949年10月1日中华人民共和国成立以来）重大事件、重要人物、著名烈士、著名英雄模范的有关文物。

二、反映中国近现代政治、经济、军事、科技、教育、文化、卫生、体育、宗教等方面发展的文物。其中包括了政治方面有关政权建设、政治制度、政策法令等文物。经济方面有关经济建设、经济制度、经济政策、生产技术、生产工具、重要产品等文物。重点征集工业、农业、商业、财税、交通、海关、邮电、能源、金融（货币）等领域的代表性文物。军事方面包括有关国防建设、军队建制、武器装备等的文物。科教方面有关教育制度、教育发展、重大活动和重要成果等的文物。文化方面（含艺术、新闻出版等）有关文化事业发展、重大活动和重要成果等的文物。卫生、体育方面有关事业发展、重大活动、重要成果等的文物。以及宗教方面有关宗教工作、宗教组织、宗教政策等的文物。

三、反映中国近现代各民族的社会发展及民族关系、民族团结、民族自治、维护祖国统一等方面的文物。

四、反映中国近现代各民族的生产活动、生活习俗、文化艺术和宗教信仰等方面的文物。其中包括了有代表性的生产工具、生活用品和有关宗教信仰的典型物品；有代表性的年画、剪纸、风筝、皮影、雕刻、漆器、壁画、蜡染、服饰、头饰、刺绣、地毯等民间艺术品、工艺品。

五、反映近代以来中国人民反抗剥削压迫的重大事件和重要人物的文物。

六、反映近代以来中国人民抵御外侮、反抗侵略的重大事件和重要人物的文物。

七、反映近代以来中外关系、友好往来和政治、经济、军事、科技、文化、艺术、卫生、体育、宗教等方面相互交流的文物。其中包括中国参与创建联合国和参与联合国活动，以及参与其他国际组织、各国国际会议有关的文物；中国与世界各国建立外交关系的有关文物；中国对外交往、与其他国家合作交流的有关文物；中国参与各类国际竞赛、评比活动并获奖的有关文物；中国政府、政党及其领导人与外国政府、政党及其领导人友好交往，中国民间团体、知名人士与国际友好团体、友好人士交往的有关文物。⑩

《近现代一级文物藏品定级标准（试行）》规定了将各博物馆、纪念馆及其他收藏单位收藏的1840年以来的文物按照历史、艺术、科学价值区分为珍贵文物和一般文物，珍贵文物又分为一级文物、二级文物、三级文物。《近现代一级文物藏品定级标准（试行）》除规定了近现代一级文物藏品定级条件外，还在第四条中对近现代文物种类进行了归纳："近现代文物种类繁多，依其形式、用途和意义，可分为文献、手稿，书刊传单，勋章徽章证件，旗帜，印信图章，武器装备（含各种军用物品），反映对外关系的文物，音像制品，名人遗物，艺术品、工艺美术品，货币、邮票等实用艺术类物品，实用器材，杂项等十六类。"⑪

并逐条对各类评定一级文物进行了细化的品种规定，比如：

文献：包括决议、决定、宣言、文书、布告、电报、报告、指示、通知、总结等原始正式文件。

手稿：包括亲笔起草文件、电报、作品、信函、题词等原件。

书刊、传单：包括书籍、报纸、期刊、号外、时事材料、文件汇编等印刷品，传单、标语、漫画、捷报等宣传品。

勋章、徽章、证件：包括奖章、勋章、奖状（立功喜报）、纪念章、机关（学校、团体）证章、证件、证书、代表证，以及其他标志符号等。

旗帜：包括国旗、军器、奖旗、舰旗、队旗、锦旗、贺幛等各种标志性、识别性旗帜。

印信图章：包括关防、公章、各种印信、个人印章等。

武器装备：包括兵器、弹药，军用车辆、机械、器具、地图、通讯器材、防护器材、观测器材、医疗器材及其他军用物品。[12]

音像制品：包括照片（含底片）、录音带、录音唱片、纪录片、录像带、光盘等原版作品。

规定还根据博物馆的收藏保管工作特点，对集品进行了规定，指出"集品是指那些由若干部件构成的不可分割的组合式文物藏品，如成套的报纸、期刊、多卷本文集，著名人物的多本日记，名人书信、手稿合订本，成套的军装（含军帽、军上衣、军裤、帽徽、肩章、领章、胸章、臂章、腰带、佩剑）等。"[13]

上述对《近现代文物征集参考范围》与《近现代一级文物藏品定级标准（试行）》两份规定简要介绍，据此可与史料学研究中的近现代史料类别划分做一对比，应该说二者有相当部分的重合，但博物馆的藏品规定对近现代藏品的范围和种类规定更为具体细化和全面，同时也可以看到最大的不同就是有关史料学中近现代实物史料的建筑、墓葬、古迹、历史事件的遗迹不属于两规定范围，例如北京地区的建筑、墓葬、古迹、历史事件的遗迹等另在《北京市城市总体规划》《北京历史文化名城保护规划》及各类有针对性的地上文物保护管理法规中体现。而近现代史料中的口碑史料一类，在博物馆藏品规定中也未涵盖在内，也就是说目前学术界提出的无形实物尚未在真正已经明确、可以依据的文物工作法律法规中得到体现。

近现代史料在博物馆展览和社教中的利用

观复博物馆馆长马未都曾在其著作的序言中这样写道:"我们了解历史一般通过两个途径——文献及证物。文献的局限在于执笔者的主观倾向,以及后来人的修饰,因此不能保证客观真实地再现历史。证物不言,却能真实地诉说其文化背景,描述成因。文明的形成过程是靠证物来标定坐标,汇成进程图表。"[14]

从首都博物馆的情况来看,首都博物馆定位为大型地志类综合博物馆,也就是说首都博物馆是一座城市博物馆,馆藏文物以北京地区出土的,反映北京历史文化的为主。从首都博物馆二十余万件馆藏来看,客观地说近现代藏品是首都博物馆的弱项,存在着藏品数量相对较少,品种大多集中在纸质藏品和藏品体系不够完整的问题。即便如此,首都博物馆仍然在 2006 年 12 月 16 日新馆试运营。正式对外开放以来,举办了一些以反映近现代历史、文化、艺术为主题的展览。

2006 年新馆开馆固定陈列之一《古都北京·历史文化篇》,以北京通史为基础,反映北京历史脉络,包含了古代部分和近现代部分。近现代部分起始于 1840 年鸦片战争,截至 1949 年新中国建立,展品以馆藏为主,少量征集、复制、借调,全部为近现代史料,包含了文字史料和实物史料两大类。

其中展出文字类文物史料有:

档案类:包括康有为《开制度新政局折》、康有为《日本辩证考》第二次进呈本、《明定国是诏书》、一份官员签注冯桂芬著作的奏折、宋伯鲁《为事变日亟请速简重臣结连与国以安社稷而救危亡折》《南京条约》《九年预备立宪逐年推行筹备事宜谕》、1905 年废科举诏、《中华民国临时约法》、毛泽东复傅作义电稿等。

报刊类:包括近代的《中外纪闻》《知新报》《新民丛报》《京报》《京话日报》《北京女报》《商务报》等;现代的《新潮》月刊、《少年中国》月刊、《五四》《新青年》月刊、《顺天时报》号外、《时事公报》卢沟桥抗战号外、《冀热辽画报》创刊号、《挺进报》、北平《解放报》《人民日报》(北平版)、中国人民政治协商会议《会议纪念刊》《1949年开国年鉴》等。

记载类：包括张荫桓函札、《汪大燮致汪康年书札》、林旭手札、杨锐致其弟函札、李鸿章书札、徐世昌《水竹邨人集》、张元济关于制度局事致沈曾植书、张元济致友人函、谭嗣同《仁学》、《瀛寰考略》抄本、《天演论》《原富》《抗日民族统一战线教程》等。

其他类：如《南海增广会馆碑记拓片》、京师译学馆毕业文凭、京师译学馆试题卷、清华大学学生自治会《告全国民众书》《划时代的一二·九》等。

实物类文物史料有：

包括荣禄墓出土文物，闻喜会馆碑、大清银行兑换券铜凹版、京张铁路铁轨一段，清末在北京流通的部分外币，京师华商电灯有限公司路灯标牌、京师丹凤火柴公司火柴商标、丹华火柴股份有限公司京厂火柴商标、门头沟煤矿工人使用的矿灯、京师大学堂总监督关防、京师译学馆关防、西洋生活用品、民国元年纪念章、五族共和南北统一周年纪念章、瑞蚨祥布店广告、内联升鞋店礼券、八路军臂章、宛平七区区委奖给法成支部的党旗、平北地委副书记陆平使用过的马灯、晋察冀边区二届"群英会"奖励的瓷碗，华北解放纪念章、北平市人民政府徽章等。

这一系列的近现代文物史料，可以说涵盖了北京近现代政治、经济、军事、文化、科技、社会生活等各方面，使得近现代百年历史脉络完整呈现，带给观众对近现代北京历史最直观的认识。

2011年，恰逢中国共产党90华诞。首都博物馆举办了《奔向光明——中国共产党北京革命足迹》纪念建党90周年展。

经过首都博物馆工作人员的精心遴选，《奔向光明》展全部上展230件套以馆藏为主的革命文物、文献、图片，反映了重大历史事件、革命运动、著名人物，具有重要纪念意义、教育意义或者史料价值，通过"革命风潮""中流砥柱""建国伟业"三个部分，将中国共产党28年的风雨历程串联成一部壮丽的史诗。

展览筹备中，还采访了刘导生，一二九运动时的北大党支部书记；李欣华，

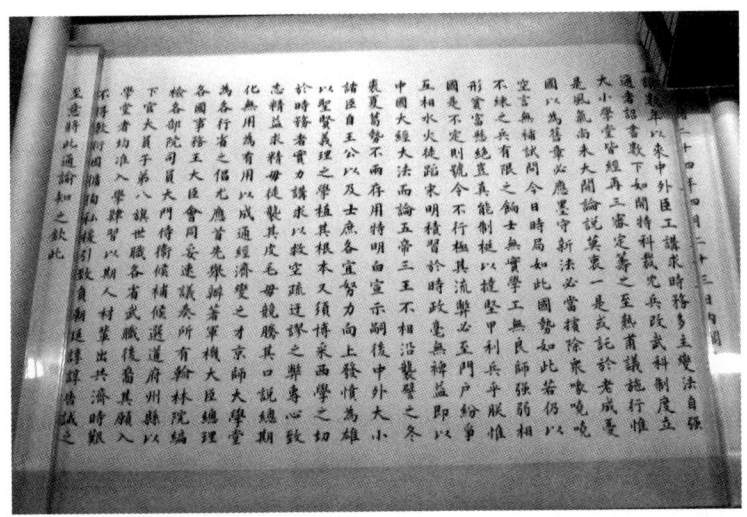

图 5：甲午战争纪念馆序厅

图 5：甲午战争纪念馆序厅

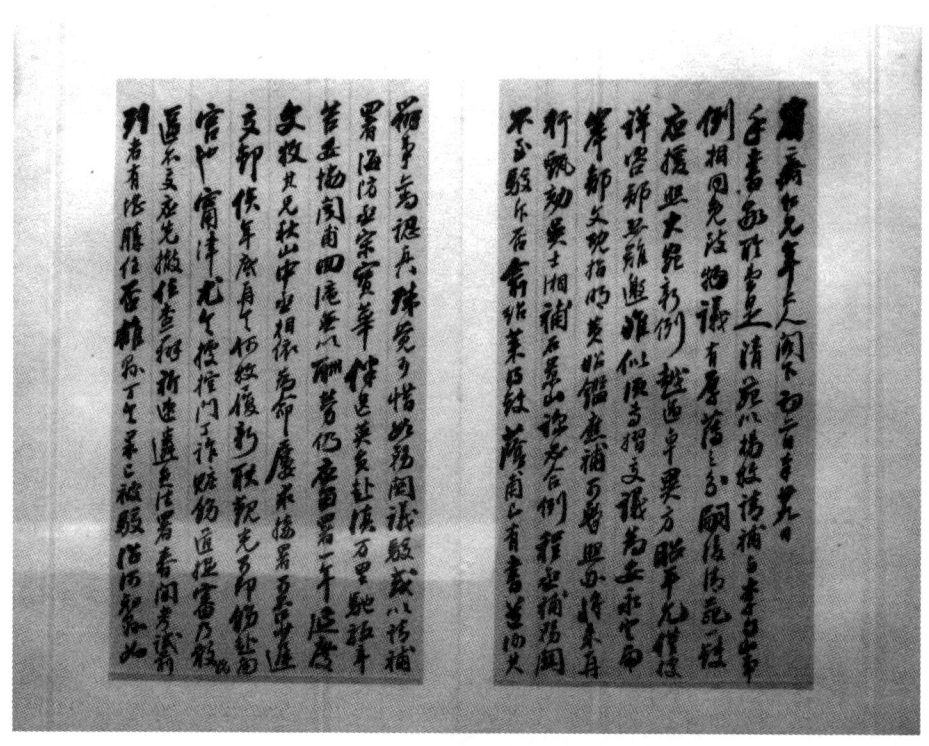

图 5：甲午战争纪念馆序厅

图 5：甲午战争纪念馆序厅

李大钊次子；武光，近 90 岁，曾捐献抗战时延安出版的《共产党人》杂志第十三期，并注明：他携带此书穿越封锁线来到平郊；熊易华，近 80 多岁，曾捐献反映北平学生运动的"学生运动签名旗"，旗上注明："燕京大学'献给我们的易华同学'1948.7.11"；祖连生，曾捐献 1949 年国旗一面。这些人物是活化的历史，他们的口述是对文献史料和实物史料的佐证与丰富，也成为《奔向光明》展在口碑史料利用方面的一次有益尝试。

"纸上得来终觉浅，绝知此事要躬行"。《奔向光明》展不仅仅局限于静态地在展厅里陈列革命文物史料，以及调查搜集口碑史料，展览还体现了"从馆舍天地走向大千世界"的思路，动态地开展参观社教活动，配合馆内展览，设计并组织了在馆外包括北大红楼、李大钊烈士陵园、双清别墅、三一八烈士公墓、焦庄户地道战遗址纪念馆、长辛店劳动补习学校、二七大罢工遗址、平北抗日战争烈士纪念馆、平西抗日战争纪念烈士陵园、平西抗日战争纪念馆、没有共产党就没有新中国纪念馆、卢沟桥、宛平城、平西情报交通联络站纪念馆等北京革命史迹在内的红色旅游社教活动，追寻先烈足迹，重温革命精神。这可以说是博物馆的展览和社教，在利用建筑、墓葬、古迹、历史事件遗迹等实物史料方面的一次很好的例证。

小结

让历史亲切可感，这就是史料在博物馆中的利用。北京大学出版社出版的《中国近代史史料学》，其编著者在前言中这样写道："每个年级开史料学课程的时候，我们都要安排一次参观，或到博物馆、纪念馆，或到原租界街道，使学生通过参观考察，了解历史建筑、文物等实物的史料价值。"[15] 博物馆是今天征集、保管、利用、研究史料的最主要的场所之一。博物馆就是和史料打交道。在历史研究中，第一步就是搜集史料，其次是整理史料。史料是客观历史的一部分。当然，历史

图 5：甲午战争纪念馆序厅

研究还要对史料进行辨伪、校勘和考据。人们对历史原貌的揭示、认识与证明，很大程度上，还要得益于史料的不断丰富。今天，越来越多各种类别的博物馆涌现出来，博物馆对史料的利用，一如既往地渗透在展览、社教、研究、修复、出版等传统领域，并随着今天科技的发展，已经开始了史料的数字化、信息化，实现数字博物馆。人们前所未有地便捷和广泛地接触史料，通过繁杂的史料感知历史，获得对历史的认识与思考。博物馆是在史料与观众之间架起的一座沟通的桥梁。

参考文献：

① 马卫东主编，《历史学理论与方法》，北京师范大学出版社，2011年，第10页。
② 马卫东主编，《历史学理论与方法》，北京师范大学出版社，2011年，第10页。
③ 马卫东主编，《历史学理论与方法》，北京师范大学出版社，2011年，第20页。
④ 王宏钧主编，《中国博物馆学基础》，上海古籍出版社，2001年，第132页。
⑤ 王宏钧主编，《中国博物馆学基础》，上海古籍出版社，2001年，第43页。
⑥ 王宏钧主编，《中国博物馆学基础》，上海古籍出版社，2001年，第134页。
⑦ 王宏钧主编，《中国博物馆学基础》，上海古籍出版社，2001年，第134.135页。
⑧ 王宏钧主编，《中国博物馆学基础》，上海古籍出版社，2001年，第135页。
⑨ 北京市文物局编，《文物工作实用手册》，华龄出版社，2005年，第324页。
⑩ 北京市文物局编，《文物工作实用手册》，华龄出版社，2005年，第326-328页。
⑪ 北京市文物局编，《文物工作实用手册》，华龄出版社，2005年，第331页。
⑫ 北京市文物局编，《文物工作实用手册》，华龄出版社，2005年，第331-336页。
⑬ 北京市文物局编，《文物工作实用手册》，华龄出版社，2005年，第336页。
⑭ 马未都著，《马未都说收藏》，中华书局，2008年，第1页。
⑮ 严昌洪编著，《中国近代史史料学》，北京大学出版社，2011年，第2页。

举救国旗帜　启时代先声
——从民国史料解析五四爱国运动在北京

魏宇澄　田聪

辛亥革命推翻了两千年封建帝制，中国历史步入民国时期，先天不足的中华民国继承的是深受封建社会束缚和帝国主义侵略的积贫积弱的旧中国。民国初年的中国，军阀混战，内外交困，举步维艰。正是在这种焦灼的变革与困局中，以第一次世界大战结束后，中国在巴黎和会上的外交失败为直接导火索，以北京为策源地，兴起了一场以学生为先导，以彻底反帝反封建为姿态，以资产阶级民主主义为思想武器，以民主与科学为基本口号的，全国各界群众广泛参与的五四爱国运动。五四运动，是觉醒的中国人打破封建传统，解放思想，寻求救国出路的一次努力，推动了马克思列宁主义在中国的广泛传播，点燃了新民主主义革命的火焰。本文将从民国政治外交史的角度，结合民国时期文物，解读这场开启新时代先声的五四爱国运动。

民国初期的变革与困局

自1912年1月1日中华民国成立，孙中山领导的南京临时政府颁布了一系列政治、经济、文教等方面的政策和法令，社会呈现一派革新气象。其中"在孙中山主持下，南京临时政府制定的代行宪法《中华民国临时约法》，共7章56条，确定了国体和政体。临时约法规定：'中华民国由中华人民组织之''中华民国之主权属于国民全体'。临时约法确定了政府的组织形式为立法、行政、司法三权分立。"①然而，南京临时政府在对待列强和封建势力方面存在软弱性。1912年4月，孙中山被迫让位袁世凯，袁世凯当上中华民国临时大总统，开始了北洋军阀时期。袁世凯施行独裁统治，进行了一系列扼制民主共和的活动，废除了《中华民国临时约法》，代之以《中华民国约法》。《中华民国约法》第十四条明文规定："大总统为国之元首，总揽统治权。"②

在民国初期，政治上先后发生了袁世凯复辟、府院之争、张勋复辟、袁世凯与日本签订"二十一条"、国民党成立、宋教仁遇刺、孙中山护国、护法运动等，军阀混战连年不断，帝国主义对中国的侵略和北洋军阀的反动统治，使帝国主义同中华民族的矛盾、封建主义同人民大众的矛盾进一步激化。

经济上洋货横行、土货滞销、民族工业短暂的春天、金融市场证券交易及国债贬值等，正如有关研究资料所述："夫社会经济，堕落久矣，金融也，交滞，机关事业也，悉成荆棘。"④"民国元年至十年，政争兵乱，无年无之，举清末奖励实业政策之成绩尽破坏之，而无以为继。各省军人官吏不特不能提倡保护其各省内之实业，且加之以剥削摧残；兵匪劫掠，官吏敲诈，几于相习成风。受之者亦视同不可幸免之天灾。故就政府对待实业之态度与影响而言，60年中清末之9年为黄金时代，而民初之10年为黑暗时代。"⑤"政府对于工业之设施，舍少许官制变更外，竟无政策可言。民三张謇长农商部时，宣布其棉铁政策，定工业保息费章程，提倡制造，拟以2000万元为基金。当时耳目一新，颇有朝气。未几张氏因袁图谋帝制去职，棉铁政策亦成陈迹……云南起义，袁未帝而死，所谓振兴工商业资金者，亦与帝制同灭。继任之执政者，并此纸上空谈之预算，亦不可复闻矣。⑥"

文化上出现新式学校、留学热潮、新小说、文明话剧、白话诗；社会风俗方面出现男女同座、剪辫易服、女子放足、自由婚姻、官吏腐败、土匪横行等社会现象。

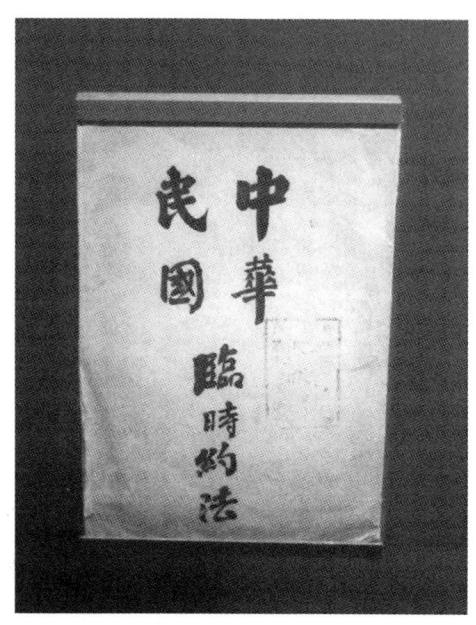

图1：首都博物馆藏中华民国临时约法

图2：首都博物馆藏北洋军官礼服帽

中华五千年文明，饱经沧桑，在变革与困局中，将何去何从？

新文化运动的兴起

1915年9月，陈独秀在上海创办了《青年杂志》，提出"科学""民主"的口号，向封建传统思想展开猛烈攻击，掀起了新文化运动的思想风暴。1916年9月，《青年杂志》更名为《新青年》。1917年1月，蔡元培到北京大学任校长，聘陈独秀为文科学长，《新青年》编辑部由上海移至北京。

陈独秀在创刊号——《敬告青年》中说："新陈代谢，陈腐朽败者无时不在天然淘汰之途，与新鲜活泼者以空间之位置及时间之生命。"⑦他又提出："国人而欲脱蒙昧时代，羞为浅化之民也，则急起直追，当以科学与人权并重。"⑧

《新青年》提出两大口号，一曰民主，一曰科学，即"德先生"和"赛先生"。陈独秀在《新青年》上发表的《本志罪案之答辩书》中说："西洋人因为拥护德、赛两先生，闹了多少事，流了多少血，德、赛两先生才渐渐从黑暗中把他们救出，引到光明世界。我们现在认定只有这两位先生，可以救治中国政治上、道德上、学术上、思想上一切的黑暗。"⑨

陈独秀的《敬告青年》《我之爱国主义》《文学革命论》；李大钊的《青春》《我的马克思主义观》《庶民的胜利》《布尔什维主义的胜利》；鲁迅的《狂人日记》《我之节烈观》；胡适的《文学改良刍议》等都是《新青年》上刊登的代表作品。

《新青年》杂志和北大红楼成为新文化运动的主要阵地。红楼见证了新文化运动以及后来五四爱国运动的重要历史事件，是陈独秀、李大钊等早期信仰共产主义的知识分子研究、传播马克思主义和建立早期共产党组织的重要场所。

1917年11月7日，俄国爆发十月社会主义革命，诞生了历史上第一个社会主义国家，宣告退出帝国主义战争，给在苦难与困局中挣扎与求索的中国带来了曙光。

图 3：首都博物馆藏北洋军官礼服

图 4：新文化运动纪念馆展出袁世凯祭天用龙袍复制品
（为了登极，大典筹备处以八十万元的代价在北京瑞蚨祥制作了两件龙袍，一件登极用，一件祭天用。[③]）

山东问题

中国著名外交官顾维钧曾在巴黎和会五国会议上这样陈述:"青岛完全为中国领土,当不容有丝毫损失。三千六百万之山东人民,有史以来,为中国民族,用中国语言,信奉中国宗教。胶州租借与德国,起因于教案问题,德国以武力要挟强请,迫不得已而为,已属世界周知之事。"⑩顾维钧所陈述,就是德国强占胶州湾的缘起。

退回到 1895 年,可以从《德国外交文件有关中国交涉史料选译》的资料中看到当年德国对强占胶州湾的强占。在 1895 年 9 月 1 日,帝国首相何仑洛熙公爵致外交大臣马沙尔男爵电文中说:"倘使俄国着手占领朝鲜领土或一个海口,则我们就当即占据威海卫,以不使英国或法国军队也像在非洲一样地捷足先登。"⑪

1896 年 11 月 19 日,驻圣彼得堡大使杜林公爵上帝国首相何仑洛熙公爵公文中,更直接地写道:"如果到现在为止还没有在中国取得任何东西的德国,而还要顾及中国,则德国在远东的威信将只会下降,中国绝不会因此而感激。总之,要在中国取得一个巩固的、并受人尊敬的地位,只有一个办法,即或者干脆攫夺一个合适的海口据为己有,它既能从其后地与中国内地建立起商业关系,又能保卫这些关系。"⑫

1897 年 11 月 6 日,威廉二世外部电中说:"我刚才在报纸上读到山东省内受我保护的德国天主教会突遭袭击的消息。舰队必须采取积极行动报复此事。如果中国政府方面不立即以巨款赔偿损失,并实行追缉及严办祸首,舰队必须立刻驶往胶州占领该处现有村镇,并采取严重报复手段。我现已坚决放弃我们原来过分谨慎而且被全东亚认为是软弱的政策……"⑬

1898 年 3 月,清政府与德国订立了中德《胶澳租借条约》,规定了:"胶澳之口,南北两面,租与德国,先以九十九年为限";"租期未完,中国不得治理,均归德国管辖。"⑭1899 年,德皇下令将胶澳租借地的新市区定名为青岛。

 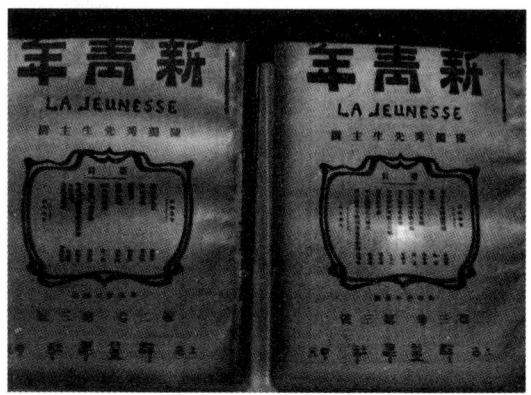

图5：新文化运动纪念馆藏《青年杂志》　　图6：新文化运动纪念馆藏《新青年》

图7：北大红楼新文化运动纪念馆

图8：国家博物馆《复兴之路》展油画《列宁宣布苏维埃政权成立》（弗·谢罗夫【苏】1947年作）

1914年第一次世界大战爆发，命运多舛的山东从德国落入日本手中。1915年1月18日，日本对中国提出了二十一条要求，在二十一条的第一号中可以看到："第一款、中国政府允诺，日后日本国政府拟向德国政府协定之所有德国关于山东省依据条约或其他关系对中国政府享有一切权利利益让与等项处分，概行承认。第二款、中国政府允诺，凡山东省内并其沿海一带土地及各岛屿，无论何项名目，概不让与或租与他国。第三款、中国政府允准，日本国建造由烟台或龙口接连胶济路线之铁路。第四款、中国政府允诺，为外国人居住贸易起见，从速自开山东省内各主要城市，作为商埠，其应开地方，另行协定。"[15]袁世凯政府试图借助外力抗衡，但在日本的高压下，还是就其中的部分要求与日本达成了协议，其中包括了《关于山东之条约》。

1916年日本寺内正毅内阁成立，对华政策从军事恫吓改为以怀柔为主，通过提供贷款，既为日本过剩资本找出路，又可以扩大日本的利权。而1917年的段祺瑞政府，改变了袁世凯政府利用英美抵制日本的外交方针，表现出中日亲善的态度，先后与日本进行了"西原借款"和订立密约。

"西原借款"的主要掠夺对象涉及中国山东等省的路矿特权，以及企图夺取英、德、丹麦在中国电信、交通事业上的垄断地位。西原龟三从1917年1月到1918年9月经手了曹汝霖、张宗祥、陆宗舆商办议定达成的中日间八笔借款，累计金额达1.45亿日元。寺内内阁借款总额达3.8645亿日元。

1917.1.20	500万	交通银行借款
1917.9.28	2000万	交通银行借款
1918.4.30	2000万	有线电信借款
1918.6.18	1000万	吉会铁路借款
1918.8.2	3000万	吉黑两省金矿森林借款
1918.9.28	2000万	满蒙四铁路借款
1918.9.28	2000万	山东二铁路借款
1918.9.28	2000万	参战借款
军械借款3208万日元；善后借款3000万日元		

表1

1918年9月24日，中国与日本进行《关于济顺高徐二铁路换文》，中国去文中提到："中国政府决定向日本国资本家借款，速行建筑左列各地点间铁路，兹本使受本国政府之委任，特将此旨向贵国政府声明：

（一）济南、顺德间；

（二）高密、徐州间。

但右列两线路如于铁路经营上不利益时，另以适当线路协议决定之。以上所述，贵国政府无异议时，应请迅执必要之处置，令贵国资本家承允该项借款之商议……"⑯

1918年9月15日，中国与日本的《关于处理山东省各问题换文》，中国复文中提到："（一）胶济铁路沿线之日本国军队，除济南留一部队外，全部均调集于青岛；（二）胶济铁路之警备可由中国政府组成巡警队任之；（三）右列巡警队经费由胶济铁路提供相当之金额充之；（四）右列巡警队本部及枢要驿并巡警养成所内应聘用日本人；（五）胶济铁路从业员中应采用中国人；（六）胶济铁路所属确定以后归中、日两国合办经营……"⑰特别要说明的是，在此复文的末尾，提到"中国政府对于日本政府右列之提议，欣然同意。"⑱卖国之态显露无疑。

日本寺内内阁在下台时，曾自夸其侵略中国的成果说："大隈内阁向中国要求二十一条，惹中国人全体之怨恨，而日本却无实在利益。本人在任期间，借与中国之款，三倍于从前之数；其实际上扶植日本对于中国之权利，何止十倍于二十一条。"⑲

一战结束后，1918年1月8日，美国总统威尔逊在国会提出"世界和平纲领"十四点宣言。中国则隆重庆祝一战结束，充满理想化色彩。1918年11月14日，北洋政府宣布全国放假三天，北京旌旗满街。"公理战胜强权"成为流行一时的口头语。

1919年1月18日至6月28日，一战的战胜国（协约国）与战败国（同盟国）在巴黎凡尔赛宫召开会议，共27国参加，与会各国代表共1000多人。巴黎和会签订了处置德国的凡尔赛和约等一系列和约。这些和约构成了凡尔赛体系，确立了今后20年欧洲、西亚、非洲的政治新秩序。

北京政府出席巴黎和会的代表为陆征祥、顾维钧、施肇基、魏宸祖，后来又加派了王正廷。中国作为战胜国，代表团最初向和会提出的希望条件有七：一、废弃势力范围；二、撤退外国军队、巡警；三、裁撤外国邮局及有线无线电报机关；四、撤消领事裁判权；五、归还租借地；六、归还租界；七、关税自由。⑳1919年2月15日，中国代表团提交了《中国关于山东省之德国权利直接归还中国的说帖》，要求胶澳租借地胶济铁路暨其他关于山东省之德国权利直接交还中国。经过几个月讨论，中国代表团遭到拒绝，4月29日议定的巴黎和约，中国全无收获，而日本夺取到的山东权益却被明文规定下来。幻想破灭。

爱国运动在北京

1919年4月29日，梁启超获悉中国代表团在巴黎和会上外交失败，致电汪大燮、林长民。4月30日，林长民写成《外交警报敬告国民》，载于5月2日《晨报》头版头条:"胶州亡矣!山东亡矣!国不国矣!……国亡无日,愿和四万万民众誓死图之!"[21]

《晨报》同版还刊载了国民外交协会发给中国专使的电文:"和平条约中若承认此种要求,诸公切勿签字。否则丧失国权之责,全负诸公之身,而诸公当受无数之谴责矣。……诸公为国家计,并为己身计,幸勿轻视吾等屡发之警告也。"

5月2日,蔡元培从汪大燮处得知最新消息,立即返校告诉了北京大学学生领袖。5月3日晚7时,北京大学全体学生和十几所学校学生代表召开大会。议决办法四项:一、联合各界一致力争;二、通电巴黎专使,坚持不签字;三、通电各省,于五月七日国耻纪念举行游街示威运动;四、定于四日齐集天安门,举行学界之大示威。五四爱国运动在北京爆发。

5月4日下午,北京大学等13所学校3000多学生在天安门前集会。学生们手持书写着"还我青岛""抵制日货""拒绝在巴黎和会上签字""取消二十一条"等旗帜标语,散发传单,发表宣言。游行队伍辗转到曹汝霖住所时,义愤的学生火烧了曹宅。

陈独秀亲笔起草《北京市民宣言》呼吁:"对日外交,不抛弃山东省经济之权利,并取消民国四年、七年两次密约;免除曹汝霖、章宗祥、陆宗舆等六人官职并驱逐出京……"并号召国民:"惟有直接行动,以图根本之改造。"

到五月底,五四运动以燎原之势,迅速扩展到全国,上海、天津、山东、陕西等各地掀起拒签和约运动的高潮。

从1919年6月6日《北洋政府内务部档案》中可以看到对当时五四运动在上海的情形:"沪埠自青岛问题发生以后,学生二万余人全体罢课,以抵制日货取消密约为名,开会演说,发布传单……正值南方丝茧上市之际,商界营业所关,力持镇静,虽南、北商会屡经学界要求一致抵制,然仅由各商店悬挂旗帜,不欲稍涉激烈,与营业实际亦不生关系。不图本日因北京学生被捕消息传沪,晨间学生结团出发,先在南市要求商号罢闭,或用劝告,或用跪泣,加之途人附和,人

势汹汹,各商店非闭门不可。于是俄顷之间,南市一律罢闭,惟钱业仍理本日汇划。"㉒

参加五四游行的 13 所大专学校	
北京大学	北京高等师范学校
北京政法专门学校	北京工业专门学校
内务部警官学校	北京医学专门学校
北京农业专门学校	交通部铁路管理学校
税务局北京税务学校	中国大学
汇文大学	民国大学
朝阳大学	

表 2

五四运动时期的主要社团					
名称	创立时间	地点	名称	创立时间	地点
互助社	1917 年 10 月	武昌	浙江新潮社	1919 年 10 月	杭州
新民学会	1918 年 4 月	长沙	曙光杂志社	1919 年 11 月	北京
少年中国学会	1918 年 6 月	北京	青年学会	1919 年末	开封
国民杂志社	1918 年 10 月	北京	北京工读互助团	1919 年底	北京
新潮社	1918 年 11 月	北京	平民教育社	1919 年	北京
北京大学平民教育讲演团	1919 年 3 月	北京	觉社	1920 年初	北京
工学会	1919 年 5 月	北京	北京大学马克斯学说研究会	1920 年 3 月	北京
永嘉新学会	1919 年 7 月	温州	改造社	1921 年 1 月	南昌
觉悟社	1919 年 9 月	天津	共进社	1922 年 10 月	北京
少年学会	1919 年 9 月	北京			

表 3

图9：新文化运动纪念馆藏《晨报》

图10：新文化运动纪念馆藏五四标语

图11：五四运动火烧曹宅的路线图

图12：新文化运动纪念馆藏陈独秀起草的《北京市民宣言》

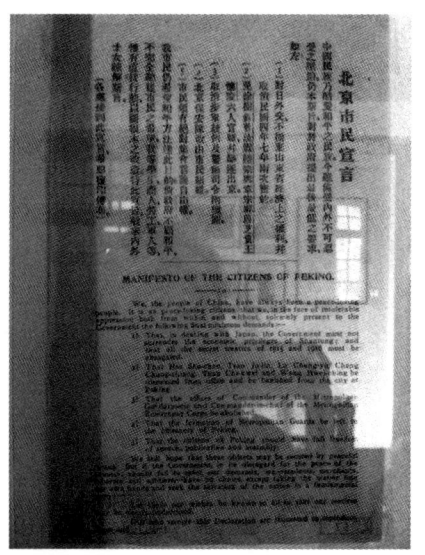

五四时期的重要期刊					
期刊名称	创刊时间	出版地点	期刊名称	创刊时间	出版地点
《新青年》	1915年9月	上海	《少年中国》	1919年7月	北京
《太平洋》	1917年4月	上海	《星期日》	1919年7月	成都
《每周评论》	1918年12月	北京	《建设》	1919年8月	北京
《新潮》	1919年1月	北京	《解放与改造》	1919年9月	上海
《国民》	1919年1月	北京	《曙光》	1919年11月	上海
《新教育》	1919年2月	上海	《少年世界》	1920年1月	南京
《星期评论》	1919年6月	上海	《觉悟》	1920年1月	天津
《湘江评论》	1919年7月	长沙			

表4

1919年6月28日，中国代表团发表拒签《凡尔赛和约》的声明和宣言。中国代表向最高会议提出保留山东条款的声明写道："今日在签订对德媾和条约之前，中华民国全权代表，因该约第一五六、一五七及一五八款竟使日本继承在山东省之德国权利，不使中国恢复其领土主权，实不公道，兹特以其政府之名义声明，彼等之签字于条约，并不妨碍将来于适当之时机，提请重议山东问题，因对中国不公道之结果，将妨碍远东永久和平之利益也。"[23]

同时，中国代表团决定不签字的宣言提到："因感觉大会对山东问题解决办法之不公道，中国代表团曾于一九一九年五月四日对最高会议提出正式抗议，并于五月六日声请保留。中国全权既尽调和之全力，卒未得达，中国全权为维持国家体面计，百方勉励，终被拒绝，此对于国家及国民之义务不得不遵循也……媾和会议，对于解决山东问题，已不予中国以公道，中国非牺牲其正义公道爱国之义务，不能签字，中国全权愿竭诚布陈，静待世界公论之裁判。"[24]

中国代表团最终拒绝了在和约上签字。

图 13：首都博物馆藏《少年中国》

图 14：首都博物馆藏《曙光》

巴黎和会的意义在于，中国第一次拒绝签署不平等条约；中国国民外交和"联美制日"的外交策略发挥了作用；中国代表团汇集了一批受过西方教育的优秀外交人才；中国的知识分子对西方列强有了更清醒的认识，思想上受到了很大的触动，开始寻找新的救国道路。

五四运动是一场伟大的爱国主义运动。它又是一场文化革新运动，一场空前的思想解放运动。经过五四运动，中国工人阶级登上政治舞台，推动了中国共产党的成立。同时，它也揭开了中国新民主主义革命的序幕。

毛泽东曾这样评价五四运动："五四运动所进行的文化革命则是彻底地反对封建文化的运动，自有中国历史以来，还没有过这样伟大而彻底的文化革命。"[25]

参考文献：

① 王桧林主编，《中国现代史》，北京师范大学出版社，2004年，第2页。
② 王开玺主编，《中国近代史资料汇编》，北京师范大学出版社，2008年，第312页。
③ 彭明著，《五四运动史》，人民出版社，1998年，第46页。
④ 张皓主编，《中国现代史资料汇编》，北京师范大学出版社，2012，第10页。
⑤ 张皓主编，《中国现代史资料汇编》，北京师范大学出版社，2012，第10页。
⑥ 张皓主编，《中国现代史资料汇编》，北京师范大学出版社，2012，第11页。
⑦ 彭明著，《五四运动史》，人民出版社，1998年，第134页。
⑧ 北京新文化运动纪念馆编，《新时代的先声》，北京出版社，2011年，第10页。
⑨ 北京新文化运动纪念馆编，《新时代的先声》（简装本），第23页。
⑩ 程道德、郑月明、饶戈平编，《中华民国外交史资料选编》，北京大学出版社，1988年，第2页。
⑪ 熊志勇、苏浩、陈涛编，《中国近现代外交史资料选辑》，世界知识出版社，第155页。
⑫ 熊志勇、苏浩、陈涛编，《中国近现代外交史资料选辑》，世界知识出版社，第156.157页。
⑬ 熊志勇、苏浩、陈涛编，《中国近现代外交史资料选辑》，世界知识出版社，第158页。

⑭ 彭明著，《五四运动史》，人民出版社，1998年，第14页。

⑮ 熊志勇、苏浩、陈涛编，《中国近现代外交史资料选辑》，世界知识出版社，第207页。

⑯ 程道德、张敏孚、饶戈平编，《中华民国外交史资料选编一》，北京大学出版社，1988年，第369页。

⑰ 程道德、张敏孚、饶戈平编，《中华民国外交史资料选编一》，北京大学出版社，1988年，第371页。

⑱ 程道德、张敏孚、饶戈平编，《中华民国外交史资料选编一》，北京大学出版社，1988年，第371页。

⑲ 彭明著，《五四运动史》，人民出版社，1998年，第30页。

⑳ 彭明著，《五四运动史》，人民出版社，1998年，第253.254页。

㉑ 北京新文化运动纪念馆编，《新时代的先声》，北京出版社，2011年，第57页。

㉒ 张皓主编，《中国现代史资料汇编》，北京师范大学出版社，2012，第18页。

㉓ 熊志勇、苏浩、陈涛编，《中国近现代外交史资料选辑》，世界知识出版社，第233页。

㉔ 熊志勇、苏浩、陈涛编，《中国近现代外交史资料选辑》，世界知识出版社，第233-134页。

㉕ 彭明著，《五四运动史》，人民出版社，1998年，第167页。

释读古文字　破译上古史

学习世界史往往不像学习中国史那样，受各种条件所限，总是有一种抓不住、不得要领的感觉，所以世界史的课程也往往让人感觉流于表层的了解介绍而无法深入。然而一位讲授世界史课程的老师却曾以这样的几句课程开场白一下引起了我对世界史的兴趣："我们不能穿越历史回到过去，但语言是我们回到过去时代的一把钥匙，让我们能获得古人的精神，会一种语言就打开了一扇门，你有几种语言就有几扇门。"他是在谈学习语言对于掌握世界史的重要性。正是带着这样的启迪，本文以世界上古史为基础，结合中国史以及国内外博物馆馆藏文物，从世界上古文字为切入，做些粗浅的探讨。

一、以埃及象形文字、楔形文字为例综述上古文字

世界上古时期中的许多文明，因其在古代的消亡而终结了它的发展进程，世界上古时期的文字，也随着这些文明的消亡而成为留给后人难解的谜团。释读上古文字，则成为今人破译世界上古史的重要手段。埃及象形文字、西亚楔形文字、迈锡尼文明的线性文字B，以及包括中国甲骨文的成功释读，为我们打开了世界上古史之门；而克里特文明的线性文字A，以及印度河流域文明的印章文字由于至今未能释读成功，而给我们留下了历史的空白和悬想。

人类文明出现的标志，可以总结为城市、文字和金属器的出现，文字是其中

之一。

  古埃及的象形文字是由图画文字演化而来。最早的象形文字之一是涅迦达文化Ⅱ时期（约公元前3500年—前3100年）"蝎王权标头上的蝎子符号"。①同一时期还出现了"关于城市的象形文字符号，表现的是建在交通要道上的城市，用围墙保护着或用壕沟包围着"。②另外还有表示国家的象形文字，"为一块被纵横的河渠分割开的土地"③，这种小国家被埃及人称为"斯帕特"。古埃及象形文字一般由三部分组成：表意符号、表音符号和限定符号（或称部首符号）。象形文的书写"一般是从右往左、从上往下写，但也可以从左往右写。如何确定书写的方向，主要看铭文中的人和动物面向什么方向。用于书写的主要原料主要是纸草。"④古埃及文字在几千年的使用中经过了由祭司体，到世俗体的演化，以后的象形文字便不为人知了。

  目前，国内可以看到的文献，如英国人J.R.哈里斯编的《埃及的遗产》，是牛津大学出版社出版的"遗产系列"丛书之一，由西方的埃及学者专题分工协作完成，于1971年出版，中译本在上海人民出版社于2006年出版，书中的《象形文字的传统》《语言与文字》《希腊纸草》等章节重点涉及了古埃及象形文字的外国研究成果，其他部分篇章也有涉及。比如其中的《希腊纸草》，全面介绍了纸草学，不仅"界定了纸草学的概念，而且提出了纸草是一种'新遗产'，是研究古代地中海周边国家语言文字的学科"⑤等等。可以说仅仅通过这本书能明显看到，由于中西方在地域、国家、民族、文化等根源上的差异，中国与西方在世界史研究，包括具体到埃及学研究上存在相当大的差距。

  楔形文字为上古西亚众多民族使用，首先被苏美尔人发明，产生于公元前4000年代后期的乌鲁克时期，由苏美尔地区的图画文字演化而成。楔形文字也是由表意符号、表音符号和限定符号三部分组成。"早在苏美尔时代，楔形文字符号就已达600多个，常用符号也有300多个，而且每个符号都至少有一两个字义。"⑥同时，在整个西亚版块的不同时期和不同国家，楔形文字不尽相同。

考古学家对楔形文字史料的发现主要是在美索不达米亚的楔形文字泥版文书和铭文。自 17 世纪末开始，楔形文字被逐步释读破译。

在上古西亚语言文字方面的研究成果，主要是"芝加哥大学东方学院编纂的《芝加哥亚述词典》；剑桥大学的《剑桥古代史》《剑桥伊朗史》；在文献翻译、出版方面的成果，如《汉谟拉比书信铭文集》《亚述王家铭文集》《古巴比伦法》；以及 20 世纪 50 年代苏联科学院编写的《世界通史》（第 1.2 卷）、《古代东方史》等"。⑦

二、陶器符号与文字起源的猜想

历史的资源经过岁月长河的淘洗，留给我们今天的遗存是十分有限的，同时也为我们留下了众多未解和待解的谜团。文字的起源正是这谜团之一。

以中国史为例，为人们所耳熟能详的是 19 世纪末河南安阳对商代殷墟的发掘，出土大量带有文字的龟甲和兽骨，商代甲骨文因此被公认为中国最早的文字。那么，甲骨文确实是中国最早的文字吗？根据目前公开的数据，在出土的总共 10 余万片有字的甲骨中，含有 4000 多不同的文字图形，其中已经能识别的有约 2500 多字。从这一规模可以做出推理，任何事物都有它从无到有，经历产生——发展——成熟的一个过程，显然殷墟甲骨文让我们看到的已经是发展到相对成熟，具有相当规模的文字了。因此，本文的观点认为，商代甲骨文不是雏形文字。

那么再往前推至夏代，目前中西方学者对中国的夏代存在争议与分歧。"来自国外的一些学者，认为由于缺少文字证据，夏至多属于神话传说而不是历史事实。而中国从事历史学研究的学者几乎一致认为，在中国历史上的确存在着一个夏王朝。"⑧中国历史学家和考古学家对于夏王朝的探索，始终没有停止。国家博物馆的资料记载："先秦文献引证的《夏书》《夏训》《夏小正》应当有对夏人典册的保存。目前已发现夏文化陶器刻划符号几十种，其中有的造型十分接近商代的甲骨文，不排除属于文字的可能。"⑨对于夏代及夏文化的证明，仍有待考古学家提供更多有说服力的实物依据。而对于夏代是否已经产生文字，只能说因为出土实物证明的空白，而是一个空白。因此，本文再次强调的观点是，商代甲骨文是中国最早文字这一观点尚不能作为定论，而只能更为严谨地表述为：商代甲骨文是有实物证明的中国最早文字。

那么陶器上的刻画符号仅仅是符号？有可能已经是一种文字吗？"在上起纪元前六千年以前，下至纪元前两千年前后的中国新石器时代遗址中，广泛留存着载有刻划符号的陶器或骨、角、玉、石等遗物。据目前已知的考古资料，最早使用原始刻划符号的，是创造了磁山、裴李岗文化的远古先民。磁山、裴李岗文化存在于距今大约8000-前6500年前后，分布于冀南到豫中地区，属于新石器文化。"⑩在随后的距今约6500-5000年前后的仰韶文化时期，及其略晚，以关陇地区为中心，包括中原以外区域性远古遗址上，刻划符号在陶器上屡见。根据考古学家研究成果，"史前陶器的刻划符号区分为记数符号、记契符号、表义符号三类。"⑪

这个问题姑且搁置，再谈谈世界其他上古文字。有关苏美尔人创造的楔形文字的研究，目前已经得出的证明有："1.陶筹，即某些文字是陶筹的二维化。2.滚印雕刻图案，即某些文字脱胎于滚印雕刻图案。3.可能是借用其他民族已有的文字体系。4.直接来源于陶筹以外实物。5.其他来源，如陶器符号。"⑫一个非常有趣的发现是，在古汉字中的某些字，举例如商周金文的十、二十、三十，其字形取结绳之像；而楔形文字中的某些字，则取陶筹之形。关于上古的研究目前已经公认，在文字产生前，已经产生了古人的记数的方式，在中国古代以结绳记事，而西亚古代采用存筹的方式。可以说，结绳和陶筹是人们创造文字的源泉。⑬

"在文字产生之前，两河流域已经存在陶符，且分布范围极广，南自埃利都，中经萨马拉，北至布拉克。埃利都是苏美尔人最早建立的城市。而在萨马拉地区出土的陶器碎片中，发现了29个陶器符号，占陶片总数的百分之十。"⑭并且在

图 1：河南省博物院藏品

图 2：国家博物馆藏品

研究资料中还可以了解到，当时的苏美尔人已经在两河流域的地区有频繁的通商贸易往来，"早在中乌鲁克时期，即大约公元前3500年前后，这里就出现了陶符、陶筹、滚印，稍后又有数字泥版和文字泥版。其中的陶筹、滚印和数字泥版，都是南北交往的重要物证。有迹象表明，在南北的贸易和文化交往中，陶符也得到传播。"⑮

另外，这里还需要谈到的一个论据是关于埃及象形文字的起源。以史前时期（大约在公元前3300年）的王名框为例，"在0-3王朝期间，'荷鲁斯'（国王的几种头衔之一）都写在王名框里。所谓王名框，是指一个矩形的框架，外观很像早期王宫的正面，顶部有时平直，有时略有凹陷，有时上面站着鹰神荷鲁斯。方框里面通常分成两部分，上面的部分写着国王的名字，下面的部分用竖线代表宫殿的正面。王名框常见于前王朝时期的陶器刻划符号中。"⑯同时与之对应的，还有无名框、匿名框。人们推测，"最初使用这些王名框的目的是表示王室所有权。"⑰

可以说，以上引用的是一些关于上古文字庞大研究的片段，很多问题这里不做探讨，很多问题也无法展开探讨，很多已有的结论这里不再赘述，比如就关于古汉字、苏美尔楔形文和古埃及象形文的起源，三个古文明发源地都异曲同工地流传着关于造字的神话传说等，这些有趣的问题暂且忽略。本文尚且通过这些论据片段和有限的资料，以及对比古汉字、苏美尔楔形文字和古埃及象形文字，对有关陶器符号与文字的起源提出三点认识：1.陶器符号已经是有意为之，而排除随意性，具有一定的文字属性特征。2.陶器符号具体表现出文字、数字和图画的混同合一性，边界不清。3.推测陶器符号的产生与原始氏族部落的社会关系，和物品私有的出现，及伴随物品私有而来的原始经济行为密切相关，是上古时期社会和经济发展的产物。

三、从大英博物馆藏品解读世界上古文字

研究世界史，仅仅利用国内可以查到的文献，总好像在道听途说。应该到世界上，去了解世界的历史。像大英博物馆、卢浮宫、大都会博物馆等，实在是提供了最佳的和最直观的世界史课堂，也是每一个博物馆人包括本人在内的向往之所。

2010年，大英博物馆的尼尔·麦格雷戈（Neil MacGregor）馆长出版他的著作《A History of the World in 100 Objects》（《100件文物的世界史》）。目前本书在国内原版发行，在大英博物馆里还可以买到与书配套的在英国BBC广播电台进行100期广播节目的录音光盘。根据尼尔馆长对本书的序言，该书选取了大英博物馆庞大收藏中的100件藏品，涵盖了大英博物馆的全部藏品品类，从石器时代的一块砍砸器到今天我们生活中必不可少的一张信用卡，在书中都可以见到。通过馆长对这一百件藏品的讲述及插图，其中也包括引用历史学家、考古学家、人类学家、大学教授，甚至包括环境学家等各界专家学者的观点，让我们首先在不出国门的情况下对大英博物馆文物有一个概览，使我们对世界史及其研究有一个概貌的了解，仿佛为我们提供了一个与大英馆长、大英博物馆研究人员，以及西方专家学者直接对话交流的途径。仅仅通过一部分章节的阅读，确实强烈地体会到为什么说："博物馆是超越国界，超越民族，超越文化的。"大英博物馆的确是世界的博物馆，她属于全世界，是人类共同的文化遗产宝库。

言归正传，本文这一部分将涉及尼尔馆长书中介绍的四件大英藏品，以实物继续探讨世界上古文字。

第一件藏品是第15章提到的早期文字泥版，在南部伊拉克发现，约公元前3100—前3000年，属两河流域的乌鲁克时期。泥版上留下的原始楔文，是苏美尔人创造和使用的楔形文字。这是目前有关距今5000多年美索不达米亚的最早的文字泥版之一。这块泥版强调的不是文学，而是有关啤酒和官僚机构的诞生。

泥版的大小为 9 乘 7 厘米。馆长在书中特别介绍："In the British Museum we look after about 130,000 writing tablets from Mesopotamia, and scholars from all over the world come to study the collection."[18] 大英博物馆的馆藏美索不达米亚文字泥版约达 130000 件。泥版上的刻划是分成三行四列，从上至下，从右至左书写，表现的内容是关于啤酒的分配。据英国的专家观点：这块泥版不仅是关于最早的文字，它还向我们反映出早期城邦的形成，以及有关公共服务的内容。

第二件藏品重点介绍一下大英博物馆的镇馆之宝——罗塞塔石碑（Rosetta Stone）。2006 年 3 月，大英博物馆文物首次访华，与首都博物馆合作举办了"世界文明珍宝——大英博物馆之 250 年藏品展"。当时的展览盛况空前，如潮的观众来到首都博物馆排起长龙，为亲睹大英博物馆的珍藏。其中，也展出了罗塞塔石碑的复制品。

关于罗塞塔石碑的介绍已经广为人知，它属公元前 196 年，正是埃及的托勒密王国时期。碑文内容是埃及祭司出于对当时的统治者托勒密五世即位后广施恩典的感激之情而刻写的颂词公告。尼尔馆长在书中也介绍，石碑为三种文字写成：古埃及象形文字、古埃及世俗体文字和古典希腊文字。三种文字的内容完全一致。

有趣的是，尼尔馆长写道：大多数书里对罗塞塔石碑的介绍，如我前文讲的一样，即罗塞塔石碑的碑文为三种文字。但如果你看它断裂的边缘，你会看到第四种。在那里用英文写道："CAPTURED IN EGYPT BY THE BRITISH ARMY IN 1801(and elsewhere)PRESENTED BY KING GEORGE Ⅲ ."[19] 这个记录的是英国军队 1801 年在埃及境内的战利品，另一个地方注明是国王乔治三世。

著名的法国语言学家商博良（J.F.Champollion）于 1822 年对石碑上的古埃及文字释读成功，开启了后来埃及学的先声。

此外，书中另有两件关于世界上古文字的藏品。一件是发现于伊拉克北部的文字泥版（如图 5 左），年代为公元前 700- 前 600 年，属于上古西亚的亚述帝国时期。这块泥版上的楔形文字仅仅从图片上看，就可以明显看出较前文介绍的

图3：大英博物馆藏品

图4：大英博物馆藏品

图 5：大英博物馆藏品两件

那块苏美尔人的泥版上原始楔文明显成熟,书写规整繁密,已经是成熟楔形文字。另一件是埃及的纸草(如图5右),年代大约为公元前1500年,处于埃及帝国时期。这是一张记录了古埃及人数学题的纸草,可以看到几何图形、数学公式及古埃及文字。

四、小结

综上所述,文字是古人留给我们的谜题,我们需要做的是揭开谜底,它将为我们打开一个通往古老文明之门。不要说世界上古文字,就是说到中国近在清代的满文,如今躺在第一历史档案馆里大量的清代满文档案,也已经面临由于懂得满文的人才匮乏而难于整理的现状。我们不禁思考一个问题:文字是有寿命的,而不是永恒。

参考文献:

①周启迪主编,《世界上古史》,北京师范大学出版社,2009,第67页。
②周启迪主编,《世界上古史》,北京师范大学出版社,2009,第36页。
③周启迪主编,《世界上古史》,北京师范大学出版社,2009,第37页。
④周启迪主编,《世界上古史》,北京师范大学出版社,2009,第67页。
⑤【英】J.R.哈里斯编,《埃及的遗产》,上海人民出版社,2006年,第4页。
⑥周启迪主编,《世界上古史》,北京师范大学出版社,2009,第126页。
⑦周启迪主编,《世界上古史》,北京师范大学出版社,2009,第80页。
⑧中国国家博物馆编,《文物夏商周史》,中华书局,2009,第10页。
⑨中国国家博物馆编,《文物夏商周史》,中华书局,2009,第29页。
⑩拱玉书、严海英、葛英会著,《苏美尔、埃及及中国古文字比较研究》,科学出版社,2009,第98页。
⑪拱玉书、严海英、葛英会著,《苏美尔、埃及及中国古文字比较研究》,科学出版社,2009,

第 104 页。

⑫ 拱玉书、严海英、葛英会著,《苏美尔、埃及及中国古文字比较研究》,科学出版社,2009,第 6 页。

⑬ 拱玉书、严海英、葛英会著,《苏美尔、埃及及中国古文字比较研究》,科学出版社,2009,第 35 页。

⑭ 拱玉书、严海英、葛英会著,《苏美尔、埃及及中国古文字比较研究》,科学出版社,2009,第 134 页。

⑮ 拱玉书、严海英、葛英会著,《苏美尔、埃及及中国古文字比较研究》,科学出版社,2009,第 134 页。

⑯ 拱玉书、严海英、葛英会著,《苏美尔、埃及及中国古文字比较研究》,科学出版社,2009,第 88 页。

⑰ 拱玉书、严海英、葛英会著,《苏美尔、埃及及中国古文字比较研究》,科学出版社,2009,第 88 页。

⑱ Neil MacGregor,《A History of the World in 100 Objects》,VIKING,2011,第 91 页。

⑲ Neil MacGregor,《A History of the World in 100 Objects》,VIKING,2011,第 213 页。

六十年薪火相传　见证复兴之路
——首都博物馆与祖国共成长

自从构思写这篇文章起，脑海中就浮现出这首《共和国之恋》的歌词：

在爱里，在情里，痛苦幸福我呼唤着你。

在歌里，在梦里，生死相依我苦恋着你。

纵然是凄风苦雨，我也不会离你而去。

当世界向你微笑，我就在你的泪光里。

你恋着我，我恋着你，是山是海我拥抱着你。

你就是我，我就是你，是血是肉我凝聚着你。

纵然是扑倒在地，一颗心依然举着你。

晨曦中你拔地而起，我就在你的形象里。

我们的祖国，从那风雨如磐的岁月中一路走来，背负着深受苦难的中国人民的重托，在1949年成立中华人民共和国，升起了第一面五星红旗，东方红，太阳升。光阴似箭，到如今，共和国已走过了六十余载寒暑。这是一段蒸蒸日上的历史，这是一段艰苦奋斗的历史，这是一段民族复兴的历史。我们生活在今天的每个人，最可亲可感的就是四个字："越来越好"。

然而本文要讲的是一座城市的博物馆，是北京首都的地志性博物馆——首都博物馆，自1953年北京市提出筹建首都博物馆的事宜，至今年2013年一座现代化的首都博物馆屹立于西长安街延长线上，并日益深入北京百姓的文化生活中，一代代文博工作者不辱使命，薪火相传，用了整整六十年的时间。这六十年，首都博物馆从无到有，从小到大。她不是孤立地发展壮大，而是与国家的命运紧紧联系在一起，与国家的繁荣息息相关，是与中国一起腾飞的六十年，见证了中国伟大的复兴之路。

本文旨在梳理首都博物馆馆史及与之密密交织的共和国史，以馆史见国史，回顾首都博物馆与祖国共成长的历程，以励同仁，端正理想，执着坚守，并肩向前。

建国之初——一个建馆设想的提出

自1949年建国之初，经过统一祖国大陆，恢复国民经济，开展新中国外交，抗美援朝等一系列举措，以及开展土地改革、调整工商业、知识分子思想改造等一系列运动，人民民主政权得到巩固，国民经济恢复任务完成，人民生活初步改善。

随着局面的日益稳定，中华人民共和国即将进入大规模的经济建设时期，中国共产党提出过渡时期总路线，为未来的发展指明了方向。同时，从1951年开始，周恩来、陈云、李富春等人已开始着手进行编制我国发展国民经济的第一个五年计划。

正是在这样国家充满一派生机的时代背景下，时任北京市副市长吴晗与时任中央文化部社会文化事业管理局局长郑振铎，于1953年访苏归来后，即酝酿建立首都博物馆。1953年4月27日，由北京市政府召集了关于建立"首都历史与建设博物馆"的座谈会。到会专家及社会知名人士20余人，"有叶恭绰、刑赞亭、常任侠、侯仁之、王松声、马衡、常惠、罗哲文、傅振伦、刘开渠、苏秉琦、启功、何达、萧军等"。[①]根据1953年吴晗等人关于建立"首都历史与建设博物馆"的倡议文件中可以看到："一、性质：仿效莫斯科历史与建设博物馆，以生产发展为中心，将历史的、今天的建设、明天的远景，以实物、模型、图表按时代系统陈列，并做适当的对比。二、范围：不应是一般性的，而是地方性的，凡不属于首都的，和其他地方的历史文物一律割爱。三、陈列的方法：应用工厂的流水作业法，顺序地有系统地陈列，着重显示发展提高的过程。四、目的：通过博物馆，使观众体现首都的历史发展，劳动人民的创造成绩，新民主主义的革命史迹和社会建设，社会主义的前途，进行历史文化教育，爱国主义教育。"[2]赵光林先生后来在《在首都博物馆筹备过程中的几点回忆》一文中也特别提到："当时首都博物馆筹备处的建馆方针主要是学习苏联，把历史、自然和社会主义建设放在一起，所以定名为首都历史与建设博物馆筹备处。"[3]

1954年2月，"首都历史与建设博物馆筹备处"成立，办公地点设在北海天王殿，天坛公园内72长廊和打牲亭作为展览的地点，划归首都博物馆管理。在1954年的北京市文化局《关于首都历史与建设博物馆筹备处建馆工作请示》中，可以看到："在陈列设计工作中，我们照顾到首都的重要性，并在联系全国突出北京的要求下，和中央、地方各部门进行了联系，大体采取了分段表现的方式。即：1.经济恢复时期（1949年——1952年）；2.发展国民经济的第一个五年计划（1953年——1957年）。每个时期又区分为政权、经济、文化三部分。最后是远景。"[4]

可以看出，筹备处的工作是紧密结合时代背景与国家时局开展的。

1954年3月8日至4月11日，在北海公园天王殿举办了筹备处成立后的第一个展览——"北京市出土文物展览"。1955年10月，北京市编制委员会正式下达通知，批准了筹备处正式编制8人，与北京市文物调查研究组合署办公。

在这一段时期内，自1953年国家开始实施发展国民经济的第一个五年计划，在全国人民的共同努力下，到1957年顺利超额完成。特别是从1956年中共中央发出"向科学进军"的号召，"制定了全国科学技术发展12年规划后，我国一系列新兴科学技术，如原子能、喷气技术、半导体、电子计算机和自动化技术等，在这一时期，从无到有，开始创办，为迎头赶上世界最先进的科学技术水平准备了条件。"[5]在这样的号召下，同年，首届全国博物馆工作会议在北京召开，郑振

图1：建馆筹备处

铎局长致题为《博物馆事业应该为科学研究服务》的开幕词。其中的内容特别对地志博物馆建设做出指示，即："在地志博物馆方面，要防止狭隘的地方观念，过分强调地方上的人物，好像通志馆的具体化或先贤祠似的。必须归纳到，并体会到全国范围内的历史发展而把地方经济文化的发展恰当地而又突出地表现出来。"⑥同时还提到要学习苏联和先进国家的经验，这应该说是当时时代共同的声音。在这次会议结束的总结报告中，郑振铎局长又首次提出"三性两务"，即："明确博物馆的基本性质——博物馆是'科学研究机关''文化教育机关''物质文化与精神文化遗存和自然标本的主要收藏所'，和基本任务——为科学研究服务，为广大人民服务。"⑦

1956年，筹备处着手完成"首都历史与建设展览"的陈列提纲和陈列计划。同年12月，文化部抽调湖南、四川、天津、云南、山东、上海和重庆等地博物馆业务人员支援筹备处的建馆、陈列工作。

1957年，党的八届二中全会根据毛泽东的提议，决定在全党开展整风运动，主要是整顿主观主义、官僚主义和宗派主义。5月1日，《人民日报》全文发表了《关于整风运动的指示》，标志着整风运动的正式开始。随后，各级党政机关、高等院校、科研机构、文化艺术单位学习毛泽东讲话，召开各种形式的座谈会，广泛听取党内外群众意见。到6月份，以正确处理人民内部矛盾为主题的整风运动演变成一场全国范围内的群众性的反击右派斗争。在这种情况下，筹备处的各兄弟馆协助工作业务人员回原单位，筹备工作陷入停顿。

1958年，"大跃进"运动在全国范围内展开。筹备处扩充编制，经北京市文化局批准，设办公室、陈列、绘制、保管、田野考古、群众工作组，共43人。

然而这场以高指标、浮夸风为特征的"大跃进"运动，加上连续的自然灾害和苏联撤走专家、撕毁合同等客观原因，随之而来的是我国国民经济陷入严重困难局面。1960年，中共北京市委决定，因国家经济困难，撤销筹备处，与市文物调查研究组组建北京市文物工作队，编制缩减，文物移交。

1962年，经过中央采取切实可行的经济调整方针，到下半年，国民经济日趋好转。1963年，根据北京市文化局指示，又从市文物工作队抽调5人，着手恢复首都博物馆的筹备工作。同年12月，中共北京市委批复，同意恢复筹备处建制，并定名为"首都博物馆筹备处"。

然而紧接而来的是十年文革，不仅给国家和人民带来深重灾难，也使文博事业全面瘫痪。1968年，首都博物馆筹备处建制再次被撤销。

从1954年建立筹备处到1968年，除前文提到的第一个展览——"北京市出土文物展览"外，筹备处还举办了"首都出土历史文物展""明清书画展""首都10年经济建设成就展览""十三陵水库展览""文字改革展览""跃进中的北京工人展览""支援越南人民抗美救国图片展""一二·九运动30周年纪念展览"等，展览内容紧紧地把握着新中国首都建设的脉搏。

可以看到，新中国蹒跚起步，各方面条件限制，不稳定因素很多，筹备处的命运几经沉浮，然而要为首都建立一座博物馆的百折不挠和克服重重困难的精神，是文博前辈们留给我们的。

改革开放后，孔庙时期的老首博

道路是曲折的，前途是光明的。历史的车轮行进到1978年，国家经济政治的发展，要求认真地全面清理和纠正十年文革及其以前的"左"倾错误，拨乱反正，并尽快结束国内工作两年来在徘徊中前进的局面。1978年11月10日至12月15日在北京召开了中共十一届三中全会，全会形成的以邓小平为核心的中央领导集团肩负起了历史的重任，提出把全党工作的重点转移到社会主义现代化建设上来，实现了中国历史性的伟大转折。邓小平在会上作了《解放思想，实事求是，团结一致向前看》的重要讲话。全会把党和国家的工作中心转移到经济建设上来，实行改革开放的政策，实现国家发展战略的根本转变，开启了我国改革开放和建设有中国特色社会主义的历史新时期。

北京市文物事业管理局正是在改革开放的大潮中,于 1978 年 11 月 28 日正式组建。在 2009 年《北京文博》的《北京文物事业发展的历史成果——对北京市文物局组建 30 年发展的回顾与思考》一文中,可以看到这样一段话:"市文物局在 1978 年底组建之时,正处于我国文革全面结束和实施改革开放的初期,面对十年内乱给文博事业造成的重大损失和严重干扰等被动局面,全市文物工作起步艰难,特别是建局之初的几届老领导及一批老一辈文物工作者……在当年艰苦的工作条件下,因陋就简,艰苦创业,奋发进取,克服重重困难,坚持开展了文物保护和推进博物馆建设等各项工作,在首都城市建设发展的步伐中,艰难地开创了北京市文物事业,写下闪光的开篇。"⑧

1979 年 6 月 9 日,北京市文物事业管理局向中共北京市委宣传部请示,要求恢复首都博物馆筹备处。同年 9 月,首都博物馆筹备处正式恢复,梁丹任筹备处主任。11 月,首都博物馆筹备处迁至国子监街北京孔庙内办公,并将孔庙进行修缮,辟此为首都博物馆馆址。12 月,11000 余件文物被接收入库。

1981 年 5 月 19 日,北京市文物事业管理局党组正式批准首都博物馆机构设置方案,建有办公室、陈列部、绘制部、保管部、群工部。经过两年的修缮,及各级单位和相关领导、专家、学者的论证与审查,1981 年 10 月 1 日,首都博物馆正式开馆,同时对外开放的展览有"北京简史陈列"(古代部分)、"李大钊同志纪念展览"和"中国历代碑帖展览"。首都博物馆第一任馆长梁丹热情地将第一位购票的观众刘运福迎入馆内参观。新闻媒体对当天的盛况作了专题报道。

首都博物馆的开放,使这个长期筹备的北京最大的综合性地志博物馆成为首都科学文化事业中的一个重要组成部分。正如梁丹馆长所说:"首都博物馆完成筹备,正式建馆对外开放,是该馆一个新的里程碑,走向一个新的历史时期。"⑨

特别想提到在查阅资料的过程中,看到当时参与建馆的梅村副馆长的一段回忆:"正式建馆的最紧张阶段,是 81 年'十一'前的两个月。这两个月,工作量非常之大。要清理展室,把里面堆放的书架、文物柜、木板等杂物搬走。搬陈列柜,把大批陈列柜搬进各个展室摆好。清理和整治孔庙大院、拔草、清扫、搬走到处堆放的砖头石块,美化环境等等。然后,就是进行《北京简史》(古代部分)、《李大钊同志事迹展览》《历代碑帖展览》这三个中型展览的陈列工作,包括运陈列品、摆陈列品、展版上墙……,工作更加紧张。在这过程中,除雇了少数几个木工、油漆匠、裱糊工外,其余所有工作,都是全馆上下自己动手完成的。特别是越临近开馆日期,工作越紧张繁忙,白天干不完,晚上和星期天连续加班加点,加班虽然有了一点经济补助,但数额极少。"⑩

今天经历了后来的首都博物馆新馆筹建的人,想必对这段话感触犹深。它让我们看到的是,1981年首都博物馆老馆的筹建,由于时代,各方面条件更艰苦,然而这一代老首博人当年建馆的热情和干劲,是和我们一样的,甚至胜于我们。

在80年代里,首都博物馆的"北京简史"作为基本陈列,体系完整全面,以通史角度介绍北京历史发展进程,成为首都博物馆的展览基础与核心。多次举办的临时展览"北京春节民俗展览"及"北京岁时风俗展览"等,成为首都博物馆以收藏、研究、展示老北京民俗为内容的京味儿特色展览。另外包括举办的"馆藏近代中国画展""拣选古代青铜器展"等,可以说这些为后来首都博物馆新馆筹建的11个常设展搭起了以首都博物馆馆藏资源为基础的初步框架。

另外,1985年10月,首都博物馆展览第一次走出国门,在美国华盛顿举办了"北京市经济贸易展",开始实现与世界的交流。截止到新馆建成前,首都博物馆还在日本、前南斯拉夫、新加坡等国家举办了赴外交流展。首都博物馆实现了自身功能的拓展,成为一个新的北京对外交流的窗口。

1982年,《首都博物馆丛刊》创刊号正式发行,成为全馆的科研成果平台。

沐浴在改革开放的春风里,综合国力日益增强,经济日趋繁荣,中共十二大提出"建设社会主义精神文明"的任务,国家比任何时候都更加重视文化事业,重视博物馆工作。正是这些给首都博物馆带来生机,"据不完全统计,首都博物

藏 品 与 馆 史 研 究

图 2：北京孔庙

馆在孔庙老馆时期的 20 多年中，除基本陈列外，共举办了 400 余项临展，接待观众 650 万人。"⑪

然而，前进的脚步并没有停止，首博人的"首博梦"还在继续……

新世纪　新首博

十八年，如果对于一个人的来说，可以从一个牙牙学语的孩童成长为一个风华正茂的青年了。如前文所述，1981 年首都博物馆在孔庙的建成开放是一个新的里程碑。然而经过十八年的发展，到上世纪末，人们却对首都博物馆有了一个极不相称的新评价："蜗居孔庙"。

发展是硬道理。随着时代的前进，改革开放给中国带来了翻天覆地的变化，国家综合国力显著提升，国民经济和社会发展取得显著成绩，人民生活已经从解决温饱迈入到小康水平，首都北京也发展建设成为现代化的国际大都市，同时推进社会主义精神文明建设，要满足人民群众日益增长的文化需求……而此时的老首博，与其自身地位日益不相匹配，在发展环境、馆舍条件、人才队伍、业务素质等多方面逐渐显露出各种制约因素。

在 20 世纪即将过去，新世纪即将到来之际，首博人新的"首博梦"再次启程。

1998 年上半年，市文物局连续向北京市政府递送 6 份申请建设首都博物馆新馆的立项报告。

1999 年 2 月 4 日，市政府宣布将原北京市机械工业局复兴门外大街 16 号院作为首都博物馆新馆建设用地。

1999 年 7 月 26 日，北京市政府市长办公会决定：建设首都博物馆新馆。

1999 年 8 月 26 日，北京市委办公会（第 34 次会议）确定了首都博物馆新馆建设工程，并提出了建设要求，同时确定了沿用"首都博物馆"这一名称。

2000 年 5 月，首都博物馆新馆建设工程业主委员会成立。

2000年10月，《首都博物馆新馆建设可行性研究报告》完成。

2001年4月13日，国家发展计划委员会复函，报经国务院同意，正式批准对首都博物馆建设工程的初步设计进行审批和准备实施。

2001年12月25日，首都博物馆新馆建设工程举办了隆重的奠基仪式。

2005年12月16日，首都博物馆新馆试运行对外开放，实现对北京市民的承诺。

2006年5月18日，首都博物馆新馆正式隆重开馆，喜迎四海宾朋。

这一连串的日子是属于首都博物馆新馆和全体首博人共同的充满意义的履历，每一个日子都闪闪发光，然而这样的日子还有很多很多，具体到每一个参与筹建首都博物馆新馆的首博人记忆中，又融化为多少不为人知的付出和努力、曲折与艰辛。这座首都博物馆新馆的建成，实在是经过了几代文博人的努力，圆了几代文博人的梦想！

还记得当年"小红楼"，那是由于还不能进驻新馆办公区，各个部门参与新馆筹备的同事们挤在新馆旁两层的"小红楼"有限的几个房间里，在那里办公，在那里开会，在那里用餐。印象最深的还是会议，数不清的会议，常常很晚才散的会议。这些会议多是关于新馆工程存在的问题；关于硬件设施的调试；关于十一个固定陈列的布展工作；关于文物安全；关于人马的调配；关于老馆的搬迁；关于层出不穷的新问题；也有关于开馆后的展望……总之，是一切一切的准备。

还记得在开馆前夕一个寒风侵袭的深夜，当我们负责精品厅布展的工作人员收工准备回家的时候，"古都北京历史文化篇"的布展人还提着一袋从单位旁边小铺买的包子匆匆地赶往展厅。还有他们以及"古都北京城建篇""京城旧事——老北京民俗展"的布展同事们在并肩作战。

此时的首都博物馆，屹立于北京西长安街延长线上，是一座地志性大型综合博物馆，建筑设计理念是"以人为本，服务社会"，强调"过去与未来、历史与现代、艺术与自然的和谐统一"。总建筑面积63800平方米，建筑高度40米，馆藏文物12万件套，馆内包涵2个基本陈列、9个专题陈列和3个临时展厅，陈列上展

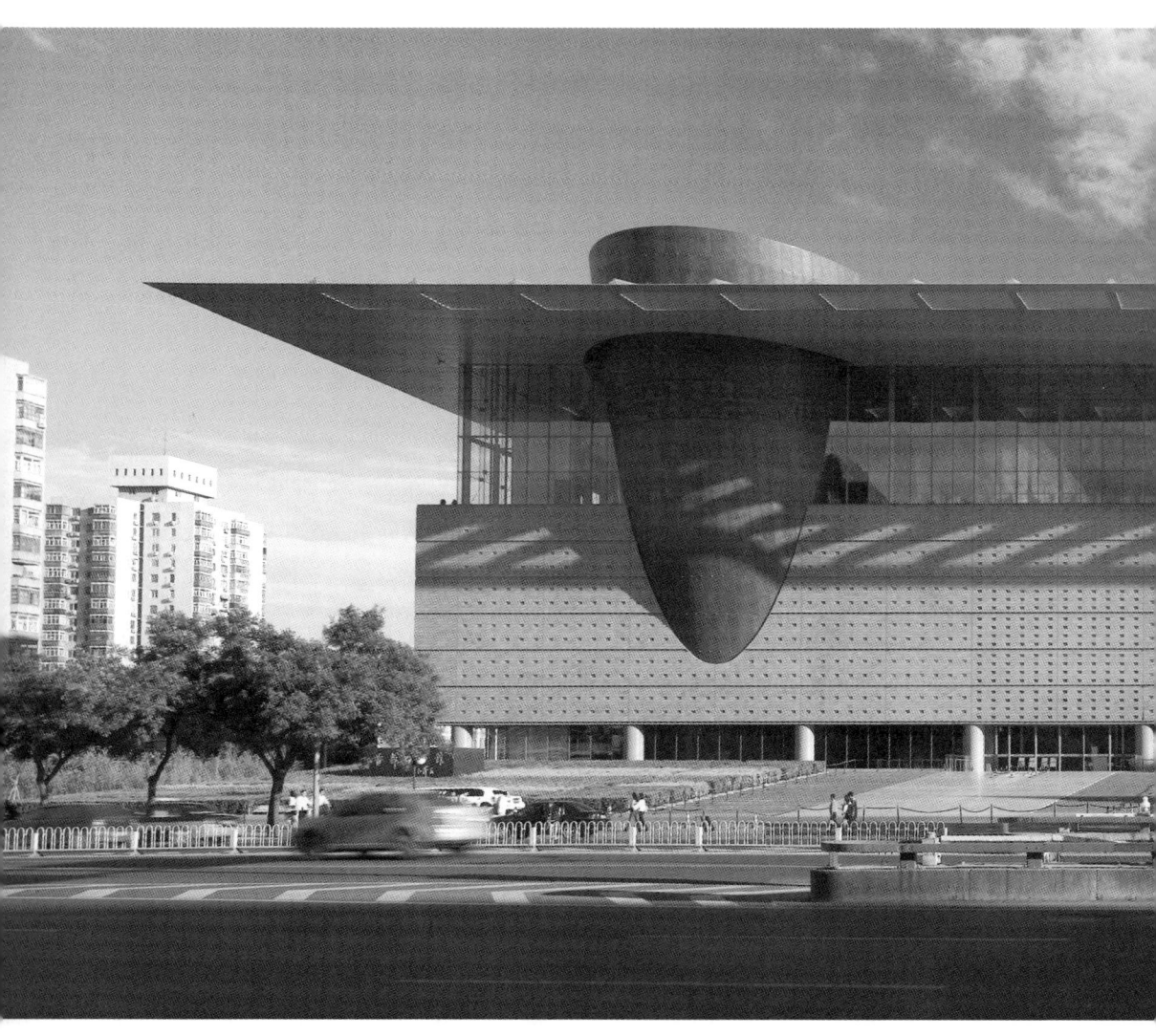

图3：首都博物馆新馆

藏 品 与 馆 史 研 究

文物 5622 件套，皆为北京地区"土生土长"。同时还设有 2000 余平米的礼仪大厅、室内竹林庭院、纪念品商店和餐饮区。先进的技术，包括文物库房、安防消防、10 吨液压电梯、文物保护与修复中心、智能化和数字化工程与管理、节能环保等，均达到国际一流水准。

"御用珍存金银器展"和"齐白石艺术大展"两个精心策划的临时展览，于试运行当天一并开放。新馆迎来的第一位观众林征，与 1981 年 10 月 1 日老馆开馆时的第一位观众刘运福一起，在馆长的陪同下，参观了首都博物馆。

2006 年 3 月 18 日，首都博物馆迎来了第一个大型外展"世界文明珍宝展"，首开我国博物馆与大英博物馆合作的先例，展品为大英博物馆 250 年之珍藏，如潮的观众来到新馆，生活在北京的人们，终于认识了首都博物馆。

之后的几年间，"卢浮宫珍藏展——古典希腊艺术""西天诸神——古代印度瑰宝展""美洲豹崇拜——墨西哥古文明""太阳城——社会主义现实主义的辉煌""高迪的世界——建筑、几何和设计""中国记忆——五千年文明瑰宝展""北京文物精品展""长江流域文明展""奥林匹克服饰展""考古中华""早期中国""回望大明"等一系列重大国内外展览，纷至开展。

2008 年 3 月，首都博物馆依据国家文物局等四部委《关于全国博物馆、纪念馆免费开放的通知》实行免费开放。2008 年 8 月，首都博物馆圆满完成北京奥运会接待服务工作。2008 年，首都博物馆被评为首批"国家一级博物馆"。2009 年，首都博物馆新馆入选"新北京十大建筑"。截止到 2011 年，首都博物馆新馆观众人数累计突破 500 万人。

如今，首都博物馆初创期万众瞩目的光芒已经渐渐褪去，一副沉甸甸的关于首都博物馆可持续发展的担子正落在我们的肩上。由当年一个建馆设想的提出，到今年已经六十年了，六十年薪火相传，这是一种文博人的精神。今天，实现"国际知名、国内一流"是首都博物馆新馆建设之初提出的奋斗目标，目前的首都博物馆距离这一目标尚存较大差距，首博人的"首博梦"仍在继续着，而这样的"首博梦"又早已融入到祖国的实现中华民族伟大复兴的"中国梦"里。

纵然是扑倒在地，

一颗心依然举着你，

晨曦中你拔地而起，

我就在你的形象里……

参考文献：

① 首都博物馆编，《首都博物馆建馆十周年纪念文集》，北京燕山出版社，1991年，第250页。

② 首都博物馆编，《历史的回声——纪念首都博物馆建馆三十周年》，2011年，第17页。

③ 首都博物馆编，《首都博物馆建馆十周年纪念文集》，北京燕山出版社，1991年，第16页。

④ 首都博物馆编，《历史的回声——纪念首都博物馆建馆三十周年》，2011年，第17页。

⑤ 郭大钧主编，《中国当代史》，北京师范大学出版社，2011年，第61页。

⑥ 国家文物局编，《郑振铎文博文集》，文物出版社，1998年，第322页。

⑦ 国家文物局编，《郑振铎文博文集》，文物出版社，1998年，第325页。

⑧ 北京市文物局主办，《北京文博》，2009年，第3期，第6页。

⑨ 首都博物馆编，《首都博物馆建馆十周年纪念文集》，北京燕山出版社，1991年，第5页。

⑩ 首都博物馆编，《首都博物馆建馆十周年纪念文集》，北京燕山出版社，1991年，第14页。

⑪ 首都博物馆编，《历史的回声——纪念首都博物馆建馆三十周年》，2011年，第22页。

博物馆展览实践

从《黄花梨文化展》筹备谈起
——浅析申报财政专项临时展览的资金运作

2009年底，由首都博物馆文化产业部提交了一份申请举办《物得其宜——黄花梨及明清黄花梨家具展》的请示并附展览策划书，经馆长办公会研究，展览正式立项，定名《物得其宜——黄花梨文化展》，首都博物馆主办，《收藏家》杂志社协办，资金来源拟通过申报财政专项解决。2010年，首都博物馆策划部、财务部、文化产业部及文化产业部代管《收藏家》杂志社，首先开始着手展览的申报筹备。

财政专项资金的申报

财政专项的申报主要是汇齐有关展览的各项材料（包括纸本和电子版），向北京市财政投资评审中心提出申报，经评审后，批复审定资金。

申报材料首先是展览可行性研究报告。可行性研究报告主要包括五个部分——展览基本情况；必要性与可行性；实施条件；进度与计划安排；主要结论。具体内容即：

第一项，基本情况包括项目单位基本情况（含单位名称、地址及邮编、联系电话、法人代表姓名、人员、资产规模、财政收支、上级单位等情况等）；可行性报告，编制单位的基本情况；合作单位的基本情况等。此次《物得其宜——黄花梨文化展》

图1：黄花梨展展厅

图2：黄花梨展展厅

主要填写的就是首都博物馆和《收藏家》杂志社的基本情况。

第二项，必要性与可行性，主要包括项目背景情况；项目实施必要性（即项目实施对完成行政工作任务或促进事业发展的意义与作用）；项目实施的可行性（即项目的主要工作思路及设想；项目预算的合理性和可靠性分析；项目预期社会效益和经济效益分析；与同类项目的对比分析；项目预期效益的持久性分析等）；项目风险与不确定性（即项目实施存在的主要风险与不确定性分析；对风险的应对措施分析等）。此次展览在必要性与可行性方面，主要阐述了自王世襄先生《明式家具萃珍》（美国旧金山出版）、《明式家具珍赏》等巨著问世后，明式家具的地位被推向前所未有的巅峰的大环境；首都博物馆拟通过推出《黄花梨文化展》，将高品位的专业收藏研究与大众所乐于接受的知识传播有机结合，谋求达成高品位的专题收藏与相关的科普活动相结合的展览新思路的要求；以及展览协作方《收藏家》杂志社可以为此次展览提供的支持，包括展览大纲的编写与借助其平面媒体《收藏家》杂志为展览提供宣传途径等，增加展览的可行性。

第三项，实施条件，主要包括人员条件（即项目负责人的组织管理能力；项目主要参加人员的姓名、职务、职称、专业、对项目熟悉情况等）；资金条件（即项目资金投入总额及投入计划；对财政预算资金的需求额；其他渠道资金的来源及其落实情况等）；基础条件（即项目单位及合作单位为完成项目已经具备的基础条件、基础设施、需要增加的关键设施等）。此次《黄花梨文化展》对展览责任人、主要参与部门成员的人员情况、展览资金需求、首都博物馆拟提供场馆设施报告、《收藏家》杂志社资质等做了说明。

第四项，进度与计划安排。此次展览，提供了由文化产业部制作的展览工作计划表。

第五项，主要结论。基于上述几项情况的说明，此次《黄花梨文化展》，借助首都博物馆这一国家一级博物馆、北京市文化窗口的平台，整合其场地资源、人才资源、文物资源、媒体资源等，包括《收藏家》杂志社的协助，经过首都博物馆各相关部门与《收藏家》杂志社相关人员的精心策划与筹备，以及在展览设备设施上的保证，将为北京的市民带来一个参观与了解黄花梨文化，学习我国传统文化艺术的不可多得的机会。

  申报专项的第二大部分重点就是预算的编制及相关附件的提供，这是财审中心对该项目进行评审的依据。此次《黄花梨文化展》编制预算包括展览筹备费（含专家论证费、专家咨询费、专家交通费、专家授课费、资料购置费等）；展览借展费、运输费、保险费、工程设计及施工制作费、宣传费（含图录出版费、折页费、《收藏家》杂志专辑出版费）；技术保障及环境监测费；电检及消检费；安保人员加岗费；开幕式费用（含开幕式背板、搭台、来宾招待、主席台搭建、礼仪和绿植租赁等费用）。

  其中，各项费用都需要相应的附件材料对其使用情况作出说明。比如，专家论证费、咨询费及授课费，需要提供论证、咨询、讲座的次数，论证、咨询、讲座的内容以及拟邀请专家的名单。资料购置费需要提供购买、扫描、复印图书及图片的明细。展览借展费，需要与合作方签署委托借展意向书，并有双方签字盖章。展览运输和保险，需要由项目单位的运输和保险服务商分别提供加盖公章的报价清单，并同时向财审中心提供服务商的中标通知书（需要说明的是，如果运输或保险有同时两家以上服务商，需要由各家分别提供报价清单，以便财审中心做出选择）。此外运输方面为配合运输服务商提供报价清单，需事先提供运输服务商运输线路、拟定运输工具、并提供有关展品数量、尺寸及重量等信息。而保险方面，为配合保险服务商提供报价，也需要向保险服务商提供展品的总估价，以及运输情况介绍、展出场馆条件介绍等，因为一般来说，博物馆文物展的保险为钉到钉的一切险（包括运输险、展出险、附加盗窃险）。工程设计和施工制作费，需要出具中标服务商加盖公章的报价以及展厅设计平面图。宣传费的说明，则需要图录、折页出版服务商提供的报价，以及相应的双方签署的委托出版意向书。技术保障及环境检测费，需要提供展厅及文物消毒、监测的项目明细。安保人员加岗费需要提供加岗的理由、方案、明细。开幕式费用需要提供施工报价明细、绿植和礼仪报价明细、拟邀请来宾名单等。

特别需要说明的是，除上述各项费用的预算及附件说明需要提供外，还要提供两份重要的不可缺少的评审材料，即展览大纲和展品目录（含序号、名称、年代、尺寸、数量、质地、估价等信息）。另外，还需要一个立项书，即一份由馆长办公会通过的办展请示。

汇齐全部材料后，便可向财审中心正式提交申报。材料到达评审中心后，评审中心会指派专人对申报项目进行初审，这其中也需要反复多次的由熟悉展览申报的人员赴评审中心进行面议，逐一解答财审中心项目专人提出的有关展览项目的各项问题，并及时就相关财审中心专人提出的要求补充申报说明材料。经至少45个工作日后，财审中心将给出初审结果并通知申报单位。如申报单位对结果无异议，申报材料将进入复审，这其中可能又需要继续向财审中心补充材料，直至复审通过。财审中心将出具有关审定资金金额和明细的书面报告，反馈给申报单位，经申报单位签字盖章进行确认，送还财审中心。最后就是等待审定资金的拨付了，可及时与财务部门进行确认。

展览项目资金的使用

如果说财政专项的申报是展览要钱，那么展览项目的实施则是展览花钱。展览花钱要严格按照财审中心审定的明细进行，各项目金额不能相互挪用或超额使用，这将关系到展览结束后的审计。另外，如展览项目审批金额超过500万元的将做绩效考评。

此次《黄花梨文化展》结合办展的实际情况，在实施过程中，首博文化发展公司参与进来，成为展览的承办方，经双方友好协商，就展览筹备与借展签署了协议书。协议书中，需要明确双方在完成展览项目中分别享有的权利和履行的义务；明确双方共同约定；明确相关费用的支付以及对支付方式的约定；明确违约责任；

明确协议的终止或变更，以及争议的解决；约定协议的生效条件。甲乙双方确认以及律师对协议的修改审定无异议后，由双方法人代表签署盖章，协议生效期，按照约定开始进入相关费用的支付环节。

需要注意的是，申报财政专项的展览，审定总金额不能全部支付委托方并由委托方承担全部项目工作，其中总金额的至少百分之四十需要由申报单位自行消化并承担完成相应业务，其中包括可使用申报单位自己中标的服务商。

当然，财审中心审定批复的金额，有时候并不与实际业务需要发生的金额相符，往往一些预算金额被审减掉，因此在展览实施过程中，资金会发生缺口。如此次展览，由于展览筹备跨年，运作时间较长，上展展品做出一定调整，丰富了展品品种，提高了上展展品的质量，同时艺术品市场发生了一定变化，上展展品总估价大幅增长，因此展览保险费出现缺口；第二，评审中心在审定展览图录出版的费用时曾表示，博物馆不应以盈利为目的，因此审定金额不包括出书费，而按照以往惯例，首博展览图录一般都有书号，且出版品质要求较高，因此展览图录出版审批金额有限，费用不足较为突出；第三，依据评审中心审定展览金额，此次展览没有宣传推广费用，只有最基本的开幕式费用，用于背板搭台、主席台、剪彩、绿植等。但由于此项展览为今年文物局重点展览，也是北京市人大督办项目，因此展览拟通过多种形式进行全方位多角度的立体宣传，拟增加如航空杂志等高端受众媒体的报道宣传，并在开幕式拟举行小型酒会，扩大影响，吸引观众，因此，宣传推广费也是缺口之一。

在这种情况下，应及时与财务部门进行协商，协调资金，可考虑在博物馆相关政策法规允许的范围内，吸引一些赞助商加入进来，赞助对象一般为有志于文化事业发展，发扬民族文化精神的金融、地产、拍卖行、文化传播等知名企业或大型企事业单位。根据其赞助金额，可以划分为战略合作赞助、特约协办赞助、特别鸣谢赞助等，并通过给予赞助商相应的回报，如在本次展览相关宣传品上出现赞助企业名称和标识；邀请赞助企业出席展览开幕式；对赞助企业予以鸣谢；

赠送开幕式及酒会贵宾门票；在指定时间内开设赞助企业专场参观并提供相关讲解服务；颁发荣誉证书；以及与各类媒体进行合作推广等，以补充资金，保证展览项目按照预期，确保质量，顺利完成。

从《奔向光明展》解读革命历史题材展览的筹备

2011年，是中国共产党90华诞。《瞭望》新闻周刊刊载了《中央将隆重纪念共产党成立90周年 迎执政新起点》。根据北京市文物局指示精神，首都博物馆于2011年春节大年初四开始，《奔向光明展》纪念建党90周年展便紧锣密鼓的筹备了。

一、展览主题结合实际情况，举办一个切实可行的党史展

根据《瞭望》新闻周刊有关权威人士介绍，纪念中国共产党成立90周年的活动，将紧扣四个方面宣传教育。其主要内容包括："宣传中国共产党的光辉历史和丰功伟绩；宣传中国共产党90年来推进马克思主义中国化、时代化、大众化，形成的毛泽东思想和包括邓小平理论、'三个代表'重要思想以及科学发展观等重要思想在内的中国社会主义理论体系；宣传党的建设是党领导的伟大事业不断取得胜利的重要法宝，必须顺应世情、党情、国情的新变化，以改革创新精神加强和改进党的建设；宣传全国各个时期各条战线基层党组织和广大共产党员在革命、建设、改革中做出的贡献等多项内容。"[①]

参照这四个方面，首都博物馆经过会议讨论，党史展筹备组的展览内容设计组最初提出了一个时间跨度从1911年到2011年的中国共产党在北京的活动历程的内容策划方案。但是展览策划必须结合实际。考虑到北京市委对于全市大型

纪念活动的整体安排，特别是近在咫尺的中华世纪坛将由市委宣传部、北京市档案馆等多家单位联合举行一个较为全面和综合性的纪念建党的展览活动"一切为了人民"，并以反映改革开放以来北京党的建设历史和成果为重点，而首都博物馆作为北京市的综合性地志博物馆，拥有较为丰富的新中国成立前北京的历史文物、照片资料等藏品资源，同时可借助北京市文物局的力量，在展览之外联系北京地区部分革命遗址组织参观纪念活动，一定程度上发挥首都博物馆举办历史展览的特长，可与世纪坛的展览活动达到相辅相成的效果。因此，经反复研究，展览策划最终确定为展览所反映内容的起止时期限定为1911年辛亥革命至1949年新中国开国大典，以中国共产党在北京地区的革命活动为主体，即《奔向光明——中国共产党北京革命足迹展》。为配合馆内展览，还设计了在馆外组织参观包括十四家北京地区革命史迹在内的红色旅游社教活动。

二、馆内展览充分利用近现代文物史料，突出重要时代、重大历史事件、革命运动、著名人物

根据国家文物局对近现代文物征集参考范围的规定，我国近现代文物主要反映下列内容包括："一、反映中国近现代社会历史变革及有关社会历史发展的文物；二、反映中国近现代政治、经济、军事、科技、教育、文化、卫生、体育、宗教等方面发展的文物；三、反映中国近现代各民族的社会发展及民族关系、民族团结、民族自治、维护祖国统一等方面的文物；四、反映中国近现代各民族的生产活动、生活习俗、文化艺术和宗教信仰等方面的文物；五、反映近代以来中国人民反抗剥削压迫的重大事件和重要人物的文物；六、反映近代以来中国人民抵御外侮、反抗侵略的重大事件和重要人物的文物；七、反映近代以来中外关系、友好往来和政治、经济、军事、科技、文化、艺术、卫生、体育、宗教等方面相互交流的文物。"[②]

本次《奔向光明展》全部上展 230 件套近现代文物史料,囊括实物、文献、图片等类别,特别是中国现代史的实物史料一般涉及的标语、布告、牌匾、印章、奖章、衣服用品、武器、旗帜等均在展览中予以展现,着力打破了馆藏近现代文物多集中为纸质藏品的局限。观众可以在展览中参观到中华民国开国纪念碗、北洋军官礼服、孙中山安葬纪念章、文虎勋章、洪宪元年铜弹壳、新文化运动时期重要人物的照片与主张、口号;五四运动标语;内页刊载李大钊《我的马克思主义观》《庶民的胜利》《布尔什维主义的胜利》等文章的《新青年》;中共北京早期组织成员的照片;李大钊烈士碑文拓片;国共合作抗日旗;晋察冀边区施政纲领;人民解放军接管的北平西直门钥匙(复制);《人民日报》北平版创刊号;以及开国大典使用的礼炮……一件件展品突出反映了中国革命的重大历史事件、革命运动、著名人物,具有重要纪念意义、教育意义或者史料价值。

不仅如此,展览筹备中,还采访了刘导生,一二九运动时的北大党支部书记;李欣华,李大钊次子;武光,近 90 岁,曾捐献抗战时延安出版的《共产党人》杂志第十三期,并注明:他携带此书穿越封锁线来到平郊;熊易华,近 80 多岁,曾捐献反映北平学生运动的"学生运动签名旗",旗上注明:"燕京大学'献给我们的易华同学'1948.7.11";祖连生,曾捐献 1949 年国旗一面。这是《奔向光明展》在展览实物史料和文字史料之外,对口碑史料搜集、整理和利用的一次有益尝试。

整个展览分为"革命风潮""中流砥柱""建国伟业"三篇,将中共党史、中国革命史和北京史有机结合,反映了包括中国共产党在北京的诞生,第一次国共合作,一二·九运动,全面抗战和平郊抗日根据地的开辟,平郊抗日及党的工作,内战爆发和北平的"第二条战线",北平的和平解放,新政协会议与开国大典等重要内容与历史段落,中国共产党 28 年的风雨历程被串联成一部壮丽的史诗。

每一件展品都经过了展览内容设计与藏品保管工作人员的遴选与查阅,不放弃每一件携带重要历史信息的展品。值得一提的是,首都博物馆收藏的 1949 年的《人民日报》(北平版)集中在 5 月和 9 月。没有最重要的反映 1949 年 10 月份

图 1：展厅照片

图 2：展厅照片

开国大典的报纸,这让大家深感遗憾。在首都博物馆的近现代藏品库房,展览内容设计工作人员一页一页地翻阅9月的报纸合订本,寻找着历史信息,当1949年9月29日这一页报纸——印有国旗设计手稿、国旗设计彩图插页、国歌《义勇军进行曲》歌谱的《人民日报》(北平版)映入眼帘,在场工作人员一片欢呼!

三、馆外社教活动体现"从馆舍天地走向大千世界"的新理念

时任国家文物局局长单霁翔曾在其著作中提出从"馆舍天地"走向"大千世界"——关于广义博物馆的思考。本次《奔向光明展》以"从馆舍天地走向大千世界"的博物馆建设新理念为指导,首次尝试以主场地展览为主线,分会场共同协办专题活动并举的形式,将主题展览延伸至北京市多家博物馆、革命遗址等,大馆带动小馆,使馆内外展览及教育活动形成一个有机整体,相得益彰。

社教活动通过从北京二百余家博物馆、革命遗址中精心选取十四家合作单位,包括北大红楼、李大钊烈士陵园、双清别墅、三一八烈士公墓、焦庄户地道战遗址纪念馆、长辛店劳动补习学校、二七大罢工遗址、平北抗日战争烈士纪念馆、平西抗日战争纪念烈士陵园、平西抗日战争纪念馆、没有共产党就没有新中国纪念馆、卢沟桥、宛平城、平西情报交通联络站纪念馆等,通过设置并讲解巡展展板,依据展览主线,体现十四家博物馆、革命遗址曾经发生的重要历史事件、革命史实内容,并发动了首都博物馆的志愿者团队,进行巡展讲解;播放宣传影片,通过多媒体形式介绍十四家博物馆、革命遗址的展览内容及特色,并在以上单位开展主题参观活动;签发参观护照,将十四家博物馆、革命遗址按地理位置标列在地图上,地图上附有盖章处,并列出十四家博物馆的地址及联系电话,观众可根据以上信息自行前往参观学习,观众集满印章后即可获取由首都博物馆提供的奖品;挂置海报,统一设计制作此项活动海报,突出活动特色,营造活动氛围等这一系列的活动,使观众通过听取巡展展板讲解、观看短片、留言签名、领取参观

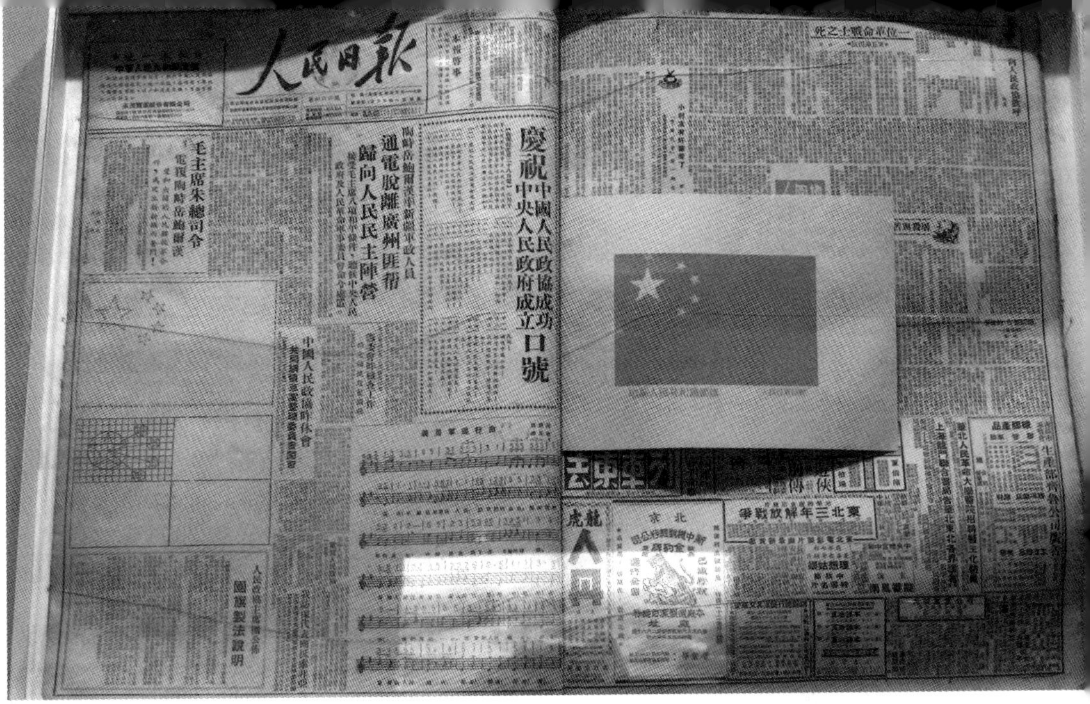

图 3：展品照片

图 4：宣传品照片

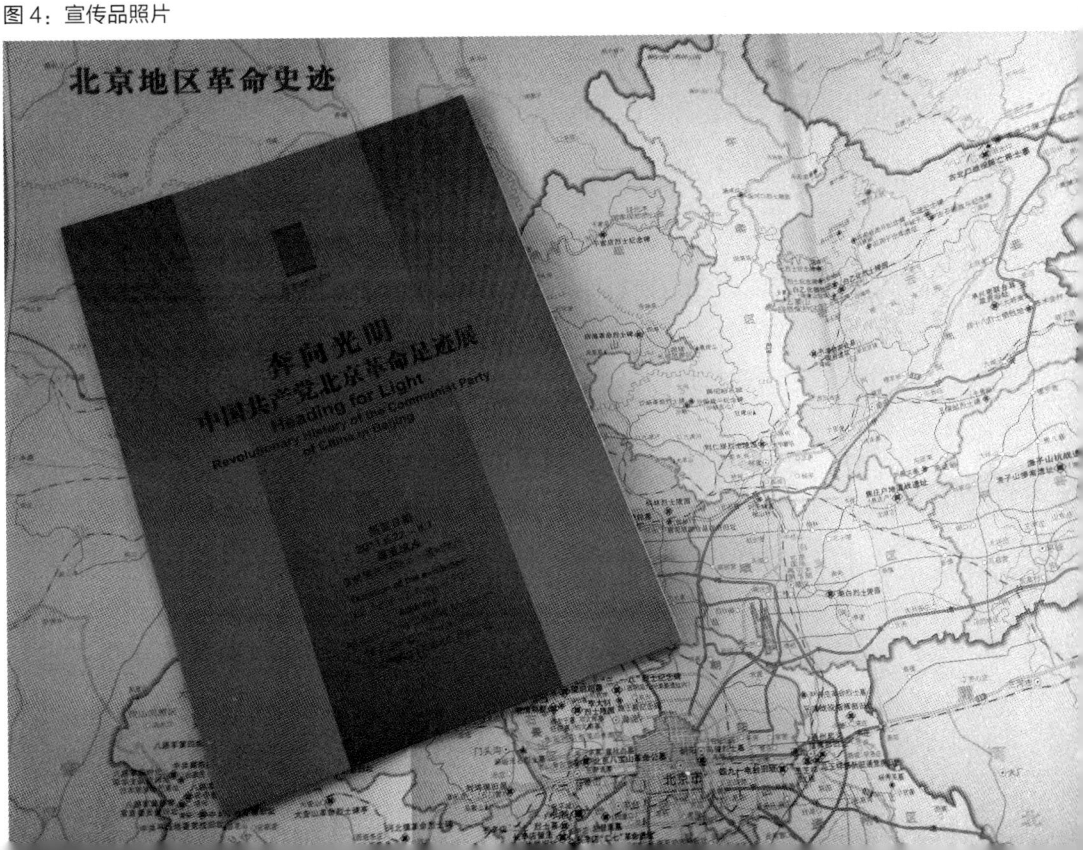

护照并签证、领取并佩戴胸章等寓教于乐的形式，追寻先烈足迹，重温革命精神。这一系列形式新颖丰富多彩的社教活动，打破了人们以往认为革命历史类题材展览及教育活动易流于死板、说教的观念，也是博物馆展览不仅仅局限于在展厅里静态陈列实物、文献类史料，而是引导观众动态地参与到利用建筑、旧址、历史事件遗迹等地上文物的一次完整而有意义的展览活动例证。

四、展览目的重在社教，激励观众

博物馆往往侧重的是用历史文物向观众展示古代文明，人们提到博物馆也会常说："收藏过去，为了今天和明天。"但实际上，社教是博物馆的重要职能，博物馆是进行社会教育的最佳场所。作为博物馆，不仅要通过文物让观众们了解历史与文化知识，思索我们的过去、现在和未来，更应提供一种精神，主张正气，弘扬爱国主义，特别是对青少年观众，要使他们来到博物馆参观，能从心灵上有所收获，对他们的成长有所帮助。《奔向光明展》以及配合的"踏寻先烈足迹"红色旅游社教活动，正是以纪念建党90周年为契机，给观众提供了一次重温中国近现代历史，回顾中国共产党光辉历程的不可多得的机会。通过让观众了解中国共产党由孕育诞生，到发展成长，到取得胜利的革命历程；无数优秀的共产党员和爱国者在中国共产党带领下，为缔造独立自由、民主富强的新中国而跋涉的艰辛的革命道路；以及老一辈革命家忠诚信仰、执着追求的革命精神，向观众传达爱党、爱祖国、爱人民的精神，激励观众特别是青少年为国家的繁荣富强，为民族的伟大复兴而努力奋斗。

五、展览效果信息反馈及时收集，观众心声呼应展览

此次《奔向光明展》，展期为2011年6月21日至8月7日。在首都博物馆第85期的《开放信息报》上，可以看到这样的观众接待统计：

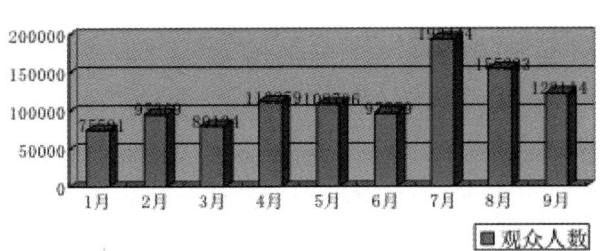

一般根据往年经验,每年7月和8月为暑期,属于旺季,家长和学生等观众会比较集中增多,2011年7月观众量达193444人,为九个月以来最高值,正处于《奔向光明展》展期的大部分时间,也从一定程度上反映了展览的效果。

同时,及时收集参观展览的观众留言。在首都博物馆开放部收集的本次展览观众留言中,可以看到以下所列来自各地观众的心声:

◎向革命先烈致敬。

◎文物是一个民族时代的记忆。

◎缅怀革命先烈珍惜美好生活!

◎没有党的领导,就没有现在的中国。

◎为人民服务。

◎90年是用革命者鲜血铺成的道路!继续走下去!

◎看到以前革命历史,才发现我们现在生活非常好!希望首都博物馆有更多的革命历史。

◎我是一名从南京来的小学生,今天我很荣幸来到这里,非常开心,我知道了中国解放战争中发生的故事!

◎回顾了中国共产党九十年的革命斗争经历,深刻认识到今天的幸福生活的来之不易,更加坚定了我报效祖国的决心与信心,祝中华人民共和国永远繁荣昌盛！

◎通过参观，我更加了解了新中国建立的艰辛！

◎我来自广东佛山，第一次来北京玩。首都博物馆是第一站，感觉很棒！北京人真的很热情！参加首都博物馆，使我了解很多历史文物，这真是一个很好的机会！

◎我来自陕西，第一次来到北京感觉很好，首博很值得一去，祝来到这里的人获得知识，多多了解首都的历史！

◎我是从新疆来的，我是第一次来的，我很荣幸，我觉得我来这里受益匪浅，因为我看到了许多历史文物，学到了很多，这里真是太好了。

参考文献：

①《瞭望新闻周刊》，2010年11月15日。

②北京市文物局编，《文物工作实用手册》，华龄出版社，2005年，第326-328页。

从《中国岩画展》谈京西太平鼓溯源

在 2015 年炎炎夏日，流火的七月，由首都博物馆倾力支持提供场地，举办了由中国岩画学会主办，广西壮族自治区崇左市人民政府协办的"亘古天书——中国岩画展"及"第二届中国·国际岩画论坛"。本展览通过展出世界岩画遗产概览、中国岩画环境、实体照片、岩画文物、同期文化生态实物（文物）；有代表意义的岩画复制品、拓片、线描图；以及陶器、青铜器等共计 152 件套实物，164 件辅助展品，共分为三个单元，即第一部分：五洲同语——史前文明时期至今的世界岩画遗存；第二部分：九域传奇——遍布中华山川的岩画岩刻；第三部分：文脉千秋——中国岩画遗产的研究保护。通过展示中国和世界古代岩画的分区分布、古代岩画的精彩作品、岩画艺术以及 100 年来继承发展和岩画的保护研究状况，反映岩画是人类、是中华民族宝贵的文化遗产。在"亘古天书——中国岩画展"中有一段视频资料，播放了广西花山岩画。广西花山岩画于 1988 年 1 月被国务院公布为全国重点文物保护单位；2007 年被国家文物局列入《中国世界文化遗产预备名单》；2016 年被联合国教科文组织第 40 届世界遗产委员会列入《世界遗产名录》。

"太平鼓"历史悠久，是一项流行在中国北方的北京、河北、辽宁等地区的民间舞蹈表演艺术。它在历史上几经盛衰，在京西地区已经流传了二三百年。太平鼓自明代已在北京流传，清初的京城内外，太平鼓极为盛行，明清大量诗文对此有所记录。在清代，太平鼓已传入门头沟地区。历史上门头沟很多村落几乎家家户户都会击打太平鼓。在作为"天朝大国"的清代宫廷中，旧历除夕要击打太平鼓，取其"太平"之意。太平鼓在每年的腊月和正月最为活跃，在当地的岁时民俗活动中很吸引人，百姓们击打太平鼓更是对太平盛世、国泰民安的期盼。打太平鼓不仅可以烘托节日气氛，在某种程度上也可以折射出北京地区的节庆习俗。

2006年5月20日，经国务院批准，由门头沟区申报的"京西太平鼓"被列为首批国家级非物质文化遗产保护项目。2008年，石景山太平鼓、丰台区怪村太平鼓被列为"京西太平鼓"的扩展地区，也列入了国家级非物质文化遗产。为了与外省市的太平鼓舞蹈加以区别，门头沟区在进行非物质文化遗产申报的时候，特意在"太平鼓"的前面，加上了"京西"二字，正式把这种民间舞蹈的名称定为"京西太平鼓"。

那么京西太平鼓与先民古老而原始的无墨天书——岩画又有着怎样的联系呢？京西太平鼓的前世又经历了些什么呢？笔者通过个人办展的经历与研究，勾连起岩画与京西太平鼓，在此做一个颇有趣味，融会贯通的探讨，让文物见证历史。

一、中国岩画概述

岩画，被世界通称为岩石艺术，是古代先民凿磨或彩绘于山崖岩石、洞窟周壁上的图形语言，是文字出现前的"文字"，是没有疆界的史记，是不分民族的无墨天书。它当然是史前文明当中人类共同的母语，是石器时代开始的原始艺术。岩画创造的艺术形象表达了当时人类的情感与主观意识，对当时人类的生活是一种艺术再现。因此，今天世界各地的人们都在研究岩画，希望破解那些留在石头上的历史，以及这些图画形成的文化概念和其他一切现在的人们想知道的文化内涵。中国是世界上岩画最丰富的国家之一，也是最早发现和记载岩画的国家。中国岩画发现于公元前五世纪的战国时期，在《韩非子》和《山海经》《水经注》

等著作里都记载了岩画。

在中华大地上岩画的分布十分广泛，据初步普查表明，东起大海之滨，西达昆仑山口，北至大兴安岭，南到珠江流域，已有28个省市区的120多个县域，包括港澳台地区，有1228处岩画遗址记录在册。分布广，数量大，已成为世界岩画的重要组成部分。据目前考证，最早的岩画创作于旧石器时代晚期，距今已有一万多年历史，新石器时代之后更加繁盛，其内容之精深令人惊叹不已，无论是人物动物、天体星辰、狩猎围捕，还是图腾崇拜、宗教信仰、生命延续、战争虐杀，在岩画中都有生动表现。现代岩画研究将其分为北方、西南、东南沿海及中原四大系统。

北方系统岩画，分布于黑龙江、吉林、辽宁、北京、河北、山西、陕西、内蒙古、新疆、宁夏、甘肃、青海等十多个省、市、自治区；东起大小兴安岭，向西延伸至阴山、贺兰山、阿尔泰山、天山和昆仑山。创作时间从旧石器时代至明清时期，写实与抽象的、夸张的艺术风格共存，技法大都为凿刻研磨，也有少部分的彩绘岩画。这是古代河套文化、红山文化等为主的部落间战争、狩猎、游牧生活和思维意识的真实写照。

西南系统岩画，分布于西藏、云南、广西、贵州、四川等七个省市区；这一区域多数地方群山起伏，河流纵横，岩画多被刻画于河畔崖壁或山体洞窟上，占我国彩绘岩画总量的百分之七十以上。其艺术风格古朴，推断是古开阳人、骆越人和吐蕃人的作品。内容既体现了不同地域古人的不同生产生活形式和宗教祭祀活动，也反映了先民们的生态环境、追求和信仰。这一区域有大量的古人类活动遗迹，目前发现的岩画大都处于战国时期滇云文化、蜀文化、黔贵文化等。

东南沿海系统岩画，主要分布在浙江、江苏、福建、广东、台湾和港澳等地，东南海岸长达万余公里，有渤海、黄海、东海、南海四大海区。其岩画年代自商周时期至明清时期，甚至也发现有新石器时代早期的岩画。制作技法大都采用凿刻，带有抽象化和符号化倾向。内容有人物、足或手印、鸟、兽、花草、船、建筑等，

图1：内蒙阴山岩画核心区

图2：宁夏贺兰山岩画

图3：内蒙古乌海市桌子山召烧沟岩画区

图4：广西花山岩画

并以海事宗教祭祀活动为主。这一区域的古越族等先民,创造了吴越文化、河姆渡文化、闽文化,主要从事海洋捕捞业和早期的农业耕耘,而岩画内容多与海事活动有关,因此推断应是古越等民族文化遗存。

中原系统岩画是我国岩画遗址发现较晚的一部分岩画,主要分布在安徽、江西、湖南、山东、河南等地。岩画创作构思基本以人物、动物、祭祀、凹穴等图像为主,制作技法上大都以敲凿法来凿刻研磨岩刻,特别是凹穴为主的岩画类型居多,也有少量的彩绘岩画,其内容反映了中原旱作与水田农耕文化并存的特点。人们很容易将其与中原传说中的炎黄时代、华夏民族的起源和中华早期历史联系在一起,这些岩画是中原上古艺术家们深邃的思想创造。

二、展览中关于广西左江花山岩画

在"亘古天书——中国岩画展"中有一段视频资料,播放了广西花山岩画。恰恰是这一段视频的播放,引起了笔者对岩画的强烈兴趣。

广西崇左市位于中国南疆,境内广泛分布着典型的喀斯特地貌,左江及其支流明江蜿蜒流淌,曲折盘旋于喀斯特峰丛洼地中。左江两岸 200 多公里的悬崖绝壁上,保存有大量的古文化遗迹——岩画,是中国南方壮族先民骆越人的伟大创造。

岩画自明江上游第一处珠山岩画开始,沿蜿蜒东流的左江至江州区的万人洞岩画,绵延 105 公里。花山岩画因其规模宏大、场面壮观、图像众多而举世闻名,是左江流域岩画的典型代表。左江花山岩画是骆越部族或部落联盟中居住在左江流域的氏族及部落所绘制。露天临江峭壁的独特选址,对作画技术有着极高的要求。岩画的绘制技术主要有写意法、勾边填涂法、重复涂绘法及以点定位法等四种。绘制颜料是使用在岩画遗址中较为常见的赤铁矿,主要成分是氧化铁,也称红土、铁红。颜料中使用的粘合剂,经检测含有植物性胶结材料,如植物树液。据记载,战国至秦汉时期,左江流域是古代骆越人聚居的地方,岩画中的人物的发式、划

图5：北京地铁一号线建国门站壁画（内容为江苏连云港将军崖岩画）

图6：广西花山岩画

219

船的图像、人像等皆与骆越人习俗相呼应。图像以人像为主，表现主题多为群体性祭祀场景，反映骆越人的社会生活、思想观念和精神文化。图像大致可归纳为人物、器物、动物、圆形图像等四大类。

现存图像有 1800 多个，包括人、动物、铜鼓、刀、剑、钟、船等，其中人像有 1500 多个。圆形图像数量较多，目前尚能辨认的有 360 多个，占全部图像的 9%，仅次于人物图像。圆形图像可分为单环形、双环形、三环形、实心形、空心芒线形等 5 种类型。这些圆形图像除了少数属于日、月、星辰等天体图形外，大部分都为铜鼓。（如图 2）骆越族是铸造铜鼓最多并长期使用铜鼓的民族之一，岩画中描绘"击鼓集众"等场面，是骆越人使用铜鼓的真实记录，这些都是左江流域岩画的制造者为骆越人的佐证。

在展览的视频中，也提到了花山岩画中"数不清"的铜鼓。由于笔者曾对北京门头沟地区的非物质文化遗产——京西太平鼓有过专门的研究，对历史上的鼓有着特别的关注。那么岩画既然是石器时代的先民所绘制，广西花山岩画所绘制铜鼓，又是什么时期的呢？带着这样的疑问，笔者咨询了中国岩画学会的王建平会长。王建平十分谙熟地回答了笔者的疑问，即花山岩画的绘制年代大致从周代一直延续到汉代，也就是青铜时代晚期至铁器时代早期。笔者曾经了解过一面中国国家博物馆馆藏的汉代青铜鼓，出土于广西壮族自治区，据介绍是中国古代骆越族的一种重器，当时瞬间浮现在笔者脑海里。岩画与文物完全对应，填补了笔者对于历史上的鼓所了解的盲区，在激起兴趣与惊喜之余，笔者也深深感慨，文物见证历史！

三、历史上的鼓

俗话说："水有源，树有本。"要研究太平鼓，首先就要追根溯源，弄清楚其来龙去脉和历史源流。了解鼓的历史，搞清楚发展脉络，才能进一步研究太平鼓的历史作用和意义。

"鼓"是一种常见的打击乐器，同时也是一种历史悠久的打击乐器。传说远古时有伊耆氏用土制鼓，又传说夏后氏有一种鼓是有足的。在人类发展史上出现得比较早，从目前发现的出土文物来看，山西襄汾陶寺遗址早期大墓出土的土鼓可以确定大约有4500年的历史。在殷墟出土的甲骨文中，已经有"鼓"字，进一步表明远在三千年前的商代，已经有此乐器。古代历史上，在春秋时期鲁国人左丘明编写的《左传》中有"一鼓作气"的成语，是有关于军队中用鼓声发号施令的记述。从原始的陶鼓、土鼓、皮鼓、铜鼓，一直发展到了今天种类繁多的现代鼓，鼓一直都是最为人们喜爱和广泛应用的乐器之一。

对于用文献与文物证明历史，观复博物馆馆长马未都先生在其著作《马未都说收藏》的自序中曾经有这样一段话："我们了解历史一般通过两个途径——文献及证物。文献的局限在于执笔者的主观倾向，以及后来人的修饰，因此不能保证客观真实地再现历史。证物不言，却能真实地诉说起文化背景，描述成因。文明的形成过程是靠证物来标定坐标，汇成进程图表。"[①] 为此，笔者抛开枯燥的文献考证，通过中国国家博物馆馆藏的几件鼓的藏品，形象生动地介绍若干历史坐标上鼓的演变。

1. 彩陶鼓，新石器时代后期，马家窑文化，1986年甘肃省兰州市永登县乐山坪出土，长36.9厘米，大口径2.92厘米，小口径9.3厘米。这一地区出土的新石器时期马家窑类彩陶鼓，被史学界称为鼓的"鼻祖"。

"远古时期的鼓分木鼓和陶鼓两类。早期的鼓可能是受到陶罐、陶盆等容器的启发而创造出来的，因此在形式上带有陶器的烙印。木鼓因材料易朽，实物很难见到，而陶鼓则质地坚硬，即使鼓皮、附件等朽烂无存，鼓身却可以保持比较长的时间。由于鼓有良好的共鸣作用，声音雄壮而且可以传送很远，所以在远古时期的祭祀、乐舞、征战、狩猎等活动中多有使用，有时也兼作报时、报警等工具，尤其被尊奉为通天的神器。"[②]

2.青铜鼓，战国（公元前403年-前221年），1975年云南楚雄万家坝1号墓出土，通高40.4厘米，面积47厘米，足径68.9厘米。

"器面平，曲腰，四环耳，中空无底。器腰部饰一周云雷纹。此式青铜鼓大约是春秋中期之后流行于今云南、广西、贵州、广东、湖南等地，与当时中原地区两端收敛的筒形鼓不同，具有鲜明的地方特色。出土此面青铜鼓的云南楚雄万家坝1号墓中还发现鼓面留有烟炱者以及与鼓同形而倒置用作炊具的釜，说明这一地区的青铜鼓系由釜发展而来，而且此时的青铜鼓，尚处在炊具、乐器不分的发展阶段。"③

3.五铢钱纹铜鼓，汉，1954年广西壮族自治区岑溪县出土，通高57.2厘米，面径90厘米，底径87.9厘米。此鼓由鼓面、胸、腰、足四部分组成。鼓面大于鼓腰，胸、腰间铸有鼓耳，可系绳悬吊。鼓面边缘环铸6只蹲着的青蛙，中心有12角光芒体。鼓面和周身间饰五铢钱纹、水波纹和云纹。

"青铜鼓是中国古代南方少数民族的一种重器，在盛大的典礼上作为乐器，在作战时作为战鼓，还可用作葬具、炊具，是古代少数民族贵族统治权力的象征。这面广西岑溪出土的青铜鼓，体型凝重，形象精巧，纹饰清晰。其鼓面中心饰以一轮太阳纹，象征着人们对太阳的敬仰和崇拜。鼓面中心装饰凸起的光体，不但声音容易传播，而且可以起到在重槌之下防止塌陷的作用。鼓面及周身装饰五铢钱纹，是汉代中原地区青铜器上的常见纹饰，表达了人们祈求富贵的美好愿望。"④

西瓯和骆越是百越族的两大重要支系。西瓯主要分布在今广西北部，以桂林为中心，而骆越则分布在广西西南及海南岛、越南等地。早在公元前221年，秦始皇统一六国后，征服了南越和西瓯地区，置桂林、象郡、南海三郡。

"伴随着血与火的武力征伐和中原王朝的统一管理，西瓯、骆越地区的文化风貌发生了很大的变化。秦与西汉时期，大批中原汉人迁居岭南，与越人杂居,西瓯、骆越的文化受到中原先进生产技术的影响。东汉时期，在广西地区墓葬的随葬品中，形制独特的越式器物已不常见，而专门用于陪葬的明器数量剧增，尤其象征庄园

图 7：国家博物馆藏击鼓说唱俑

经济生活的井、灶、仓、圈以及猪、狗、牛、羊、鸡、鸭等家畜、家禽模型大量出现，反映了当时的厚葬风气以及庄园经济的发展，显示了西瓯、骆越地区的文化风貌与中原汉文化已经趋于一致。"⑤根据这一段国家博物馆的文物说明，广西骆越族的历史及其铜鼓的使用与广西花山岩画上"数不清"的铜鼓完全对应。

4. 国家博物馆的镇馆之宝之一，就是举世闻名的击鼓说唱陶俑，来自东汉，明器，1957年四川省成都市天回山出土，高56厘米。在这个陶俑上也出现了鼓的形象。"这是一件富有浓郁民间气息和地方风貌的雕塑作品。击鼓说唱俑头上戴帻，额前有花饰，袒胸露腹，两肩高耸，着裤赤足，左臂环抱一扁鼓，右手举槌欲击，张口嬉笑，神态诙谐，动作夸张，不仅传神地再现了正在说唱的俳优形象，更成为东汉雕塑艺术的代表。"⑥

5. 击鼓陶俑，北朝时期的北魏，明器，1953年陕西省西安市草场坡墓出土，高29厘米。"这座墓内出有仪仗俑约60件，其中击鼓俑3件，吹角俑2件，击锣俑1件，是仪仗俑群中的"鼓吹"队伍。当时，高官才被皇帝赐予"鼓吹"，即敲击和吹奏乐器的队伍。仪仗队中有前部鼓吹和后部鼓吹，官员出行时，鼓吹之声震天，以显示其威赫。"⑦

6. 铜鼓，宋，高26厘米，径46.7厘米，重15.5公斤。"此鼓腹空，鼓面九晕，中有十二芒，芒间夹有曲线纹。鼓身上端相间乳钉，中饰云纹、回纹。下部饰，回纹、云纹，底边饰三角纹。鼓身两侧各有双扁耳。此鼓为我国西南少数民族常用的歌舞乐器，源于战国西汉时期，至明清沿用不衰。"⑧

结合有关鼓的历史文献与文物的对应，大致可以总结出鼓在历史上有这样几种功能：祭祀、军事、庆典，这是鼓最普遍的用途。但是通过上述六件中国国家博物馆收藏的鼓，覆盖了从新石器时代到战国、汉、南北朝、宋等时期，不难得出这样的结论：第一，鼓可能是起源于陶罐、陶盆等容器而发明出来；第二，鼓除了上述四种重要功能外，还具有炊具、报警、报时工具，以及贮存财物和尸骨的功能；第三，鼓的制作是所处历史时期工艺技术水平的反映，同时鼓的制作技艺受到地域文化、民族文化的影响。

四、什么是京西太平鼓

"太平鼓"有广义和狭义之分。初看太平鼓，一般给人的印象是一种乐器，正如鼓在历史上的作用一样。这恰恰是狭义上的太平鼓，指太平鼓舞蹈所用的舞具——单面鼓。实际上从广义讲，太平鼓是一种舞蹈，即以单面鼓为舞蹈器具的一种民间舞蹈。

1. 单面鼓是太平鼓舞蹈的标志，人们以单面鼓代指太平鼓舞蹈。

作为一种舞蹈的舞具，太平鼓所用的道具是打击乐器"鼓"中的一种——单面鼓。这种鼓具是平面型的，面积比较大，但是重量却很轻，就是十来岁的小姑娘抡起来也不很费力，因而很适合用作于舞蹈的器具。

太平鼓舞蹈中所用的单鼓是鼓中的一种，它不同于普通意义上的鼓，没有鼓腔、鼓帮，而是安装有手柄，形如蒲扇，是一种单面鼓。太平鼓不仅是一种舞蹈器具，而且还是舞蹈的伴奏乐器，在太平鼓舞蹈中，这两种作用兼而有之。这种特殊形状的单面鼓是太平鼓舞蹈的标志物，人们看到了这种鼓就知道是太平鼓这种民间舞蹈的专门用具，从而就自然地想到了太平鼓舞蹈，因而也称这种单面鼓为"太平鼓"，并且用这种鼓来指代太平鼓舞蹈。这里所说的"太平鼓"，主要是指太平鼓的广义概念。

2. 太平鼓是一种民间舞蹈的名称。

"太平鼓"不仅是指这种舞蹈所用形似蒲扇的单面鼓，更是指以单面鼓为道具和伴奏乐器，广泛流行在京西地区的一种民间舞蹈，并以此作为这种舞蹈的名称。在进行舞蹈的时候，表演者以带手柄，形似蒲扇的单面鼓作为舞具，并以鼓点儿为音乐伴奏，有的地方还要边舞边唱，这就是这种舞蹈的特点。这种舞蹈最少要由两个人表演，也可以多人同舞。太平鼓的表演有固定的套路，舞蹈表演的基本方式分为两种，一是走队形，二是对舞。现代经过改革，又发展出来了"群舞"。因为太平鼓是以两个人的对舞为主要的舞蹈单元，所以参加表演者的人数一般都是双数。

太平鼓还有许多别称，例如"迎年鼓""胜利鼓""和平鼓""单鼓""猎鼓"等。"迎年鼓""胜利鼓""和平鼓"的名称是仅限于某个历史时期的特殊称呼；"单鼓"和"猎鼓"是个别地区，或从事某种活动时对太平鼓的俗称，只有"太平鼓"这个名称被广大人民群众所认可，认为应该是这种民间舞蹈的正式名称，其寓意吉祥，史籍上也多见记载。

在我国各种鼓具中，大都是以形状、材质、持鼓方式、用途等命名。如大鼓、长鼓、八角鼓、圆鼓；铜鼓、木鼓、铁鼓；手鼓、腰鼓；以及用于军事的战鼓；历史上祭祀所用的雷鼓、灵鼓、路鼓等。而将人们的愿望、理想、期盼赋予鼓名甚少。自古以来，我国各族人民就特别注重吉利、祥瑞的心理感受。在生产力低下的社会环境中，人们与大自然相处和斗争的过程中，避祸祈福的心理诉求和行为规范在生活中广泛存在。太平鼓所表达的正是追求吉祥幸福、欢乐喜庆、社会安定、天下太平等带有强烈主观色彩的情感、愿望的象征物。太平鼓自出现以后曾有扇鼓、迎年鼓等不同叫法，但流传下来太平鼓，可见这一名称更为契合人们的心理，更被社会所认同和接受。采用缘物寄情、托物取喻的方式来寄寓美好向往，是中国人传统的行为方式。太平鼓始于祭祀，活跃于旧时年节，辉煌于当今和平盛世，都可以佐证其祈求太平的文化内涵。

太平鼓既是民间舞蹈的名称，也是舞蹈中的标志性道具，更是民众百姓善良美好的主观愿望的反映。太平鼓所体现的这些文化内涵，是劳动人民在长期劳动生活中逐渐沉积下来的，它深厚、久远而博大，也正是因为太平鼓意味深长，才使其广泛持久地在京西流传，这是毋庸置疑的原动力之一。因为无论社会怎样进步发展，天下太平永远是人们的美好希冀。

3. 京西太平鼓。

太平鼓经过了人们数百年的祖辈相传、多代人的口传心授，至今一直保持着朴实无华、健康活泼的艺术特色。现今在北京地区主要流行的太平鼓集中于西部的门头沟、石景山、丰台、房山等地区，由于地理方位的原因，人们习惯地称这种民间舞蹈为"京西太平鼓"。2006年5月20日，经国务院批准，由门头沟区申报的"京西太平鼓"被列为首批国家级非物质文化遗产保护项目。头沟区申报时特意在"太平鼓"的前面，加上了"京西"二字，正式把这种民间舞蹈的名称定为"京西太平鼓"。

在这四个地区中，以门头沟的太平鼓最具有代表性。太平鼓作为一种老百姓自娱自乐的民间舞蹈，深入门头沟人民的心中。从区域东部的永定河边到西部的百花山下，几乎每个村子的村民都有打太平鼓的传统，从历史上以采煤业为主的工矿区，到西部以农林为业的深山区，到处都可以听见太平鼓的"咚咚"声，太平鼓是门头沟区在春节前后最普遍的一种民间文化活动。

五、小结

从古老而原始的中国岩画上铜鼓的绘制，到依然活跃在今天的京西太平鼓，鼓穿越了中国漫长的历史，跋涉着中国朝代的更迭，它的工艺制作、作用和功能到今天已经发生了巨大的变化。岩画上的铜鼓，与当时的文物对应吻合，也反应了当时人们的生活与习俗，融入渗透在中国历史中，是人类历史发展的一部分。今天，京西太平鼓以其特有的民族特色和地域特色，多次在国家大型庆典上进行表演，并且走出了国门到海外去进行表演。鼓依然焕发着勃勃的生机和活力，见证着国家的繁荣和百姓的安居乐业，在太平盛世中走向辉煌。

参考文献：

①马未都著，《马未都说收藏》，中华书局，2008年，第1页。

②王月前，中国国家博物馆古代中国陈列（二），http://www.chnmuseum.cn/tabid/212/Default.aspx?AntiqueLanguageID=625。

③黄一著，http://www.chnmuseum.cn/tabid/212/Default.aspx?AntiqueLanguageID=1958。

④陈成军著，《文物里的古代中国》中册，2012年，http://www.chnmuseum.cn/tabid/438/InfoID/78408/frtid/285/Default.aspx。

⑤陈成军著，《文物里的古代中国》中册，2012年，http://www.chnmuseum.cn/tabid/438/InfoID/78408/frtid/285/Default.aspx。

⑥王永红著，《文物里的古代中国》中册，2012年，http://www.chnmuseum.cn/tabid/438/InfoID/77923/frtid/285/Default.aspx。

⑦http://www.chnmuseum.cn/tabid/212/Default.aspx?AntiqueLanguageID=765。

⑧乔万宁著，中国国家博物馆古代中国陈列（二），http://www.chnmuseum.cn/tabid/212/Default.aspx?AntiqueLanguageID=765。

谈北京老字号商业文化展的策展探索

孙珂 魏宇澄

老字号,是中国传统商业文化的象征,是民族风情的载体,是珍贵的文化遗产。流传于京城的餐馆饭店食品店、丝绸布帛鞋帽店、茶庄药铺戏园子、书籍文房古玩店等行业的老字号,历经风雨动荡、兴衰沉浮,保留至今。目前,北京地区入选商务部认定的"中华老字号"企业,一共是117家。这些老字号成为古都北京传统商业历史文化生动鲜活的代表,是北京城市历史的一部分。首都博物馆定位为收藏、展示、传播北京地区的历史文化,曾于2007年举办了《城市记忆——北京的城门与城墙》展,2008年举办了《城市记忆——百姓之家》展,可以说"城市记忆"的系列展览与首都博物馆定位吻合,是量身定做的展览。2012年首都博物馆又推出了《北京的胡同四合院》展,这在某种意义上是"城市记忆"系列的延续。近两年来,首都博物馆将目光着眼于北京地区的老字号,从首都博物馆定位来讲,对北京老字号的商业历史文化的传播可谓责无旁贷。这也是首都博物馆立足挖掘城市多面的记忆,一如既往地展现古都北京历史文化的深厚内涵与魅力。延续符合定位的系列展览,就是树立博物馆的品牌。

一、展品来源问题是难点

"巧妇难为无米之炊",做展览,写大纲,文物先行。根据北京老字号协会提供的线索，目前北京老字号的117家企业中仅有以下12家企业，设有自己的企业博物馆或者展室、展厅，分别是位于东城区东兴隆街的同仁堂博物馆；位于前门和怀柔区红星路1号北京红星酒厂内红星二锅头博物馆；位于海淀区玉泉路的龙徽酒厂博物馆；位于顺义空港工业区天福号展厅；位于大栅栏门店的内联升展厅；位于顺义区牛栏山镇牛栏山酒厂的牛栏山酒文化展馆；位于前门的全聚德展览馆；位于东四北大街的盛锡福帽文化博物馆；位于昌平的王麻子历史文化馆；位于丰台区富丰桥的便宜坊历史文化博物馆；位于前门观音寺街的张一元茉莉花茶制作技艺文化展室；以及位于北京珐琅厂的景泰蓝博物馆。

通过走访考察这些老字号博物馆、展室、展厅，我们发现以下问题：一、这些企业的博物馆、展室、展厅设置的目的一般以宣传自己企业文化为主，与通常意义的历史文化类博物馆存在着差别。展览以展板居多，在陈列展品上，一般不局限于有关企业历史的文物，往往不可缺少的是企业的媒体报道、领导访问等。二、展览规模参差不齐，展品数量参差不齐，展品以复制品居多，保留下来的有历史价值的展品比较少。像有的企业负责人反映，体现企业经营历史的大量物件是存在的，但基本都散落在企业的职工手中，企业也曾经想过收集，但非常困难，很多员工愿意自己保留。

而作为首都博物馆，办此类老字号展若想从自身馆藏来解决上展文物也存在着困难。老字号的商业企业绝大多数属于清末民初时期经营至今，这些老字号的文物应该属于近现代藏品范畴。而从2003年5月13日由国家文物局印发的关于《近现代文物征集参考范围》和《近现代一级文物藏品定级标准（试行）》的通知中可以看到，"据不完全统计，目前全国收藏、展示1840年以来的近代文物（含革命文物）的博物馆、纪念馆已达400多所，征集、保管近代文物50多万件。"但通知中指出，我国博物馆对近现代文物普遍收藏较少，有的地区，有的博物馆几乎是空白。除中共党史有关的革命文物较为受重视外，1840-1949年、新中国成立以来具有历史意义的近现代文物史料尚未得到系统征集和保护抢救。在通知

图1：同仁堂博物馆展厅

图2：牛栏山酒文化展馆

中所提到的正是现在博物馆普遍存在的问题，而就首都博物馆来说，也是如此。首都博物馆反映老字号的商业历史文物存在两个特点：第一藏品数量较少，并且不成体系。第二在有限的老字号藏品中，仍有一部分是已经消失的商业字号、店铺的藏品，保留下来的老字号的藏品可谓少之又少。

因此可以说，要举办老字号商业文化展，上展展品的来源是一个难点。

二、展览内容设计瞻前顾后

展览内容初步设想包括五部分，即：字号话古、旧京商事、百年老号、独门绝技、传世以德。

第一，尽可能利用现有文物。由于上文提到的上展展品来源是个难点，因此首先举办老字号展在内容设计上需要考虑，尽可能利用现有文物，包括自身馆藏文物和老字号企业博物馆的文物。比如由于自身馆藏有限的老字号藏品中，仍有一部分是已经消失的商业字号、店铺的藏品，因此在内容设计上，设计一个旧京商事的部分，即是从内容的逻辑上对老北京的商业往事、商业旧貌做一个交代，介绍自元代入主燕云，历经元、明、清三代对北京城的营建、沿袭和改建，层层积淀，递进式的推动北京不仅作为政治和文化的中心，也发展成为最大的商业经济中心；元大都整齐划一，井然有序的街巷规划，以及内外商市的格局；明清北京城商圈的形成和发展；下推民国至今，产生的深远影响；重点包括明清时期的北京，天下商货汇聚于此，商铺云集，而成为孕育北京老字号的沃土等。通过这个部分，把已经消失的商业字号、店铺的藏品利用上，使这部分藏品能够有用武之地，以支撑展览。

又例如，百年老号可以说是老字号展览的核心内容，是展览不得不重点表现的部分。北京明清以来数百年的商业活动中，老字号跋涉着朝代的更迭，几经动荡沉浮，至今深入人心，长盛不衰。百年老号已经不仅仅意味着成功的商业品牌，独到的经营特色，更树立了一种优秀的文化。这种文化包含了每一个百年老号从无到有，从小到大，历久弥新的传奇。而这一个个传奇，浸透的是耕耘、汗水、智慧和坚持，一如既往。

这部分展览的藏品需要成体系地反映百年老号，因此上展展品主要依靠老字号企业的博物馆展品来源。由于各老字号企业的博物馆参差不齐，因此内容设计就需要考虑遴选藏品较为丰富，展陈比较丰满，企业文化工作较为深入的百年老号企业进行表现。这也是出于一个非常现实的考虑。因为保存展品文物较单薄的企业，支撑展览存在着困难。比如创办于1911年的老字号盛锡福帽子店，在做盛锡福博物馆的工作上非常突出，展陈完善，展品丰富，反映企业百年发展各个历史时期的文物都有留存。文物有盛锡福帽盒（民国）、盛锡福帽厂购物袋、吴佩孚题匾、国民政府工商部颁发的商号证书、盛锡福成立二十五周年纪念册、水貂皮麦穗蘑菇帽（近代）、水貂皮麦穗平顶帽（近代）、格拉古美式帽（近代）、木帽盒、漆绘帽盒、藤编帽盒、皮制帽盒、竹编帽盒、50年代为周恩来总理制作的毛呢圆顶帽（复制品）、1957年为刘少奇制作的毛呢圆顶帽（复制品）、民国三十年樟木箱子。照片有车间系列老照片。图版包括传承谱系，即李馨轩照片、李文耕档案、贾宝珍档案。视频有百年老号盛锡福的片子。还有的反映锡福皮帽制作工艺流程复杂，每道工序都要求精益求精，用料讲究，做工精细，是历代皮帽制作师傅在长期生产过程中积累的技术成果。从皮帽裁制开始，通常要经过几十道手工制作工序，包括选皮、配活、吹风、闷皮、平皮、裁制、上浆、熟胎、打口条、绱扇、纤口、成品等工序，都通过展品裁制皮毛的水獭皮、顶刀、人字刀、月牙刀、梯子刀、弧形刀、直刀、鱼鳞刀；工具圆顶帽盔头、帽尺、尺子、裁刀、针篦子、钳子、拍板、奔刀、剪子；以及图版工序流程照片等表现。可以说展陈非常丰满地呈现了盛锡福帽店百年经营的历程。可以说，在展览中选取这样的老字号企业进行表现，就增加了展览的可实现性。

第二，上展文字要严谨斟酌。写大纲，不外乎查阅各种相关资料，占有信息。

图3：盛锡福博物馆展品　　　　图4：盛锡福博物馆展览制帽工序流程

图5：盛锡福博物馆展览制帽工具

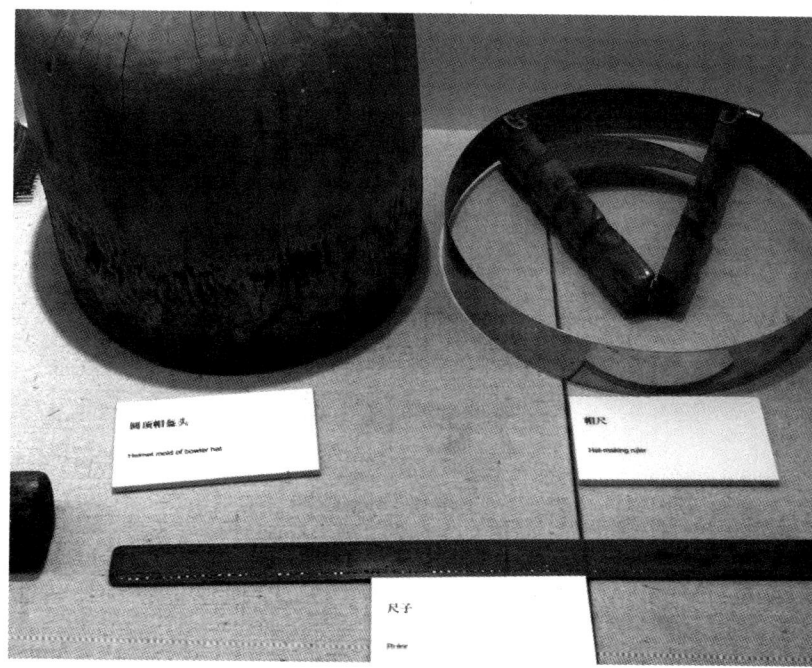

234

在历史文物的展览中，大纲可以有撰写人的学术观点。但是举办老字号商业文化展，文字的严谨斟酌丝毫不逊于博物馆的历史文物展，因为每一个字、每一个信息的准确性都关系到老字号企业的文化、宣传和声誉。某种程度上讲，老字号展览对上展文字严谨性的要求甚至胜于历史文物展，因为文物是历史的，没有生命的，而老字号企业确实活生生地在经营、生存、竞争、发展。

比如不得不说的百年老号同仁堂，同仁堂的资料非常多，但是要在展览中反映的文字，必须经过同仁堂企业宣传部门的严格把关，可以采用大纲专家论证会的形式，一些重要的信息必须依靠企业宣传部门来提供：北京同仁堂是我国中医药行业著名老字号，自创立距今已有344年的历史。据乐氏家谱的记载，同仁堂创始人是北京乐氏家族。乐氏祖籍宁波慈水镇，明代乐良才举家迁京，以走街串巷铃医为生。乐氏的铃医生涯直至曾孙乐显扬。乐显扬精研医药之术，造诣日深，经考试进入清太医院，官任吏目。公元1669年（清康熙八年）乐显扬辞官，在广泛收集传统古方、宫廷秘方、民间验方、祖传秘方的基础上，创立了同仁堂药室（据考，同仁堂当时设在崇文门外花市一带）。乐显扬在创立同仁堂之初，就把保证药品、药材质量放在首位，制药下料精益求精，重在济世养生。

1702年（清康熙四十一年）乐显扬之子乐凤鸣将同仁堂移出家门，在前门外大栅栏路南开设同仁堂乐家老药铺。乐凤鸣继承父志，精通医药之术，在总结前人制药经验的基础上，于1706年（康熙四十五年），分门汇集成册，编著了《乐氏世代祖传丸散膏丹下料配方》和《同仁堂药目》，药目所载药方395首。该书为同仁堂制药建立的严格的选方、用药、下料、炮制、配比和制药的工艺规范。乐凤鸣特别在撰写序言时提出"遵肘后，辨地产，炮制虽繁必不敢省人工，品位虽贵必不敢减物力"的训条，成为历代同仁堂人制药所遵循的古训。

由于同仁堂用药"地道、纯净、上等"，并有严格的药材选用和制药标准，自清雍正年间开始，被皇帝钦定"同仁堂供奉御药房需用药料和代制内廷所需各种成药"。直至清朝灭亡，同仁堂独办官药历经八代皇帝，共一百八十八年。

通过这样的文字审定,才可以说展览对享誉海内外的百年老号企业同仁堂,以及其他老字号企业认真负责,维护了老字号企业美誉。

第三,展览避免引争议。如上文所说,老字号商业文化展不同于博物馆以往的历史文物展,展览内容涉及的老字号企业都在活态地经营、生存、竞争、发展。从实际展览内容策划的操作上来讲,笔者更感到这个展览中,有的时候博物馆人思维与企业经营的思维存在矛盾。比如同类企业,博物馆人思维可能是合并同类项,放在一起进行展示,最典型的就像全聚德的挂炉烤鸭和便宜坊的焖炉烤鸭,做成场景让观众一目了然。然而实际上,这种内容的安排就忽略了在商业中存在的同业竞争。商业有商业的规则,在一个商场中,一个品牌的柜台旁边挨着什么品牌的柜台;在一条街道中,一家店铺两侧是什么店铺,可能都非常讲究。存在竞争关系的对手,恐怕放在一起有欠妥当等等。因此在老字号商业文化展中,有时不能固守博物馆人思维,需要顾及老字号企业与商业规则,避免展览引起争议。

第四,经营理念的表现是展览点睛之笔。博物馆往往侧重的是用历史文物向观众展示古代文明,人们提到博物馆也会常说:"收藏过去,为了今天和明天。"但实际上,社教是博物馆的重要职能,博物馆是进行社会教育的最佳场所。作为博物馆,不仅要通过文物让观众们了解历史与文化知识,思索我们的过去、现在和未来,更应提供一种精神,主张正气,弘扬祖国优秀传统文化,特别是对青少年观众,要使他们来到博物馆参观,能从心灵上有所收获,对他们的成长有所帮助。

老字号企业能够在北京的商业大潮中长盛不衰,赢得传世商誉,与老字号成功的经营之道密不可分。重质守信的商业道德是老字号经营的关键。恪守质量第一的信念,以诚信为本,谋求长久经济利益;在长期经营中炼就的精辟独到的祖训、家训、家规、店规、店训等形式,以及完善的典章制度,严格规范,约束子孙,自觉遵守,不得违越等是老字号商业文化的重要内容。

比如清康熙四十一年(1702年),乐显扬之子乐凤鸣接续父业,在北京前门外大栅栏路南开设了同仁堂药铺。乐凤鸣在《同仁堂药目叙》中告诫后世子孙,"炮

图6：便宜坊焖炉

图:7：内联升千层底布鞋制作技艺现场演示

图 8：张一元茉莉花茶制作工具

图 9：天福号酱肘子制作技艺场景复原

制虽繁必不敢省人工，品位虽贵必不敢减物力"，成为同仁堂世代相传的祖训；"至诚至上、货真价实、言无二价、童叟无欺"的瑞蚨祥店训；以及张一元的理念："宁可人不买，不可人买缺，人品如茶品，做茶先做人"等，不胜枚举。这些店训体现了百年老号是怎么炼成的，是中国传统商业文化的精髓，与中国传统文化提倡的"仁、义、礼、智、信"相吻合，对当今的社会仍然发挥着典范的作用。从某种意义上说，这些理念更是今天的社会所欠缺的，更值得今天的人们学习和提倡。

因此，展览内容设计需要通过反映老字号经营理念的展品、老字号精工细制的工艺制作视频等形式，对老字号的经营之道进行展示。挖掘老字号的文化和无形价值，宣传老字号的品牌和企业形象。这一部分不一定比重大，但要起到画龙点睛的作用。比如同仁堂带有祖训的牌匾；比如张一元的老穿衣镜，是当年在张一元的前门老店，店门口一边设有衣帽架，另一边设有穿衣镜，以方便客人整理衣冠和放置衣帽，表示对客人的一种礼节；还有比如天福号负责企业文化的经理曾经提出一个很好的建议，就是天福号企业在不同的历史时期，经营理念也是在发展变化，可以通过对企业老员工口述史采访，保留视频档案予以表现。总之，要让观众在参观完五光十色的展览之后，能够带回一些"若有所思""似有所悟"。

三、展陈手段突出老字号非遗是亮点

老字号在长期的生产和商业实践中，形成了无法替代的特色商品，优质的服务，精湛的技艺，同时拥有产品生产制作的核心技术，独家配方；老字号传承人通过长期实践培养起来的绝活、绝技、绝艺等，包括这些技艺所使用的工具、材料及工序流程，这些都是老字号创造并延续至今的一笔丰厚的非物质文化遗产，是对传承民族的传统文化做出的卓越贡献。

根据2006年至2009年我国公布的非物质文化遗产名录，北京市老字号共有44个项目入选，其中进入国家级的有26项，进入北京市级19项。其中国家级非

图 10：前门瑞蚨祥店

物质文化遗产名录榜上有名的是：同仁堂中医药文化、荣宝斋木版水印技艺、北京景泰蓝制作技艺、剪刀锻制技艺、京作硬木家具制作技艺、全聚德挂炉烤鸭技艺、便宜坊焖炉烤鸭技艺、盛锡福皮帽制作技艺、内联升千层底布鞋制作技艺、张一元茉莉花茶制作工艺、王致和腐乳酿造技艺、六必居酱菜制作技艺、东来顺涮羊肉制作技艺、鸿宾楼全羊席制作技艺、月盛斋酱烧牛羊肉制作技艺、北京烤肉制作技艺、天福号酱肘子制作技艺、都一处烧麦制作技艺、北京二锅头酒传统酿造技艺、菊花白酒传统酿造技艺、北京宫毯织造技艺、金漆镶嵌髹饰技艺、鹤年堂中医药养生文化、宝斋装裱修复技艺、中国书店古籍修复技艺等。大量老字号产品操作、传播和传承中的知识、技能、工具、工序、经验列入了国家保护之列。

活态的非物质文化遗产，需要活态的展陈手段。因此这部分内容在设计上更需要依靠场景复原、技艺演示、观众互动体验等手段予以表现，生动再现老字号精湛的绝活绝技，作为展览的亮点，以引起观众的兴趣和喜爱。

比如展览借鉴天福号展厅设计的天福号酱肘子制作技艺场景复原，在展厅中设计搭建一口酱肘子的大锅灶，布置上各种酱肘子用的工具，灶下借助灯光、布条等材料模拟燃烧的灶火。最巧妙的是，场景复原中从大锅灶的锅盖下冒出了酱肘子的炊烟，原来这是用心的设计人员在锅盖下放置了一个加湿器，一个天福号酱肘子制作技艺场景得以生动再现，把观众的参观气氛带入高潮。

比如设计瑞蚨祥中式服装手工制作技艺——盘扣儿。瑞蚨祥始建于清末光绪十九年（1893年），创始人山东省章邱县人孟洛川。瑞蚨祥主要经营丝绸、呢绒、棉布、皮货、中式服装及制作，为旧京"八大祥"之首。瑞蚨祥遵循传统制作技艺的镶、滚、拼、盘、贴、荡等，同时增加手工刺绣等技艺。盘扣是中国传统服装制作中的传统特色之一，是纯手工的"绝活儿"。采用盘扣技艺现场演示，也是考虑到其小巧灵活，简便易行，既容易引起中外游客的兴趣，又在展览中容易实现。

还有比如荣宝斋木版水印技艺，是荣宝斋在中国传统雕版印刷技艺的基础上不断改进发展起来的，用以复制古今名家书画作品，向海内外介绍中国名家书画艺术。木版水印的制作工序极其复杂，是根据原作笔迹的粗细曲直、枯润刚柔以及深浅浓淡变化进行分版勾摹，而后刻成若干板块，再对照原作由浅入深，依次叠印，力求体现原作面貌及神韵。其所用纸、墨、色等原料均与国画相同，成品几可乱真。展览可以设计选取木版水印工序中的一道或几道进行现场演示和讲解，甚至让观众参与操作，让普通观众零距离接触和体验中国传统木版水印技艺，加深观众的记忆，也增强了展览的互动性和趣味性。

小结

历史的长河犹如大浪淘沙，商业的历史更因其生存的竞争而多了残酷的一面，新陈代谢恐怕是亘古不变的规律。"头戴马聚源，脚蹬内联升，身穿八大祥""丸散膏丹同仁堂，汤剂饮片鹤年堂"……这些流传的顺口溜成为反映老北京人生活与老北京商业字号的一个缩影。老字号商业文化展的策展，正是在众多博物馆历史文物的展览中异军突起，向观众娓娓讲述一段城市的记忆，那些随着岁月销声匿迹的字号，和那些越做越红火的，而炼就成为生活在今天的北京人依然耳熟能详的"中华老字号"，都让观众在展览中回味到真正历久弥醇的，不仅仅是这些老字号的经营特色，还包括它们无形的商业历史和文化。

谈博物馆应关注近现代工业科技题材

2011年3月,位于天安门广场东侧的国家博物馆经过几年的改扩建工程正式对外开放了。国家博物馆与德国柏林国家博物馆、德累斯顿国家艺术收藏馆、巴戈利亚国家绘画收藏馆共同举办的为期一年的临时展览《启蒙的艺术》,成为国家博物馆开馆后迎来的第一个大型外展。

展览包括九大主题,即:启蒙时代的宫廷生活;科学的视野;历史的诞生;他乡与故乡;爱与感伤;回归自然;阴暗面;自我解放与公众领域;艺术的革命。其中,在科学的视野部分,有这样一幅绘画如图:

绘画的名称是作者是乔治·碧根乘鲁纳蒂做的热气球飞行,作者为尤利尤斯·凯撒·艾伯特逊(1759年–1817年),创作时间约为1785至1788年间,由巴伐利亚国家绘画收藏馆,新绘画收藏馆收藏。这幅画的创作时间属于英国工业革命时期,通过这幅画,引出展览科学的视野部分的主题,向观众讲述现代自然科学的诞生及其对艺术想象的巨大影响。"18世纪掀起了普及科学知识的高潮,各领域已有的知识被集中并通过日益扩大的出版业得到广泛传播,这时的出版业也有了新的媒体。科学研究和学术活动脱离了宗教的背景,也不再局限于宫廷机构。不仅大学,研究院、市民沙龙甚至集会都成为了科学现象的教育场所和寓教于乐的场所。科学家受到尊敬,他们的发现造福人类,成为征服自然的工具。进步是不可抑止的,带着这样的信念18世纪为19世纪的发展及工业革命的发生奠定了基础。"[①]

图1：国家博物馆启蒙的艺术展

一、关于英国工业革命

"工业革命是资本主义发展史上的重要转折。它是由技术革命引起的资本主义工业化的起点,是从工场手工业生产向以工厂制为基础的大机器工业生产的重大飞跃。它改变整个社会的经济结构,开始摆脱长期以来的传统农业社会,代之以工业化、技术化和城市化的近代工业社会。"[2]

"英国是工业革命发生最早的国家,也是工业革命及其后果表现最典型的国家。"[3]

英国的工业革命首先是从纺织业开始的。18世纪60年代,织工哈格里夫斯成功发明的"珍妮纺织机"标志着工业革命在英国乃至世界的爆发。英国工业革命历经80年,使英国很快取得在国际上的工业垄断地位,并以出口机器和多种产品而成为"世界工厂"。

英国的工业革命,带来了前所未有的巨大影响。大大提高了劳动生产率,提高了劳动强度和劳动时间,引起了由手工工场工业向工厂工业的变革。"英国的棉布产量,1769-1830年增长了15.5倍;煤产量1700-1840年增长了12.8倍;生铁产量1740-1850年增长了120多倍,其钢铁产量已占资本主义各国总产量的60%以上。"[4]英国出现了空前繁荣,到19世纪50至70年代,英国经济发展到了鼎盛时期,把其他国家远远抛在后面。

二、工业革命与近代中国

几千年来封建的中国一直维持着传统保守的生产方式,没有进取与变革。英国的工业革命成为了变革世界的引擎,它直接导致英国加大海外殖民扩张,打开了闭关自守的中国大门,击碎了自满的清朝政府做的"天朝大国"的美梦,使封建中国沦为半封建半殖民地国家。

1840——1842年第一次中英鸦片战争爆发,中国翻开历史上沉重屈辱的一页。

1842年，清政府与英军签订了中英《南京条约》。1843年7月，中英补订《五口通商口岸章程》。同年10月，中英签订《虎门条约》。1856年——1860年第二次中英鸦片战争爆发，先后签订了《天津条约》《北京条约》以及后来的《马关条约》《辛丑条约》等不平等条约。

有荷兰学者曾对工业革命的英国作出这样一番评价："如果离开科技的突破创新，工业革命后西方世界所出现的经济稳步增长是难以想象的……英国的优势在于对实用性发明的密切关注，能够将其迅速投入使用并广为传播。学者、工程师、企业主和手工工人之间的关系非常密切，他们对科学有非常相似的认识……可以肯定这样一点——工业化早期的英国已经具备了推动科学技术发展的诸条件。"⑤

而其对于近代中国的认识是："清朝的中国绝不是一个开放的国家……人们称中国文化自满、保守……位于其社会金字塔顶端的人们一成不变的特点是：精通书法，善于吟诗作对，并且满腹经纶。只有通过科举考试，才能步入仕途，获得尊重和威严。成千上万的有识之士数年寒窗苦读，只为金榜题名。中国人没有给予科学和技术高度的重视。诚然，中国人在久远的过去发明了火药、造纸术、印刷术和指南针，但并没有做到物尽其用……"⑥

工业革命导致近代的中国远远落后于欧洲，使封建时期的中国失去了领先世界的地位和太平盛世的局面，社会动荡加剧，主权沦丧。中国的有识之士们，掀起了一次又一次救亡图存的高潮。从太平天国运动，到洋务运动，再到辛亥革命。正像毛泽东在《论人民民主专政》中提到："自从一八四〇鸦片战争那时起，先进的中国人，经过千辛万苦，向西方国家寻找真理。洪秀全、康有为、严复和孙中山，代表了中国共产党出世以前向西方寻找真理的一派人物。"⑦

三、关于中国近代工业与民族工业

"1840年以后的中国近代工业最早由外国资本创办,鸦片战争后不久便在广州、上海等通商口岸出现。清政府官办的军事工业创始于19世纪60年代;民族资本经营的近代工业开始于19世纪70年代初期。"⑧

兴办近代军事工业以"自强"。1861年,曾国藩创建安庆内军械所。1865年,李鸿章创办江南制造总局。1865年,李鸿章创办金陵机器制造局。1866年,左宗棠开办福州船政局。1867年,崇厚创办天津机器局。1891年,张之洞创建湖北枪炮厂。

兴办近代民用工业以"求富"。19世纪90年代,共创办民用企业20多个,以轮船招商局、开平矿务局、电报总局和上海机器织布局为重要代表。

"各省制造军械、轮船等局,所需机器及钢铁各料,历年皆系购之外洋……若再不自炼内地钢铁,此等关系海防边防之利器,事事仰给于人,远虑深思,尤为非计。" 这是1889年,张之洞上奏清廷,请求举办汉阳铁厂。

又有张謇在大生纱厂的《厂约》中说:"通州之设纱厂,为通州民生计,亦即为中国利源计。" 张謇在宣统二年(1910年)十月的《江苏教育总会咨呈江督、苏抚、宁苏提学司请开办实业教员讲习所文》中述及:"窃维环球大通,皆以经营国民生计为强国之根本,要其根本之根本在教育。欲图自存,势已岌岌,舍注重实业教育外,更无急要之计划。"⑪

还有如郑观应在所著《盛世危言》的自序中曾说:"应虽不敏,幼猎书史,长业贸迁,愤彼族之要求,惜中朝之失策。于是学西文,涉重洋,日与彼都人士交接,察其习尚,访其政教,考其风俗利病得失盛衰之由。乃知其治乱之源,富强之本,不尽在船坚炮利,而在议院上下同心,教养得法。兴学校,广书院,重技艺,别考课,使人尽其才。讲农学,利水道,化瘠土为良田,使地尽其用。造铁路,设电线,薄税敛,保商务,使物畅其流。"⑫

郑观应在论及船政时说："今欲维时局，扩远图、饬边防、简军实，上则固我疆圉，屹雄镇于海防，下则富我商民，通外洋之贸易，乘时奋发，思患预防，其必以船政为急务矣。"⑬

以上述为代表，管窥近代工业的实业家们之精神，富国强民，又怎为一个"钱"字了得。

然而实业家们在实现美好的理想蓝图的道路上因为历史条件的制约；因为人才、经验的缺乏；因为技术的落后，历尽艰辛。早期比如张之洞兴办汉阳铁厂，由于经验缺乏，为炼铁厂向英方购得的机炉设备不适用于冶炼大冶的铁矿石，炼出的铁质次价高，汉阳铁厂理想落空。

左宗棠创办的兰州机器织呢局，只看到西北地区盛产羊毛，但未对实地情况进行调查，结果生产的羊毛质粗，不成呢布，无法使用，大堆地堆着等着发霉。

不管怎样，近代中国的工业化顽强地向前迈出了一步。

继之以后出现的民族工业，涌现了像近代中国著名化学家、实业家范旭东等人物，他创办久大精盐公司、永利碱厂和黄海化学工业研究所，抵制洋碱，建立中国人自己的制碱工业，1926年，其公司研制生产的"红三角"牌纯碱获美国费城万国博览会金质奖章，先进优质的制碱技术领先世界。"1928年范旭东创办了《海王》旬刊。该刊在范旭东的主持下制订了'永久黄'团体的'四大信条'：一、在原则上绝对相信科学；二、在事业上积极发展实业；三、在行动上宁愿牺牲个人，顾全大局；四、在精神上以服务社会为最大光荣。"⑭

与范旭东并称"北范南吴"的化学家、实业家吴蕴，因为看到日本味精充斥中国市场，从而激发了研制国产味精的巨大动力，在极其简陋的条件下取得成功，研制的味精畅销全国，为了民族工业的发展，他主动放弃了专利权。

近代中国第一家采用机器生产葡萄酒的企业——张裕酿酒公司，其创始人张振勋因清政府驻英公使龚照瑗的一席话："君非商界中人，乃天下奇才，现中国贫弱，何不归来救国"⑮，历尽艰难，锲而不舍，生产出了享誉中外的金奖白兰地。

还有民族资本主义轻工业企业南洋兄弟烟草公司，1905年由日本华侨简照南在香港创立，受到英美烟草公司的竞争和打击，几近歇业。后经简氏家族成员注资支援，加上一战期间帝国主义无暇顾及，南洋得到增长和扩大。1918年，向"北洋政府"注册，改组有限公司，移至上海，但曾三次险遭英美烟草公司的吞并。为对抗竞争，南洋开始募集股本，改组企业，但在竞争与税捐加剧的情况下，由盈转亏，至1937年企业奄奄一息，便依附了宋子文官僚资本集团。解放后，实现公私合营，核定资本为848万元。

五十三年的南洋历史，是一部有关命运、生存、曲折、抗争的民族工业企业史，然而犹见民族工业之性格与精神，正如南洋的一位资本家简玉阶所说："我营业之增进多借国货二字为号召，故得社会人心之主力，至有今日。……若一旦屈降外人，纵不为社会所唾骂，亦令提倡国货者灰心。而我公司营业必从此失败矣。"⑯

四、对于博物馆的启示

抛开英国的工业革命，中国近代工业与民族工业。让我们看看19世纪60-70年代二次工业革命，跨入电气化时代，爱迪生发明了一个灯泡，全世界都亮了起来；柴油机、发电机、电动机、缝纫机、打字机、电话、汽车的诞生改变了世界……

让我们记住还是在"一五"计划时期，毛主席曾经讲过的一段话："现在我们能造什么？能造桌子椅子，能造茶碗茶壶，能种粮食，还能磨成面粉，还能造纸，但是，一辆汽车、一架飞机、一辆坦克、一辆拖拉机都不能造。"⑰

作为博物馆，我们在展览历史、文化、艺术的同时，在展示黄花梨的明代文人性格和元青花稀世之美的同时……是不是也应该更多地引进并向观众朋友们介绍工业的故事，围绕反映工业的遗址遗迹、历史实物、重要人物、重大事件、图片、文献、视频资料等，让大家了解关注工业的历史与发展；文明与历程；奋斗与精神，并有所启迪呢？

　　今天的我们，在享受改革开放三十多年来带给中国经济高速发展的成果，珍惜美好生活的同时，更应当学习历史，懂得历史，以史为鉴。今天的中国在很多领域，包括工业领域，仍然与西方发达国家存在差距，中国的发展还有很长的路要走，这也是博物馆更好地实现社会价值，进行公众传播的教育责任之所在。

参考文献：

① 国家博物馆官网 http://www.aoe2011.com/cn/intro_content_02.php.

② 主编刘宗绪，《世界近代史》，北京师范大学出版社，2010年，第123页。

③ 主编刘宗绪，《世界近代史》，北京师范大学出版社，2010年，第123页。

④ 主编刘宗绪，《世界近代史》，北京师范大学出版社，2010年，第128页。

⑤ 皮尔·弗里斯著，《从北京回望曼彻斯特——英国、工业革命和中国》，浙江大学出版社，2009年，第20页。

⑥ 皮尔·弗里斯著，《从北京回望曼彻斯特——英国、工业革命和中国》，浙江大学出版社，2009年，第33页。

⑦ 中国人民大学中共党史系组编，《中国近现代史概要》，中国人民大学出版社，2007年，第45页。

⑧ 吴申元主编，《中国近代经济史》，上海人民出版社，2003年，第77页。

⑨ 李志英著，《近代中国资本主义经济形态的多重考察》，商务印书馆，2008年，第5页，第16页。

⑩ 张绪武著，《我的祖父张謇》，上海辞书出版社，2008年，第31页。

⑪ 张绪武著，《我的祖父张謇》，上海辞书出版社，2008年，第75页。

⑫ 郑观应著，《盛世危言》，中州古籍出版社，1998年，第50-51页。

⑬ 中国史学会主编，《洋务运动》（一），上海人民出版社，上海书店出版社，2000年，第558页。

⑭ 作者谓知，《中国文物报——范旭东与黄海化学工业研究社》，2011年11月24日。

⑮ 李志英著，《近代中国资本主义经济形态的多重考察》，商务印书馆，2008年，第5页，第129页。

⑯ 黄逸峰、姜铎著，《中国近代经济史论文集》，江苏人民出版社，1981年，第28-29页。

⑰《中国共产党历史》，中共中央党史研究室著，中共党史出版社，2011年，第200页。

谈博物馆临时展览策划工作的几点思考

引 子

参加博物馆工作伊始，我的工作便与博物馆的展览结缘，当时被分到首都博物馆的陈列研究部民俗组，首先从事首都博物馆新馆《京城旧事——老北京民俗展》的筹展工作。从展览大纲的论证，到形式设计的几经更改；从上展文物的遴选、征集、复制到展览多媒体脚本的撰写，都一一亲历。

然而在 2005 年 9 月文物上展前夕，我服从单位安排，调入同属于陈列研究部的精品组，参与到新馆的《古代陶瓷艺术精品展》《古代佛造像艺术精品展》《古代绘画艺术精品展》《古代书法艺术精品展》《燕地青铜艺术精品展》《古代玉器艺术精品展》《书房珍玩艺术精品展》这七个专题陈列的工作当中。

如果说在民俗组经历的是专题陈列的前期筹备，那么在精品组，我参与了全部七个精品专题陈列的布展实施工作。从见证新首博第一件文物——北魏太和造像的上展，到最后的《古代玉器艺术精品展》布展完毕，清扫封柜。

2005 年 12 月 16 日，首都博物馆新馆正式试运行，对外开放。

随着新首博的开放，还包括《古都北京·历史文化篇》和《古都北京·城建篇》在内的 11 个固定陈列，面临的工作就是日常的整改，然而国内外大大小小的临时展览接踵而来，工作重心转向了临时展览，我主要参与了《北京声音》和《美洲豹——墨西哥古文明展》。特别是在我 2006 年 7 月调入首博的策划部以后，全部工作都投入到新首博的临时展览当中。几年来在策划部从事临时展览的工作经历，让我对博物馆的临时展览从感性的认识转而多了几分理性的思考；让我从在陈列部时仅仅停留在从内容上把握展览到可以从资金、藏品、人才、场地、管理等多个角度更为实际和综合地考量一个展览；让我从在首博经验丰富的老同志的工作带动下，走向协助——学习——掌握的工作成长过程。

在此，谨以此篇论文，说说我从事首都博物馆策划部临时展览工作的一些思考与认识。

一、临时展览策划，不仅是策划书的推出，更是具体实施

翻开《现代汉语词典》，"策划"一词的解释是"筹划""谋划"。"策划"是个中性词，它随着改革开放的脚步，出现在中国的经济、文化等各个领域。

就博物馆这个行业来说，通常人们对策划的认识，仅仅停留在推出一个展览主题，写出一本展览策划书。

然而，这只能是观念中的策划，这种理解存在着片面性和简单化。而实际的策划，特别是通过在首博策划部的工作实践，我体会到，博物馆的展览策划，不仅是一本展览策划书的形成，更是在总体策划思路指导下从事的组织协调与具体实施工作。

首先是一本策划书。策划书，是临时展览，特别是博物馆推出自主创新临时展览的先行。它需要策划人对国家及博物馆所在地区的大环境；博物馆自身性质与定位；专业的历史、文化、艺术知识；以及展览具体操作实践经验都有一定的认识与积累。以我在 2009 年撰写的《燕京匠韵——北京宫廷手工艺精品展》策划书为例，它包括了环境背景分析；执行方案分析；资金使用分析三个部分。这是

结合首博作为北京地志性大型综合博物馆的自身定位，立足北京历史文化，计划推出的"京味儿文化系列"展的内容之一。

策划书中首先从宏观环境、微观环境、以及环境评估这三方面，对《燕京匠韵》的推出进行了阐述。其中，宏观环境分析包括了对展览大环境，即北京市的政治、经济、文化环境，北京宫廷手工艺作为非物质文化遗产的保护政策环境，以及北京传统宫廷手工艺发展的现状三方面进行了分析。同时，展览又处在自身的微观环境中，要对微观环境加以分析，这包括博物馆自身的环境分析，比如博物馆的定位、性质、举办的以往展览种类、学术研究成果专长等；目标观众群分析以及展览市场竞争环境分析，包括所在地区哪些博物馆在哪几年推出过类似题材的展览，取得了怎样的反响等。最后是对上述几项分析进行环境评估，明确这次博物馆办展的优势与劣势。

执行方案分析，是展览开展组织实施工作的基础，这一部分要做到切实可行，并且要具备可操作性。主要包括了对展览主题；展览意义；展览基本情况；展览内容与形式设计主导思想；展览期间学术讲座；展览宣传；展览纪念品经营等几方面的阐释。同时如果可能的话，还可以结合展览特点，增加比如展品遴选标准、展览合作、多媒体制作、展品捐赠等内容。

最后是展览的资金使用分析，这一项是必不可少的，主要是将展览实施中发生的费用尽可能地预料到，涵盖其中，做出一个合理的全面的展览预算，以便财务部门对展览资金进行调配和博物馆对年度展览经费使用作出规划。

然而，就是这样的策划书，也只能是一个展览的粗线条框架。只是一本策划书，单单纸上谈兵，是不具可操作性的策划。博物馆很多临时展览甚至是没有策划书的，比如就目前首博的临时展览来说，一些配合政府行为的展览，展览主题就是与时俱进、贴合时事，完成政府宣传的任务；又比如一些国际著名的博物馆，他们通过使馆及文化部等机构将展览引进到博物馆，其展览主题已经经过了对方的长期准备，相当成熟；也有一些机构的小型展览，因为展期短、规模小，也不做策划方案等等。

同时，即便一些展览在前期制定了出色的策划书，但在面对实际问题时，无法解决，也会造成展览的失败。比如首博与宝岛台湾两仪文化公司计划于2010年举办的《华绣》展，这是一个以表现台湾绣画大师的传世精品与艺术人生为内容的展览，两岸办展同仁都为此做了长期的筹备，并撰写了图文并茂，激动人心的策划书。展览的日期、场地、展品目录、捐赠作品等事项都已经敲定。但是就是在实施的具体问题上，包括展览的运输、保险、设计、制作、图录等工作及发生的费用由哪一方来承担上，经过反复谈判，始终不能达成一致，最终造成了展览失败。

因此，在临时展览的策划工作中，具体实施就显得尤为重要。无论有没有策划书，在展览的具体实施过程中都要遇到各种各样的十分具体、十分细节的问题。如果说展览策划书的制定是和文字打交道的话，那么临时展览的具体实施就是和人打交道，要随时与办展方、与馆领导、与相关各部门的负责人及参与者进行及时的协商、沟通与协调。这要求临展策划人不仅仅具备文字能力和专业知识，更要有很强的执行能力和组织协调能力。临时展览的圆满完成，最终还是要依靠具体实施。

二、临时展览前期筹备，细节决定成败

中国古代先秦思想家荀子曾在《劝学》一文中这样写道："不积跬步，无以至千里；不积小流，无以成江海。" 从事过临时展览的前期筹备工作的人，对此句话的理解尤为深刻。的确，临时展览的前期筹备工作，就是一点一滴，点点滴滴，解决每一个环节的问题，落实完成每一步工作，最终推动展览如期顺利开展，可谓细节决定成败。

目前，首博的临时展览前期筹备工作，主要包括展览前期谈判；准备材料向

图1：香港珠宝展展品

图2：香港珠宝展展品

上级机关报批各种手续；制定与签署展览合同；与馆外相关专业展览服务商进行接洽；协调本馆各相关部门工作等，短短几句话，蕴涵的工作却细致繁杂，其中也包含了巨大的工作量和需要承受的工作压力。

以 2010 年筹备的香港珠宝展为例，香港珠宝展，全称《心语神工——雕刻珠宝艺术展》，是首博与香港世英腾韵国际有限公司合作在首博于 2010 年 4 月至 6 月展出的展览，展品以珠宝为主，表现人的心灵与宝石的对话，展示设计师将精神与意念赋予石料，精心设计的雕刻与珠宝艺术精品。

展览首先在谈判中，需要明确双方在此次展览中的角色——是主办、承办、协办还是赞助、支持单位。然后初步确定展览的基本情况，包括展览时间（含展览开幕时间、闭幕时间、布撤展时间）、展览场地、展品数量、展览主要内容等。第三，就是双方要就展览中各自承担的责任、履行的义务（包括展览场地提供、展览运输、包装、保险、展览设计、制作、图录出版、开幕式等内容的工作及发生的费用由哪一方承担等）进行谈判。

接下来就是准备材料，向北京市文物局与国家文物局报批各种手续，其中包括提交举办展览的请示；办展单位的推荐函；展品目录（包括展品名称、编号、数量、尺寸、重量、质地、完残程度、估价等信息，如果是文物展品，还包括年代、级别、收藏单位等）；办展双方的协议草案；开幕式方案及安保预案这几项材料。

但是在办展过程中，对上述材料的准备并不是能一次到位。比如展品目录，有些办展单位不能一次提供完全展品目录需要的信息。而就此次《心语神工》香港珠宝展而言，世英腾韵公司对展出的 197 件展品信息，修改了多次。在整个材料已经报到北京市文物局和国家文物局后，仍有十余件展品需要修改和替换，这不仅仅是增加工作量和进行返工的问题，还会影响到整个展览报批手续的工作进程，而这一环节的拖沓，又会导致批文下发时间过晚而耽误展品的运输、报关，进而影响到后面展览的布展，甚至是影响已经确定的展览开展时间。

展览的协议也不是一蹴而就的，起草之后，需要经双方律师反复修改。有时会细致到,就某一个条款,甚至是某一个词语,双方会各执己见。此次香港珠宝展中,乙方(香港世英腾韵有限公司)在协议中对甲方(首都博物馆)的责任中增加了一条:"如因甲方或甲方人员蓄意破坏或疏忽而导致展览作品有任何损失、损毁,甲方必须负责赔偿乙方。"经过我方律师修改,协议中,将"或疏忽"去掉,并将"必须"修改为"应"。将修改后的协议书再次返给乙方,并经过双方协商后,最终乙方接受了我方律师的修改意见。可以说最终协议的签订,也是双方基于真诚合作的意愿,在坚持原则的前提下,相互妥协,才能达成共识。而在协议的签署中,用什么样的笔签署这种细节常识,都是要留意的。香港珠宝展中,对方用了圆珠笔签署,并加盖了公章。但圆珠笔签字在法律上是无效的,在存档中字迹也会因日久天长而褪去。因此,我方坚持要求对方重新签署一份用黑色或蓝黑色钢笔签署的协议,而将用圆珠笔签署的协议作废。

待整个上级机关批复展览后,就是与办展方、各相关部门以及展览服务商就展览的具体操作进行组织协调开展工作了。这其中可能包括,展品如何运到博物馆;海关何时到库房查验展品,查验多少箱;双方确认展板设计视觉效果;户外广告设计效果确认;展柜电检;发布会记者签到;开幕式嘉宾数量、在何地等候、是否佩戴胸花、请柬印制多少份;展览中是否允许拍照;以及有关布展的大量非常细节的工作。每个展览在大的工作框架上十分相似,但每一个展览在具体细节和出现的问题上又因展览而异。这就需要依靠我方筹展人员丰富的办展经验、责任心、细心、耐心以及处理突发事件和紧急事件的应变能力。

三、临时展览是短期行为,但需要长期规划

在国家文物局主持的文物博物馆系列教材《中国博物馆学基础》一书中,是这样对陈列与临时展览进行定义的:"博物馆有长期展出、比较稳定的陈列,也有短期展出、经常更换的陈列。在我国博物馆界,一般习惯上将前者叫作陈列,

将后者叫作展览，或称临时展览。"①书中还说："临时展览一般小型多样，经常更换，展品的选择较为自由，可以较多的利用模型、复制品和照片等，有时甚至可以照片或美术作品为主，陈列内容结构和艺术形式也比较灵活。"②

然而就今天博物馆的临时展览而言，它已不仅仅局限在"小型多样"，很多展览，无论在藏品、人力、场地、资金等资源的投入上，还是在展览期间观众人数和博物馆取得的社会效益与经济效益上，可以说都是规模宏大，影响深远的。这些临时展览往往在前期筹备过程中，经过了精心的策划与酝酿；在具体实施过程中，也受到来自各方领导及上级部门的重视与支持。这其中既包括本馆自主创新的临时展览，比如首博的《城市记忆》系列展；也包括与国内各省市博物馆合作的临时展览，比如2008年首博隆重推出的《中国记忆——五千年文明瑰宝展》，以及与国际上知名博物馆合作引进的临时展览，比如《世界文明珍宝——大英博物馆之250年藏品展》和《卢浮宫珍藏展——古典希腊艺术》等。当然，从时限的角度而言，这些展览只能是临时展览，因为一般情况下，最长的展期也是两三个月，短的可以仅仅一周。可以说，临时展览仍然是博物馆的一种短期行为。

但是，临时展览作为博物馆的短期行为，其重要的意义又是不言而喻的。它可以满足不同层次的观众多元化、多样性的文化需求；可以促进馆际之间的互助合作与交流；可以培养和锻炼人才队伍；可以提升博物馆的价值与影响力，可以打造博物馆特色与品牌等等。因此，看待博物馆的临时展览，必须要具有长远的发展眼光。对临时展览这种短期行为，要进行长期规划。

2010年起草的《首都博物馆2011年——2015年临展工作五年规划》，使我深感对博物馆临展工作进行长期规划的重要性。临展长期规划必须纳入到博物馆总体发展战略之中，是总体发展战略的重要组成部分，是博物馆临展工作的阶段性远景目标与方向，对博物馆围绕临展开展各项工作具有重要指导意义。

《五年规划》中，首先是对上一个五年工作的概述，诚实总结过去五年临展工作的得与失，正是基于以往的办展经验，吸取教训，从而制定未来的规划。

第二，是提出五年规划的总体思路，这其中需要首先强调博物馆自身定位，因为整个规划的制定要紧密结合本馆定位与性质。再次，是对总体办展思路的阐释。就首博来说，是阐释"天·地·人·和"的展览体系，以及对于包括与国外博物馆合作引进的展览；与国内博物馆合作的展览；与各类社会团体合作的展览；自主创新展览；赴外交流展览等几大类型展览思路的阐释。

第三，是未来五年临展工作需要实现的主要工作指标，包括上述几大类型展览，以及博物馆建立自主展览项目库，需要完成达到的项目数量。

第四，是对临时展览环境与条件；工作组织与管理等实际问题提出要求。

最后，是未来五年临展工作要实现的总体目标，这里可以包括展览水平的提升；博物馆品牌的树立；社会效益与经济效益的实现；人才队伍的培养与锻炼，以及交流与合作的巩固与扩大等。

应该注意的是，长期规划的制定要做到科学合理，切实可行，确保有条不紊地加以贯彻落实。无法实现的规划，只能是"空想"。同时，还应强调，长期规划也应根据实际情况，特别是在未来面对不可预期的情况时，可以做出调整。

当然，临展工作长期规划的实现，还是要靠每一个短期行为的临时展览，一步一个脚印，脚踏实地。

四、结语

临时展览是博物馆的活力所在，临展工作是博物馆业务工作的重要内容。过去的策划部临时展览工作，让我得到了锻炼与成长，但同时也深感经验的不足。在未来，更要及时思考与总结，不断积累经验，努力提高博物馆临展工作理论水平与实践能力。

"循序渐进，不懈努力。"谨与读者朋友们共勉。

参考文献：

①王宏钧：《中国博物馆学基础》，上海古籍出版社2005年版，第246页。

②王宏钧：《中国博物馆学基础》，上海古籍出版社2005年版，第247页。

谈博物馆临时展览工作实践的再思考

引 子

  自2010年起,我开始真正担任博物馆临时展览及大型活动责任人的工作,担当的第一个展览是《心语神工——香港雕刻珠宝艺术展》,此后,先后负责了2011年《物得其宜——黄花梨文化展》;2011年大型活动第八届"人与交通"摄影大赛闭幕式及《变迁中国——朱宪民从事摄影五十周年摄影展》;2012年《盛世丹青咏乾坤——刘宇一从艺50年回顾展》;《京华雅韵——古都北京文化珍品展》;大型活动"祥龙瑞彩——博物馆里过大年"展览开幕式暨"首都书法家书写北京精神";2014年《"全国低碳日"应对气候变化主题展览》;《中国梦·我的梦 非物质文化遗产蔚县剪纸展》;2015年《博物馆过大年——大美吉羊展》等共计八项临时展览,两次大型活动。同时,还参与到了2011年纪念建党90周年《奔向光明——中国共产党北京革命足迹》展览和2013年《北京老字号文化展》的大纲撰写协助工作中。我已经真正深入到博物馆临时展览的业务工作中,并不断在锻炼中走向成熟。

  在此,以在首都博物馆博物馆展览部门工作十二年的经历与体会,谈谈我对于博物馆临时展览实践工作的若干思考。

一、临时展览选题策划的两个着眼点

1. 做定位就是做品牌

首都博物馆是北京市的综合性博物馆，直接隶属于北京市文物局。首都博物馆新馆于2005年12月建成试运行，2006年5月18日正式开馆。新首博以其宏大的建筑、丰富的展览、先进的技术、完善的功能，发展为一座与北京"历史文化名城""文化中心"和"国际化大都市"地位相称的大型现代化博物馆，并跻身于"国内一流，国际先进"的博物馆行列。

首都博物馆的定位是北京地区一流的现代化大型综合性博物馆，是保存北京历史遗存的宝库，展示中华文明的窗口，学术研究和成果利用的基地，社会教育和文化活动的中心，中外文化交流的平台。

坚持"以人为本"的建设和经营理念，即以大众需求为根本，以社会发展为导向，以先进科技为依托，以成果创新为动力是首都博物馆展览的总体指导思路。

首都博物馆在开馆之初的临时展览工作中，由于举办了一些列高层次、高水准的展览，已经获得了社会的认可。然而在之后几年的临时展览工作中，由于缺乏临时展览的长远规划和计划，增加了"临时性"的风险，显示出零散感。很多初衷是形成系列的展览，已经取得的成绩和认可，没有坚持延续下去，感觉新馆开放不知不觉已近十年，然而临时展览仍然总是不断重新起头做系列展。

首都博物馆的临时展览，应紧密结合首都博物馆自身性质、定位与北京地区历史遗存的资源优势，紧扣"城市博物馆"的地域特色，将对北京史地研究的成果转化到展览当中，推出首都博物馆自主策划、设计的系列主题展览，打造自主品牌，并完成系列的延续。可以说，做定位即是做品牌。打个比方就像百年老号的商业企业做品牌一样，同仁堂就是制药，全聚德就是烤鸭，稻香村就是糕点等等，坚持百年。只有凝固住博物馆的定位，将自主系列展览坚定不移地延续做下去，才能形成首都博物馆具备高度专业水平与大众认知度的"品牌展览"。与此同时，在社教、出版、宣传、网站、文化产业等方面，也要推出与"品牌展览"相辅相成的特色鲜明的"品牌"成果，创造首博的综合品牌效应。也只有这样，在国内外的博物馆界，首都博物馆才能以自己的特色屹立于一流博物馆行列。

2. 临时展览选题的推陈出新

从《首都博物馆建馆十周年纪念文集》中可以了解到，自设立在北海天王殿的首都博物馆前身——"首都历史与建设博物馆筹备处"成立，1958年开始举办第一个展览《十三陵水库展览》至今，通过"历年展览统计表"可以看到，首都博物馆在当年，举办过三次李大钊同志纪念展；三次一二·九运动纪念展；三次齐白石绘画藏品展；三次孔子生平事迹展，五次北京春节民俗展，三次中国古代钱币展，和若干次首都博物馆征集捐献文物展。

特别是在80年代里，首都博物馆的"北京简史"作为基本陈列，体系完整全面，以通史角度介绍北京历史发展进程，成为首都博物馆的展览基础与核心。多次举办的临时展览"北京春节民俗展览"及"北京岁时风俗展览"等，成为首都博物馆以收藏、研究、展示老北京民俗为内容的京味儿特色展览。另外包括举办的"馆藏近代中国画展""拣选古代青铜器展"等，可以说这些为后来首都博物馆新馆筹建的11个常设展搭起了以首都博物馆馆藏资源为基础的初步框架。

时至今日，已经建馆三十余年，可以看到，早年的临时展览偏重政治性，而后期特别是首博新馆开放以来，临时展览则更多反映了文化的多样性，这是临时展览随着时代和社会的变化而发生的改变。然而不能不说的是，一些临时展览的选题仍在重复前人之作。此外也有一些展览，因为四处巡展，造成千馆一面。缺少以立足本馆科研为基础的研究成果用于临时展览，是目前临时展览选题过程中存在的问题，降低了临时展览的广度和深度。

只是举个例子，比如首都博物馆馆藏两万余件契约文书，一直平静地躺在库房中，不曾与世人谋面。而契约文书的研究一直是近年来学术研究的热点问题，涵盖了经济史与法律史，有其独特的研究价值与魅力。然而这类文物的研究在首都博物馆还显匮乏，不能及时将研究成果转化为让观众可亲可感的临时展览。

再有比如虽然举办了馆藏的书画精品展、陶瓷精品展、青铜器精品展等，是不是可以巧设心思重新组合，推出带有诗词的文物精品展等，挖掘新颖的展览选题，我想也将给观众带来耳目一新的感受。

关注学术热点、社会热点，包括调动馆内员工特别是青年员工的积极性，发挥馆内人力资源的研究力量，不断将临时展览推陈出新，将专家们的科研成果转化为临时展览，这样，科研也不再是停留在纸面上的专家的自说自话，而是达到经世致用的目的，为博物馆创造实际的社会效益。

二、临时展览实施拼的是执行力

就博物馆这个行业来说，通常人们对策划的认识，往往停留在推出一个展览主题，写出一本展览策划书。

然而，这只能是观念中的策划，这种理解存在着片面性和简单化倾向。而实际的策划，特别是通过在首都博物馆临时展览核心部门——策划部的工作实践，我体会到，博物馆的展览策划，不仅是一本展览策划书的形成，更是在总体策划思路指导下从事的组织协调与具体实施工作。作为展览的责任人，临时展览的实施拼的是执行力。这要求责任人不仅仅具备文字能力和专业知识，更要有很强的执行能力和组织协调能力。临时展览的圆满完成，最终还是要依靠具体实施。

可以说近几年来，做过的七个临时展览，在具体实施过程中，每个展览有每个展览遇到的问题。比如《心语神工——香港雕刻珠宝艺术展》，由于缺乏经验和常识，香港方面为展览在新闻发布会上发放给记者的宣传光盘被全部扣在了海关，原来光盘私自进出境属于非法出版物。比如《物得其宜——黄花梨文化展》，在文物起运的头一天下午五点了，保险协议因为一些环节的拖沓仍未签署，如果保险不能及时生效，就影响到了文物从外地到京的运输。比如《盛世丹青咏乾坤——

刘宇一从艺50年回顾展》，画家刘宇一本人在展览期间，在展厅内为了进行个人宣传品的签售活动，观众在展厅排起长队，而这在博物馆内是不允许的。比如《祥龙瑞彩——博物馆里过大年》展览开幕式，由于这是一个春节的生肖展，临近春节，没有考虑到工人提前放假回家过年，导致在大堂的开幕仪式无人进行搭建主席台和背板的工作。甚至比如2014年《"全国低碳日"应对气候变化主题展览》，办展的制作方由于疏忽没有看管好自己的电缆，发生了失窃事件，待电缆找回，发现原本七十米的电缆被截去了三四十米等等。

凡此种种，这些繁杂的层出不穷的新问题，都是临时展览在执行过程中需要解决的，也是对展览责任人执行力的考验。可以说，每个展览在大的工作框架上十分相似，但每一个展览在具体细节和出现的问题上又因展览而异。这就需要依靠展览责任人丰富的办展经验、责任心、细心、耐心以及处理突发事件和紧急事件的应变能力。

三、围绕临时展览注意两个均衡

1. 展览人才培养的资源均衡

随着首都博物馆新馆的建设完成，在硬件方面，首都博物馆在设备、技术领域确立了先进地位，大力支持技术更新和自主技术创新，确保首博在文物保护技术、展览设计与施工、博物馆信息化方面处于全国领先、与国际一流水准同步的地位。

然而开馆后几年的发展中，明显感到，硬件上去了，软件跟不上。甚至可以说，在用人方面仍有很多人事上的痼疾，博物馆并没有随着硬件的提升而提升。

在这里我想举一个光明小学的例子。博物馆是社会教育机构，是否可以关注一下在真正的教育领域，学校在培养人才方面又是怎样做的。

"在近几年的光明小学，教师队伍发生了结构性变化，老教师越来越少，中年教师又几乎断档，学校第一线的教师中90%是青年人。在新形势下，如何造就一支优秀的青年教师队伍以适应教育的需要是刘永胜校长思考的问题。2000年，光明小学制定了'青年教师共同成长计划'。'共同成长计划'一期两年，第一期由近几年参加工作的青年教师为徒弟，所选定的师傅均是比他们年长些的优秀青年教师。之所以称为'共同成长计划'，指的就是在实施过程中，师徒互相学习，互相帮助，互相促进，共同成长。这项计划要求师徒做到'五同'：1.共同参与课题研究。2.共同听课评课。3.共同写'成长随笔'和'教育随笔'。4.共同参与各种展示。5.共同汇报成长状况。'共同成长计划'突破了传统的师徒含义，建立了一种新型的合作关系，使做徒弟的青年教师在一种宽松民主的氛围中更好地学习成长，也使担任师傅的青年教师有更多的责任感和进取心，在指导他人的过程中促进了自身不断成长。'共同成长计划'有利于青年教师在教育教学工作中，传承光明小学特有的团队精神，共同体验事业的成功，也为光明小学的可持续发展，培养了一批青年教师。"[①]

在博物馆软实力方面，围绕展览工作的开展，注重对展览人才的培养，特别是对青年办展工作接班人的关注与培养。在对青年人才的锻炼与培养上，打破编制的界限，敢于用人，敢于压担子。确立政策、资金、荣誉相结合的有效激励机制，给予物质上和精神上的奖励和鼓励，并且为优秀青年人才打开上升通道。组建将北京史地、文物研究与当前学术前沿动态结合的策展研究队伍，加强展览工程、数字化、多媒体等领域技术的研究力量，推出本馆具有榜样意义的青年，广泛参与外部交流活动。通过对展览策展人机制的适时引入，推出优秀的首都博物馆策展人，在展览工作中发挥业务带头人的作用，并且以策展人为核心建立集体实力过硬的团队协作能力超强的办展团队。在展览分配上打破领导用人的成见、偏见，敢于把好的展览分配给不同的办展团队，使各办展团队员工齐头并进，共同进步。多途径给予展览人才均衡的培训与交流的机会，开阔眼界，拓展思维，以普遍提升展览工作人才的业务素质，培养一批青年业务人才，以利于首都博物馆的可持续发展。

2. 展览社会教育的资源均衡

在此，首先再举一个光明小学的例子。刘永胜校长任职期间，光明小学有个规定，就是每个班级的所有学生轮流做班干部，让每个小学生在六年的小学期间都体验到做班干部的经历，即使包括学困生。其中有一个班级的一名比较出名的学困生，老师给予了做小队长的机会，学生当上小队长的第一天在操场遇到了刘永胜校长，高兴地跑过去给刘校长看自己的胳膊，说："校长，我也当队长了！"这位学困生一样受到了鼓励，一样在学校学习中获得自信，相信这样的经历对这名学生的成长起到了重要作用。

在教育领域，教师们听课评课有一个普遍的共识，就是在很多课堂上，老师引导学生思考、提问，往往是几个学习好的学生举手回答问题，把整堂课支撑下来。然而这样的课堂不是成功的课堂。成功的课堂一定是要关注学困生，均衡教育资源，而不是让教育资源仅仅被几个学习好的学生占有。

讲到这些，再回到博物馆。博物馆也是公众社会教育传播机构。"以人为本"，拓展社会教育功能，为弱势群体提供特殊服务，充分利用现有服务设施（如多功能厅、礼仪大厅）面向社会开放，取得社会效益，我想是博物馆举办临时展览责任之所在。

比如在国家局一份《关于美国、加拿大、墨西哥三国博物馆等公共文化服务设施管理经营情况的考察报告》中，可以看到"面向所有观众的'日常项目'是大都会博物馆最基本的项目。同时，他们又从多种层面对观众进行细分，以提供有针对性的服务，增加教育的广度和深度。'学校项目'是针对中小学生的，具有学校课堂的作用。'家庭和学校项目'是为学生与家人一起到博物馆过周末和节假日而设计的。'为残疾人观众的项目'可以让行动不便、听觉视觉不灵的残疾人也能领略到博物馆的魅力。大都会还设有为艺术专业大学生或研究人员服务的'见习、实习职位和研究员职位'。"[②]

在国家局的另一份《关于英国博物馆管理与运营的考察报告》中，也可以看到英国博物馆的做法:"英国博物馆管理的根本目标是实现'让民众成为博物馆的核心,让博物馆成为社会的核心'。由此可见,英国博物馆的发展最注重的是博物馆融入社会。强调博物馆信息传播活动的'双向性',着力改变以往博物馆'高高在上'的姿态,充分注重博物馆与社会公众的紧密联系与交流。针对有特殊需要的参观群体量身定做不同的服务设施。比如:为残疾人提供残疾人专用厕所,展板和文物的高度设计适合轮椅观众和儿童的阅读,配有残疾人专用电梯等;为有视觉障碍的观众设计大字体的博物馆导览图册,可触摸的展品和博物馆展厅分布图,在展览中采用盲文的展示说明牌,允许盲人观众携带导盲犬进入展厅,并为导盲犬提供饮用水;为有听觉障碍的观众提供手语讲解服务,展厅内的多媒体、视频装置配备字幕和手语解说;为有学习障碍的观众(智障观众)提供专人服务等。"③

这些都是国际上一流博物馆的做法。甚至笔者了解到,台北故宫博物院也曾经把巡展办到台北的监狱里,对服刑人员开展社会教育。国内博物馆,像首都博物馆、世纪坛世界艺术馆等都曾经组织残疾人专场参观,这些做法当然值得提倡,但是笔者更希望,博物馆能将残疾人专场、打工子弟专场、偏远山区学生专场等组织参观每年坚定不移地办下去,不是一次,而是每年。甚至也可以像台北故宫一样,把巡展办到监狱里。我想这样展览教育资源的均衡,才是博物馆参与社会变革,为社会和社会发展服务的神圣职责。

五、小结

首博新馆不知不觉开馆已经十年,取得了喜人的成绩。然而就临时展览而言,要解决的问题还很多,比如展览品牌尚待确立和完善、展览题材尚待创新、办展执行力还需要锤炼、办展青年人才还需要培养、展览社教功能还有待挖掘和发挥等等。要解决这些问题,都需要扎实的临时展览工作实践和科学的探讨研究。目前中国的博物馆已发展到三千余座，但远远不能满足十几亿人口的群众文化需求，博物馆需要做的工作还有很多很多。这都需要我们不懈努力，不断提升，以北京城市发展为依托与舞台，使首都博物馆临时展览发挥出更大的社会效益，以飨北京市民及四海宾朋。

参考文献：

①刘永胜著，《教育造就成功人生》，高等教育出版社，第103页，2009年。

②国家文物局博物馆与社会文物司编，《新形势下博物馆工作实践与思考》，文物出版社，第45页，2010年。

③国家文物局博物馆与社会文物司编，《新形势下博物馆工作实践与思考》，文物出版社，第49页，2010年。

古代思想浅析

儒、释、道的并立、融合与发展

魏宇澄 李超英

儒家思想和道家思想形成于我国春秋战国时期,是我国土生土长的古代哲学思想,它们的经典著作《论语》和《道德经》成为古代重要的思想文化典籍,代代流传,经久不衰。佛教是汉代传入我国,属于外来宗教,但一经传入,便得到广泛传播,在我国的宗教思想舞台上占据着重要的一席之地。儒家、道家、佛教在我国漫长的历史进程中,各自区别,相互联系;各自发展,相互融合;都分别在不同的朝代成为主流思想。三者长期并存于我国思想界,可谓三足鼎立,并对我国的社会发展和思想文化的演进产生了深远的影响。

一、创始

儒家思想的创始人是孔子,名丘,字仲尼。春秋时期鲁国人。孔子生于公元前551年,卒于前479年,享年73岁。其祖先是殷商人后代的宋国贵族,至其祖父时期,家境逐渐没落。孔子在青年时期聪颖好学,阅读了大量古代文化典籍,博学多识。中年时期开始讲学,成为我国的第一个私学教师。后来孔子带领学生周游列国,宣传自己的政治思想和改革方法,但是终未得到采纳。晚年时期,孔子回到鲁国,专心从事古代文化典籍的整理,删《诗》《书》,定《礼》《乐》,修《春秋》。他的言行后来被其弟子编成《论语》。

道家思想的创始人是老子。老子，姓李名耳，又称老聃，春秋时期楚国人。他曾做过周朝的史官，管理王室典籍。相传在周王室衰落后，老子决定隐居，途经函谷关时，关令尹喜请他讲学、著述，因著有《道德经》，传于后世。

在庄子《天下》、韩非子《解老》《喻老》、司马迁《史记》的"老子韩非列传"等著作中，都有关于老子的记载。

在孔子的传记中，也有描述孔子向老子问学的篇章，孔子曾对门下学生说：走兽可以用网捕，游鱼可以用钩钓，飞鸟可以用箭射；至于龙，我不知是不是驾乘风云升天。我看见的老子，大概就是龙吧。孔子与老子的相见，也成为了历史上的一段佳话。

佛教的创始人是释迦牟尼，释迦是种族名，牟尼是尊称，意思是释迦族的圣人。他原名乔达摩·悉达多，生于公元前6世纪至前5世纪，与孔子约同一时代。乔达摩·悉达多原是古印度的一位王子，从小天资聪慧，其父亲净饭王希望他能继承王位。然而，年轻的王子着迷出家修道，相传在一次外出中，碰到许多老人、死人和病人，其凄惨的形象给了王子很大刺激。释迦牟尼开始思考人生的问题，义无反顾地带着五个侍从苦行六年，拜访名师，终未找到答案。后来，身心疲惫的悉达多独自在一棵毕钵罗树下静坐，冥思七天七夜，最终彻悟，成佛。此后，释迦牟尼开始传教活动，宣传悟出的真理，开创了佛教。

二、重要思想

（一）关于世界的本原

道家思想和佛教对于世界本原的问题都有系统的理论阐释，人类社会发展到公元前五、六世纪之时，处在世界不同地区的思想先驱不约而同地开始思考，宇宙、世界、万事万物。

老子在《道德经》的第一篇开宗明义，"道，可道，非常道；名，可名，非常名"

（一章），首先提出了"道"的观点，认为道是恒常的，不可言说的。

而这个"道"正是道家关于世界本原的认识。"有物混成，先天地生，寂兮廖兮！独立不改，周行而不殆。可以为天下母。吾不知其名，字之曰道，强为之名曰大"。有混沌一体的东西，在天地生成之前就已经存在了，无声无息。它独立不改，周而复始，是万事万物的根本。

关于道如何产生万事万物，道家思想阐释，"道生一，一生二，二生三，三生万物"。道由混沌一体而生阴阳，阴阳产生第三者，第三者产生万事万物。道是万物的根本，发生发展着客观存在的万物，万物归附它，凭借它生长，而道就像流水一样，"衣养万物"，无所不在。

"故道大，天大，地大，人亦大。域中有四大，而人居其一焉。人法地，地法天，天法道，道法自然"。道家思想认为，道、天、地、人是广袤的宇宙中四种存在的伟力，而四种伟力间存在着联系，人取法地，地取法天，天取法道，道取法自然。最终，道顺其自然，无边无际，无不包容，高于一切。

而在佛教的理论体系中，心是世界的本原。"此三千在一念心，若无心而已，介尔有心，即具三千。""三千"就是整个世界。三千是一念的产物，有一点点（介尔）心，就包括了三千。"能了知一切诸法皆由心生，因缘虚假不实故空"，客观世界皆由心生，各种因缘条件没有实性。"识性识相，皆不离心"，客观世界的一切事物不过是众多感觉经验的复合体，客观世界并不存在，人的本性以及世界的一切现象，都是心的产物。还有禅宗杰出的六祖惠能，"时有风吹幡动。一僧曰风动，一僧曰幡动，议论不已。惠能进曰：'不是风动，不是幡动，仁者心动。'"这些都体现了佛教对于世界本原的认识。

在儒家思想的理论中，并没有对世界是什么，万事万物如何产生做出解释。但是儒家学说中，有"天"的概念。比如孔子对子夏说，"商闻之矣，死生有命，富贵在天"。天在孔子的思想中，是自然和社会的最高主宰，也决定着个人的死生祸福，天是具有超自然力量的。

（二） 治国修身的思想

传统的儒家思想具有强烈的现实性，关注现实的人和社会，要实现人的现实利益，维护社会的安定。通过礼仪制度的规范，达成现实的目的，是儒家学说的思想基础。因此在治国修身方面，儒家提出了大量重要思想，并在中国社会的历史发展中，发挥着重要的作用。

"仁"是儒家思想的核心体现。据清人阮元统计，《论语》中提到"仁"有五十八章，"仁"字共出现了一百零五次。《说文解字》说："仁，亲也。从人二。""从人二"就是"人与人相偶"，讲人与人之间的关系。

"仁"的基本意思是"爱人"。即人与人之间的关系是要相爱。

"仁"具有政治内容，是一种治国之道。子曰："克己复礼为仁。一日克己复礼，天下归仁焉。为仁由己，而由人乎哉？"颜渊曰："请问其目。"子曰："非礼勿视，非礼勿听，非礼勿言，非礼勿动。"

"克己复礼"，讲"仁"和"礼"的关系。要战胜自己的私欲，使之符合周礼的要求。由此，"仁"的标准是"礼"。只有按"礼"的规定办事，才称得上"仁"。"礼"就是周礼。在孔子看来，"仁"与不"仁"关系到能不能保存国家的问题。

"仁"提倡于春秋后期，社会动荡，统治阶级内部，统治者与被统治者之间，人与人之间的紧张关系密不可分。因此，儒家提出"仁"，从统治者长远利益出发，企图用"仁"缓和各种各样的矛盾，以使统治者能长治久安。

孔子的"仁"到战国时期，被孟子进一步发展为"仁政"，主张用禅让制以求贤德的国君。在君臣的关系上，国君不能为所欲为，对"臣"要尊重，广用贤人。同时反对战争，提倡统一。这一发展顺应了历史发展的趋势，也符合统治者与人民的要求，因此到汉代的大一统时期，逐渐被统治者认识，出现了"独尊儒术"的局面。

儒家思想在个人的修身方面也做出了贡献，许多言论成为传世的经典。如，"以德报怨""笃信好学""讷于言而敏于行""如临深渊，如履薄冰""不怨天，不尤人""君子喻于义，小人喻于利""士不可不弘毅，任重而道远"等等，不胜枚举。

佛教和道家则具有出世的品格，没有儒家那样强烈的现实意义。

佛教没有关于人与社会方面的思想。它思考的是人与时空的关系和人生的意义，在修身养性方面做出的贡献更为巨大。

大乘佛教主张"出世入世，不一不二"，并且在后来的发展中更强调出世。"诸法无我""诸行无常""涅磐寂静"是佛教三法印。认为世间万象，没有任何是常恒永驻不变的。因此，对于人生的思考方面，提倡不执著于生灭，寂静不起念，从爱欲的执著中解脱出来，而得到永恒的喜乐。就像一滴水，只有当"小我"消失变成"无我"时，水滴即融入了大海而得到自在。

关于人生苦恼和摆脱苦恼，佛教提出"四圣谛"，包括"苦集灭道"，"四谛"意为"四真理"。

"苦"谛是佛教对人生总体评价。佛教认为，人生没有安乐可言，只有痛苦。苦有八种，生苦、老苦、病苦、死苦、忧悲恼苦、怨憎会苦、恩爱别离苦、所欲不得苦，取要言之，五盛阴苦，是谓苦谛。总之，人生在世，离不开一个"苦"字。

"集"谛是讲造成人生痛苦的原因。佛教认为，一切苦恼的原因是贪求欲望，当欲望得不到满足，就会产生嗔怒感情，进而发生争斗，带来痛苦。

"灭"谛是讲灭除贪爱欲望，断灭产生苦恼的根源，获得精神绝对自由。佛教称这种最高的理想境界为"涅槃"。

"道"谛是讲实现佛教最高理想境界应遵循的途径和方法，即"八正道"。八正道即佛教徒修持的八种方法，正见，正思，正语，正业，正命，正精进，正念，正定。佛教认为，只要按照八正道去做，就可以由"凡"入"圣"，由"迷"到"悟"，达到涅槃境界。

道家思想主张清净无为，谦下退守，顺其自然。道家在春秋时期，描述了小国寡民，老死不相往来的理想社会。

概括地讲，守雌、贵柔、崇水、无为是道家思想在治国与修身方面的集中体现，它们互为说明，互相补充。

守雌 "知其雄，守其雌，为天下谿""牝常以静胜牡，以静为下"这些《道德经》中的句子表明道家的观点，雌性往往以安静战胜雄性，原因就在于安静处于谦下的地位。知道雄强，居守柔雌，要像天下的溪涧一样。在治国方面，老子提出，大国要用谦下的态度对待小国，才能取得小国的信任，使小国团结在大国周围；而小国要用谦下的态度对待大国，才能取得对大国的胜利，从而为大国所包容。这体现了老子定国安邦的理想化。

贵柔 "将欲歙之，必固张之，将欲弱之，必固强之，将欲废之，必固兴之；将欲夺之，必固与之。是谓微明，柔弱胜刚强。鱼不可脱于渊，国之利器不可以示人"（《道德经》三十六章）。由开而合，由强而弱，由兴而废，由与而夺。道家学说通过一系列矛盾的转化而得出结论，柔弱胜刚强。柔弱的，总是具有更大的发展空间，具有更强的成长性。而事物发展到强盛的时候，必然会走向衰落。所以"守柔曰强"（《道德经》五十二章）。

崇水 道家对水推崇备至。因为水具有柔弱、处下、无处不至、无往不胜的特点，与道家的思想不谋而合。《道德经》中有"上善若水。水善利万物而不争，处众人之所恶，故几于道"（八章）。又有"江海所以能为百谷王者，以其善下之，故能为百谷王"。上善像水一样。水滋养万物而不与万物争，居众人所嫌恶的低处。江海之所以能汇聚百川，是因为江海善下。在道家看来，水是最接近"道"的。

无为 道家的代表思想，在修身方面提倡处无为之事，在治国方面主张无为而治。无为，即顺其自然。"不出户，知天下。不窥牖，见天道。其出弥远，其知弥少。是以圣人不行而知，不见而名，不为而成"（《道德经》四十七章）。圣人足不出户，就可以知晓天下。他强调的是，圣人用内在的智慧和内心境界的修养达到认识万事万物的规律，顺其自然而成就。在治国思想方面，无为的思想更多地反映出反对战争、反对变革的主张和追求"小国寡民"的理想社会的美好幻想。"为无为，则无不治"（《道德经》三章）。通过平息统治者对贤能、财物、知识的欲望，使人民不争、不盗、不乱，最终实现"甘其食，美其服，安其乐，乐其俗，邻国相望，鸡犬之声相闻，民至老死，不相往来"（《道德经》八十章）。

（三） 哲学思想的体现

儒家思想在哲学范畴的主要贡献，是提供了"中庸"的方法论。"中庸"在《论语》中只出现过一次。（子曰："中庸之为德也，甚至矣乎！"）孔子说："中庸这种德行是很高尚的啊。" 在朱熹的《四书集注》中解释中庸说：中是不超过同时又不是达不到，庸是平平常常。虽然"中庸"只出现一次，但是它作为方法论，贯穿始终，并且在中国漫长的社会与文化发展中，深深影响了中国人的为人与处世。

处于同一时代出现的道家思想，在哲学思想方面，可以说更为深邃和博大。其朴素的辩证法思想第一次出现在中国的古代典籍中，体现着祖先的大智大慧。

道家运用了丰富精彩的词句，阐释了事物之间对立统一的关系。"天下皆知美之为美，斯恶矣；皆知善之为善，斯不善矣。故有无相生，难易相成，长短相形，高下相倾，音声相和，前后相随"（《道德经》二章）。美恶、有无、难易、长短、高下、音声、前后都是相互对立的。但是美的存在，正因为有恶的存在；同理，有无、难易、长短、高下等，一方的存在以另一方的存在为前提，互为存在而具有意义，所以万事万物存在着对立与统一。在《道德经》全篇中，还有多少、轻重、曲全、刚柔、强弱、生死、福祸、张歙、贵贱、损益等。

在看到事物对立统一的同时，道家思想还揭示了矛盾的相互转化。"祸兮，福之所倚，福兮，祸之所伏"是《道德经》在后世流传中，被引用最为广泛的一句名言。它说明矛盾的两个方面，可以相互转化。在其他篇章，我们还可以看到"曲则全，枉则直，洼则盈，敝则新，少则得，多则惑"（《道德经》二十二章）。"物壮则老"（《道德经》三十章）。"爱必大费，多藏必厚亡"（《道德经》四十四章）。道家尤其强调事物发展到繁盛、圆满的顶峰必然走向衰落，这是老子通过丰富的人生经验与阅历，得出的结论。也正是由于老子的这一认识，影响到他在修身、治国等方面提出了无为、贵柔等主张。

佛教是世界上最大宗教之一,是公元前六至五世纪古印度时代的产物。在后来的传承和发展过程中,佛教教派林立,同时遍布世界各地。传入中国后,在中国历史中,也在特定的条件下,发展出多个宗派,每个宗派有自己独特的宗教理论体系、宗教规范制度、独立的寺院经济和势力范围。每个宗派有自己的传法世系和继承的学说。因此总结和概括佛教的哲学思想是非常困难的,但是有一点可以肯定,鉴于佛教对世界本原的思考与认识,否定客观世界的存在,而强调内心精神的主观世界,可以说佛教从总体上发展了唯心的学说。

三、发展与影响

(一) 儒、释、道在发展中纷争与融合

儒、释、道三家学说,各自发展,确立派别。

儒家继孔子后,弟子数以千百,皆尊奉孔子,传其学说。在后来经历了原典儒学、经文儒学、理学儒学和新学儒学的发展阶段。

道家也经历了先秦道家、秦汉黄老哲学、魏晋玄学、隋唐重玄学和内丹生命哲学的阶段。

佛教自传入后经历了南北朝的发展、隋唐的全盛和宋的由盛转衰,并形成了若干中国化的宗派。

在特定的历史时期,三家思想分别与当时的统治者思想相结合,成为不同朝代的主流。它们之间相互纷争,又在纷争中走向吸收与融合,在历史上曲折前行。

儒道杂糅 东汉末年,儒家思想由汉武帝时期"罢黜百家,独尊儒术"的地位走向衰落,失去了维系社会民心的力量。魏晋时期社会长期动荡的局面出现,使得思想界比较自由。《晋书·向秀传》概括,"儒墨之迹渐鄙,道家之言遂盛",儒家思想与道家思想调和杂糅,根据时代需要予以修正发展,形成了玄学。玄学

的思想特点是用老庄的思想解释儒家经典，打破两汉经学传注训诂的风气，提倡简易的阐释理义方法，给思想界带来崭新的学风，使得思想得到了解放，从而成为了魏晋时期思想的主流。

佛道相争 南北朝时期，儒学消沉，知识分子崇尚玄理空谈，佛教依附着玄学迅速传播，佛教寺院和僧尼急剧增加。后来的杜牧曾在诗中描写"南朝四百八十寺，多少楼台烟雨中"。佛教在中国开始分立派别，迎来了隋唐佛教的全盛时期。但是唐朝之际，由于李唐王朝尊老子为李氏的祖先，道家地位迅速提高。唐高祖李渊亲自在国子监宣布：道教第一，儒学第二，佛教第三。道教因此一跃成为首位，打击了佛教，从而开始了佛道相争。后来随着政权在李姓家族代代传递，依附于不同统治者的不同支持态度，佛与道的地位此消彼长。直至"安史之乱"后，唐武帝会昌灭佛，佛教从此由盛及衰。

儒佛调和 佛教作为外来的出世宗教，传入中国后，与入世的本土儒家思想存在着基本分歧。儒家思想重社会，重人事，重现实；而佛教重来世，重解脱，因此佛教的传播冲击了儒家传统思想，引起历代儒学者对佛教的排斥与批判。东汉末年，曾出现关于佛教社会功能利与害；佛教理论观点真与伪的论辩。随着南北朝隋唐时期，佛教走向全盛，冲突也越发激烈。著名的唐朝诗人韩愈就是反佛的代表人物，指责佛教灭弃封建伦理纲常，提倡复兴儒学。而在儒佛的冲突中，佛教则显得态度温和，并不否认儒学的功用，同时佛教吸收儒家思想来补充和改造自己，以儒释经，实现更加中国化以适应传统的文化。

三教融合 儒、释、道经过发展、纷争、调和后，可以说相互吸收与融合是历史的必然。三家思想各有优势，各有不足，各自扮演着重要的角色。而当社会发展至宋明时期，我国社会经济与自然科学有了长足的发展。"陈桥兵变"和"杯酒释兵权"等事件，结束了唐末的"朋党之争"和"藩镇割据"以及五代的分裂战乱，建立起宋王朝，从而提出重建封建伦理纲常的要求。在唐中叶，古文运动的兴起也开辟了复兴儒学的环境。这些时代背景和社会变革都催化了儒、释、道三家思想，释放在长期的张弛发展中积聚下的凝聚力量，出现了三教融合的态势，宋明理学就是三教融合的结晶。理学以儒家伦理思想为核心，保持儒家思想中重生轻死的观点，融合佛有关宇宙的哲学思辨，以及道家宇宙生成，万物化生的理论，同时摒弃佛道的有神论，而形成三教合一的新特点。

（二）儒、释、道对中国社会的影响

首先，儒、释、道在特定历史时期的广泛传播和作为社会主流思想，可以说是适应当时社会的需要，在一定程度上，推动了社会发展变革的进程。

就土生土长的儒家思想和道家思想而言，它们正是中国社会时代的产物，体现了时代的要求。它们同产生于春秋战国时期，周王室衰微，诸侯迭起，连年混战，先后出现了春秋五霸和战国七雄，是中国历史上的大动荡、大分裂时期。这样的历史背景激发了思想领域的大争论，各家学说纷纷提出有关变法治国的见解和主张，出现了百家争鸣的思想格局。尽管儒、道均未被当时的统治者所采纳，但它们与其他墨、法、阴阳等各派学说从整体上，对结束中国社会长期战乱，促进统一，实现奴隶社会向封建社会转型等方面起到了作用。

而儒、释、道出于自身的内容、特点、侧重和发展轨迹，也分别在不同历史阶段发挥着稳定社会，维系发展的作用。

道家思想在汉初、魏晋时期都取得过统治思想的地位。

汉朝在建立之初，统治者总结了法家思想在秦王朝覆灭的过程中暴露出来的弱点，遵奉"黄老哲学"，替代了法家思想实现统治，出现了历史上的"文景之治"。

东汉末年至魏晋时期，由于黄巾军农民起义，生产遭到破坏，人民大量流亡，土地大片荒芜。以道为基础的玄学又站在历史的舞台上，倡导道家思想，杂糅儒家思想，抵消农民起义的不良影响以维护统治。

这都是由于道家思想的"无为而治"，有利于缓和当时的社会矛盾，恢复和发展社会经济与生产，适应战后社会的休养生息。

儒家思想更是贯穿整个中国古代社会的发展，对中央集权，巩固统一和维护

社会的长治久安起着举足轻重的作用。

孔子提出的"仁"的学说,到孟子发展的"仁政""民为贵、社稷次之、君为轻"等思想,都具有历史进步性,使得历代统治者都不能忽视封建统治者与人民之间的矛盾,注意到重视人民对巩固统治和维护社会稳定的重要性,实行"宽政"。

儒家思想中的"天",也被赋予更多的政治、伦理色彩,把"天理"作为人道的依据,强化"天人合一"的思想。天不但是自然和人类社会的创造者,而且天给人类社会设立了最高权力君主,皇帝代替天实行至上的权威。这样的主张与古代社会封建君主专制制度相适应,成为统治者实现统治的思想工具。

儒家思想自西汉中期的汉武帝采纳了董仲舒的"罢黜百家,独尊儒术"的建议,便树立起正统地位。以儒家思想为指导的封建大一统思想,成为中国封建地主阶级的意识形态的主要组成部分和主要代表。

佛教圆融和谐的观念,因果报应说以及惩恶扬善的主张也对规范和约束人们的思想,稳定社会秩序具有一定作用。因此,在南北朝和隋唐时期,佛教被统治阶级采纳,并达到了全盛时期。

但是同时也应该看到,儒、释、道在成为封建统治者实现统治的思想工具时,也体现了封建性和消极性。它们被封建统治者所利用,禁锢人们思想,麻痹人们的意识,泯灭人们的个性,阻碍了社会的发展。特别是在明清时期,由于理学思想的长期束缚,限制了中国自然科学的发展,成为造成近代中国落后的重要原因。这也进一步说明,当一种思想顺应历史发展需要时,便起到推动作用;而随着历史车轮的继续前行,这种思想的阻碍作用也会逐渐显现,历史也就产生了挣脱束缚的要求。儒、释、道在后来社会历史舞台上的逐渐淡化,可以说是历史的必然趋势。

(三) 儒、释、道对中国文化的影响

中国的文化是灿烂辉煌的,历史悠久,积淀深厚。儒、道以及中国化的佛教是中国博大精深,源远流长的文化的一部分。而它们随着历史社会的发展也传承、

发展、演进，特别是交替成为古代社会主流，又相互纷争融合，使三者交织成了一条中国古代文化的主脉，影响着中国古代的哲学、文学、绘画、雕塑、音乐等方方面面的文化和艺术。

儒家"父子有亲，君臣有义，夫妇有别，长幼有序，朋友有信"的伦理思想；"忠""孝""仁""义"的观念；"温、良、恭、俭、让"的君子之风；"中庸"的处世基准；"和为贵"的主张等等，成为中国人传统思想观念构成的重要部分。

重礼、好礼，以强大的力量规范着中国人的生活行为、心理情操与是非观念。中国是礼仪之邦。

"因材施教""知之为知之，不知为不知，是知也""学而不厌""诲人不倦""不耻下问"等学习与教育思想，五千年来被代代流传。

儒家思想可以说，是从一点一滴渗透到中国的文化之中。中国文化在哲学、文学、艺术等各门类的艺术表现中，都潜移默化地融入了儒家思维。传统伦理道德思想，孝敬父母的传统美德，舍生取义和精忠报国的精神等等，被一代代的艺术予以继承和弘扬。

道家思想的超脱社会伦常，复归自然，清静无为的追求，更多影响着中国历代文人的心理，铸就了中国文人玄、远、清、虚的生活情趣，也影响了文学、艺术的创作与欣赏。

魏晋时期的陶渊明"采菊东篱下，悠然见南山"；以稽康、阮籍、向秀等为代表的竹林七贤"弃经典而尚老庄，灭礼法而崇放达"，集于竹林下肆意酣畅，吟诗抚琴，都体现了老庄潇洒飘逸、放浪形骸、愤世嫉俗的特点。

唐朝伟大的诗人李白可以说更多地受到道家思想的熏陶。"黄金白璧买歌笑，一醉累月轻王侯""作人不倚将军势，饮酒岂顾尚书期""人生在世不称意，明朝散发弄扁舟""功名富贵若长在，汉水亦应西北流""钟鼓馔玉不足贵，但愿长醉不复醒"等等大量李白笔下的佳句名篇，表现了李白蔑视权贵，自由洒脱，浮生若梦的道家哲学处世观。

大量文人通过作品，也反映出儒道互补的人生观。李白"愿佐一明主，功成还旧林"，李商隐"永忆江湖归白发，欲回天地入扁舟"等，苏东坡也有"奋厉有当世志"和后来的"小舟从此逝，江海寄余生"，体现了诗人们渴望实现抱负和阅尽人生波折后憧憬回归自然的复杂心理。

当中国发展至宋、明时期，出现了以儒家思想为核心的理学后，由于统治者利用理学加强思想控制，理学中三纲五常、礼教、"存天理、灭人欲"等使之走向压迫、束缚人性的一面，给在其统治下的人们带来了灾难和痛苦。这一时期也因此诞生了汤显祖、曹雪芹、龚自珍等大批文学家，创作了大量体现反对封建礼教束缚，追求个性解放的时代作品。

清代最优秀的文学著作《红楼梦》，描写了一个具有代表意义的封建大家庭的盛衰，塑造了贾宝玉、林黛玉、薛宝钗、贾母、王熙凤等由上至下一大批鲜活生动的人物形象，通过宝、黛、钗的感情纠葛、反抗与悲剧，反映了人们在封建礼教束缚下的痛苦挣扎。作品中，甄士隐解《好了歌》，"陋室空堂，当年笏满床；衰草枯杨，曾为歌舞场。蛛丝儿结满雕梁，绿纱今又糊在蓬窗上。说什么脂正浓，粉正香，如何两鬓又成霜？昨日黄土陇头送白骨，今宵红灯帐底卧鸳鸯。金满箱，银满箱，展眼乞丐人皆谤。正叹他人命不长，那知自己归来丧！训有方，保不定日后作强梁。择膏粱，谁承望流落在烟花巷！因嫌纱帽小，致使锁枷杠，昨怜破袄寒，今嫌紫蟒长。乱烘烘你方唱罢我登场，反认他乡是故乡。甚荒唐，到头来都是为他人作嫁衣裳！"成为了曹雪芹对道家老庄思想的现实性演绎与升华。

佛教逐渐中国化之后，也影响和融合着中国本土文化。南北朝时期，佛像雕塑艺术和石窟艺术兴起，留下了敦煌石窟、云冈石窟、龙门石窟等佛教文化遗产。同时，以佛教为题材的绘画艺术得到发展。到唐朝，以"吴带当风"著称的著名画圣吴道子，也擅长佛教人物绘画，并曾在长安、洛阳寺观中作佛教壁画。初唐时期的诗人王维，被称为"诗佛"，早年入佛门，所写诗歌"明月松间照，清泉石上流"等等多流露出禅意。

四、小结

总而言之，儒、释、道都是历史的一部分，它们伴随着历史发展，并影响着历史发展。大智大慧，治世省身，它们经过岁月长河的淘洗，依然散发着夺目的光彩，共同成为中国古代丰富的文化遗产。

参考文献：

1. 徐兴东 周长秋，《道德经释义》，1991年齐鲁书社出版。

2. 白全贵 师全民编，《中国传统文化概论》，2003年郑州大学出版社。

3. 邱运华 马固钢主编，《中外文化概论》，1994年岳麓书社。

4. 任继愈主编，《中国哲学史简编》，1984年人民出版社。

5. 孙开泰 李超英著，《孔子孟子传》，2007年中国新闻联合出版社。

6. 张忠利 宗文举著，《中西文化概论》，2003年天津大学出版社。

青春十年，留在了博物馆

引 子

喜欢博物馆已经很多年了。很清楚地记得,那是在我上高三的时候,第一次参观了当时位于北京孔庙的首都博物馆,被孔庙古朴而厚重的环境,以及展览陈列的书画、玉器等文物所吸引。自那时起,每年去孔庙就成了我的习惯。

后来又开始迷上中国美术馆和现代文学馆。美术馆每周更换一次展览,学生票两元,于是我每周去一次。在那里,我开始知道黄永玉、萨尔瓦多·达利、亨利·莫尔等艺术家,也知道了全国美展。而在现代文学馆,则是每隔一周去那里听一次免费的讲座,多是关于文学的,偶尔也有关于历史、音乐、舞蹈等内容,这些都是在大学和书本里所不能学到的。

再后来,很幸运地成为了一个博物馆人。终于可以天天泡在博物馆里了。然而对博物馆的认识却是一个逐渐的过程,一路曲曲折折,直到工作多年后,我对博物馆才开始从最初仅仅停留在喜欢的感性认识转变为多了些许理性的思考,才开始真正地关注、学习、理解和掌握有关博物馆工作的相关知识。我应该感谢我的博物馆,给我犯错误的机会,给我时间成长。

今天,站在三十岁的门槛上瞻前顾后的我,和博物馆一路溜溜达达,走到七年之痒的时候,我终于决定此生与博物馆为伴。也正因为拥有这份浓浓的博物馆情怀,所以在此记录下在博物馆工作的点点滴滴,留住和博物馆一起成长的快乐与苦恼,收获与教训,珍藏历久弥醇的博物馆时光,谨与热爱博物馆的朋友们分享。

特别缅怀那些未能详细记录的好展览:国家博物馆的《法国时尚百年》;中国美术馆的《印象派珍品》以及《敦煌艺术》;故宫博物院的《拿破仑一世》;首都博物馆的《中国记忆》;中华世纪坛世界艺术馆的《从莫奈到毕加索》以及《秦汉——罗马》等等……

2009.10.28

你好，博物馆

记得，那是2002年11月末的初冬时节，正是我大学即将毕业，找工作的时候，在一个阳光明媚的日子，我认识了平生第一个博物馆人。我甚至能清晰地记得当时的对话，他问："你为什么想来博物馆？"

我回答："因为我喜欢。"

又问："为什么喜欢？"

答："因为我觉得博物馆的人都很有学问。"

他说："你除了要对博物馆有感性的认识，还要有理性的思考。社会上有的，这里都有，这个行业，也有它的陋习……年轻人挣扎，受不了的就离开……"我对这一席话，当时似懂非懂，而且以后用了很多年，才渐渐明白一些。

然而，就是这样的对话，让我觉得这个博物馆人和我见到的从事其他行业的人不太一样。其间，他还接了一个电话，提到"大藏经"云云，这个充满历史文化色彩的词汇无比吸引我。

到博物馆去！

随后，经过漫长的从希望几近绝望的等待与坚持，以及2003年骇人的非典时期，2003年9月1日，我如愿走进了博物馆。

我是博物馆人了。

2009.11.18

曲折的开始

当时，博物馆面临的头等大事就是建设新馆，馆里的一小部分职工已经搬到了新馆附近做筹备工作。然而，我对这件事却一点概念也没有，丝毫没有记挂在心上，却完全沉浸在老馆古香古色的环境里，古树、石碑、大殿、牌匾、琉璃瓦、砖道上的青苔……每一个细节都令我陶醉。

两周后，正当我对博物馆的一切还充满着新奇和不适应的时候，我服从了馆里安排，下乡锻炼。整整一年。

应该说，下乡的这一年，才是我了解社会和走向社会的开始，也使我因此多了一个感受不同行业的机会，也使我因此推迟了融入博物馆工作的过程。我还是一个博物馆的"门外汉"。

一年后，我回到了博物馆，正式投入博物馆工作。

我被分到陈列部，这是一个负责展览内容设计的部门，当时全部工作围绕新馆的基本陈列和专题陈列的筹备展开，依照陈列具体内容分为三个组——通史组、精品组和民俗组。（应该说，我当时并没有准确地理解"陈列"这种博物馆专业的术语，在我的意识里，陈列就是展览，我更习惯称之为"展览"，多年后，才通过学习博物馆专业书籍，明白了陈列和展览的差别。）我属于民俗组，参与博物馆新馆老北京民俗展的筹备。组长是一个五十年代生人的老同志，很热心，对我这个新来的什么都不懂的年轻同志照顾有加。在这个博物馆里，大家对老同志习惯尊称为"老师"，所以我入乡随俗，称呼她沈老师。

接下来的日子里，我在沈老师的安排下，第一次见到了展览大纲；第一次进入文物库房；第一次参加领导的开会；第一次知道专家论证；第一次见证评标；第一次走进新馆建设的工地……这就是博物馆的工作。当然还有很多更琐碎的事情，比如对文物清单，复印资料，写请示，找领导签字，领办公用品等等……印象中，当时心里还有过小小的波动，仿佛感觉自己应该干些更重要的事，感觉自己在按部就班的服从安排中没有任何抒发己见的机会，也暗自怀疑毕业前放弃留学的决定是不是一个错误的选择。只有随着时间的慢慢推移，回头看时，我才知道当初的这些想法，源自于我初来乍到的不适应；源自于我的博物馆从业资历尚浅；

源自于我的年轻与无知。

随着工作的进展,老北京民俗展的内容设计论证完成,与负责展览形式设计的公司也反复沟通,形式设计的效果图几经修改,吸取各方意见,不断完善。然而此时,展览大纲中涉及的大量上展文物和展品有待征集和复制,就这样,我得到了通知,借调文物征集部,专门负责此项工作。

2009.11.19

征集,并快乐着

早已听说,征集部的王主任是文物界颇有名气的一位鉴定专家。到了征集部,被他管理后,才知道此人脾气很好。当然,我是借调,没有直接的利害关系,所以自然他对我的管理也十分宽松。而在陈列部的时候,因为部门主任空缺,只有组长,大家一般各忙各的,关系十分平等,所以从工作开始我就一直体会不到被直接领导的感觉,世界大同,不懂得领导和权力的意义。没想到,这也是我缺下的一门课。

我的工作目标很明确,负责民俗展上展文物的征集与复制。我列出上展文物清单,与征集部另一位同事杨老师协作完成。

我们每天就是开着车出去,逛古玩城、潘家园、报国寺、吕营、天津、保定、涿州……淘各种我们需要的东西。这些地方我以前都没有去过,见到很多东西都非常的新鲜,而杨老师是个性情开朗,爱开玩笑的人,因此我和杨老师相处融洽,一路上车里总是欢声笑语。有的时候,我们的车会坏在半路;还有的时候,我们会被警察拦截开罚单……但这些都不会影响我们淘宝的好心情。所以我感到征集工作十分快乐，更准确地说，是很好玩。

"又和杨老师出去玩。"这就是其他同事每每看到我们开车出去征集的玩笑话。于是，我们逐一带回了民俗展上展的展品：马鞍、鹅笼、留声机、西洋座钟、抱鼓石、宝瓶、童车、百家衣、枕头……还有用硅胶复制的馒头、饺子、红枣、栗子、桂圆、大葱、黑豆……这些都是依照展览大纲，反映清末民初老北京生活礼俗的物件。

其间，我还独立承担了对老北京民间传统手工艺品的征集，我不仅遍访民间手工艺人的家，为博物馆选购他们的作品，还对他们进行了采访，整理关于他们的手艺传承、工序流程以及生活状态的资料。鬃人、脸谱、面人、泥塑、花灯、绒花……一件件民间传统手工艺品展现了手工艺的历史、发展与传承，浸透着手工艺人们人生的智慧、艺术与变迁。

在征集部，我还第一次地体验了一把拍卖的乐趣。杨老师带我参加了在昆仑饭店的一次嘉德拍卖会。我们办理了手续，准备参加竞拍，目标拍品也是为了博物馆的展览。当日的嘉德拍卖师白发苍苍，但思维惊人的敏捷，叫价不断，场内气氛热烈而紧张，一件件拍品纷纷被买家收入囊中。轮到我们看中的拍品了，我们已经预先定好了目标价位的上限，举牌开始……现场举牌此起彼伏，显示屏上的数字噼里啪啦地翻动，价格被迅速抬高，举牌……再举牌……拍品价格瞬间盖过了我们承受的价位上限，宝贝擦肩而过，原来这就是拍卖。几年后，我看到观复博物馆的馆长马未都写收藏的书，书中提到拍卖会上与宝贝失之交臂的感受，他说，虽然东西没有买到，但还是在举牌的瞬间，拥有了它一秒钟。

说到征集部，还不得不提一下它的主管领导王馆长。应该说，当时我对他没有太多的认识，只是感到他把主管部门的关系理得很顺，偶尔也能听到有同事说怕他。我曾经被他叫着一起去北京其他几个博物馆谈文物借展，客串一些新馆其他展览的事情，但是接触中也没有更多的感受。只是怎么也没想到，日后当我身处困境的时候，是他伸出援助之手，慷慨解围。

2005年夏，我结束了征集部的借调，也结束了民俗组的工作，因为我又得到通知，回到陈列部刚成立的艺术组，参与新馆七个精品陈列的布展工作。此时，新馆的开馆已如离弦之箭。

2009.11.20

新馆就是战场

尽管我到博物馆后，一直从事着与新馆息息相关的十分细致的工作，但是真的很难想象，如此恢宏和现代的一座博物馆新馆是怎样建设起来的，其间包含了多少不为人知的付出和努力，又经历了怎样的曲折和艰辛。新馆建筑已经揭开了面纱，在北京西长安街的延长线上，展露出她融合了历史气质与时代感的魅影。

在老馆古建筑金瓦、红墙、翠柏的映衬下，全馆同事合影留念。之后，我们一部分人率先搬到新馆工作了。当然，还不能进驻新馆办公区，我们是临时在新馆旁边的一座被称之为"小红楼"的两层砖砌建筑里工作。各个部门参与新馆筹备的同事们挤在小红楼有限的几个房间里，在那里办公，在那里开会，在那里用餐。

印象最深的还是会议，数不清的会议，常常很晚才散的会议。这些会议多是关于新馆工程存在的问题；关于硬件设施的调试；关于十一个固定陈列的布展工作；关于文物安全；关于人马的调配；关于老馆的搬迁；关于层出不穷的新问题；也有关于开馆后的展望……总之，是一切一切的准备。

在此我不能清晰、准确、详尽地描述出当时的情景、感受和紧张的气氛。我太年轻，常常坐在会议室的一个角落里，布置的工作任务也并不需要我担当责任人，仅仅做过一次会议记录，可是回去写的会议纪要还很不像样子，被不满的办公室主任叫去一改再改，我根本还不懂什么是会议纪要。

记得有一次，我在空闲的时候拿出一本英语书来读，被当时的书记看到了，他厉声说："你还看英语书，你不知道吗，新馆就是战场！"

很多年后，回想当时的领导们，仅凭借历史专业出身，能够举全馆之力，团结协作，挑战能力极限，使偌大的博物馆新馆顺利开馆，完成对北京市民的承诺，并能赢得社会一片赞誉，心中还是油然而生敬佩之情，真的是非常地不容易。

新馆就是战场！紧张的布展工作开始了，我们正式进驻新馆工作。因为我加入了陈列部艺术组，由我和一位老同志徐老师担任七个精品陈列的布展协调工作，因此，我有幸见证了博物馆新馆第一件文物——北魏太和造像的布展。北魏太和造像是一尊北魏时期的石雕佛像，原供奉于北京凤凰岭风景区的层峦迭翠之中，后来曾一度被盗并破碎成几块，案件侦破后，佛像经修复安置在北京石刻艺术博物馆，如今，它来到了新馆的古代佛造像艺术精品厅。由于体量大，佛像的布展工作在王馆长的带领下由起重队、保管部、陈列部、展陈设计公司的同事们通力合作完成。在佛造像厅烘托的神秘而凝重，略带宗教奇幻色彩，以棕黄色为基调的氛围中，北魏太和造像稳稳入位，面部慈祥、斜披袈裟、两耳垂肩，流畅的线条和质朴的彩绘清晰可辨。大家奉上三柱佛香（因博物馆防火要求，故未点燃），一一拜过。

自此，布展工作逐步展开，《古代佛造像艺术精品展》《古代瓷器艺术精品展》《书房珍玩艺术精品展》《古代玉器精品展》《燕地青铜精品展》《古代书法精品展》《古代玉器精品展》。从展厅开荒，到展柜保洁；展厅文字、图版、多媒体入位；场景制作安装；柜内背板文字、图片入位；展托安放；大型器物进场；文物进场入柜；固定文物；安放说明牌；清扫封柜；展厅交接……七个精品厅全部布展工作在我们马不停蹄，连续作业，克服各种困难的努力下，在确保文物安全的前提下，准时无误地完成了。还记得，在一个寒风侵袭的深夜，当我们收工准备回家的时候，《古都北京历史文化篇》的布展人还提着一袋从单位旁边小铺买的包子匆匆地赶往展厅。还有他们以及《古都北京城建篇》《京城旧事——老北京民俗展》的同事们和我们并肩作战。空暇的时候，从办公区窗户向外望去，一棵身姿婆娑的大树，已经在不知不觉间由一树金黄褪变为落尽所有，整整一个美丽的季节就这样忙忙碌碌地过去了。

2009.11.24

隆重开馆，喜迎宾朋

让我们记住这个有意义的日子，2005年12月16日，博物馆新馆正式投入试运行，对外开放。

这是一座地志性大型综合博物馆，总建筑面积六万余平方米，高度四十米，整个建筑设计于细节之处融合北京特色，建筑材质选用北京地区的砖石与木材，青铜外饰也别具匠心地采用北京出土青铜器纹样。博物馆内，包涵十一个固定陈列和四个临时展厅，陈列上展文物五千余件套，皆为北京地区"土生土长"。同时还设有两千余平米的礼仪大厅、室内竹林庭院、纪念品商店和餐饮区。巍峨的景德街牌楼屹立于礼仪大堂的中轴线北端，汉白玉底座、朱漆立柱、修葺一新的彩绘、碧绿色琉璃瓦都为这座现代的博物馆平添了中国传统色彩和历史气息。

与此同时，《御用珍存金银器展》和《齐白石艺术大展》两个精心策划的临时展览，也于当天一并开放。新馆迎来的第一位观众，与1981年10月1日老馆开馆时的第一位观众一起，在馆长的陪同下，参观了博物馆新馆。

多年后，每每想起这些，才为那一天没有拍照留念而感到遗憾，也才在后来的成长中逐渐懂得，新馆开馆的重要意义。这座博物馆新馆的建成，实在是经过了几代文博人的努力，也圆了几代文博人的梦想。

当然，我还是很庆幸留下了一张新馆当时印制的门票，与以前留下的一张老馆门票一起作为纪念。

试运行后不久，我们又在初春时节，迎来了新馆的第一个大型外展《世界文明珍宝展》，这是一个与大英博物馆合作的展览，展品为大英博物馆 250 年之珍藏，涵盖史前时期、古埃及、美索不达米亚、古希腊、古罗马、东南亚、美洲、中世纪与文艺复兴之后的欧洲等不同历史时期、不同地域、不同民族的文明，为北京的观众了解大英博物馆，了解世界文化提供了一次不可多得的机会。难得一见的精美的雕塑、木乃伊、金银器、绘画……吸引了如潮的观众，整个展览期间，博物馆人头攒动。伴随展览的纪念品销售也十分火爆，印有大英博物馆文物图案的 T 恤衫、便签纸、笔记本、文具盒、镇纸、橡皮，以及带有古埃及风格的银制首饰等，引得观众纷纷解囊。生活在北京的人们，终于认识了我们的博物馆新馆。

2006 年 5 月 18 日，在这个国际的博物馆节日里，我们举行了隆重的博物馆开馆仪式，邀请了各省市博物馆和海外博物馆的同仁们一起，庆祝此次盛会。我们的博物馆新馆正式开馆，迎接四海宾朋。

2009.12.

在不成熟中成长

人们对一个新的开始，往往抱有很多美好的展望。新馆的开馆也是一样。博物馆的同事们，对博物馆未来的发展提出了很多有见地的设想；博物馆的领导，也在全馆员工大会上，动情地呼吁，让我们为博物馆的百年基业而努力；当然，大家也十分实际地，对关系到切身利益的改善办公环境与提高工资待遇的问题，有很多期待。

然而，对于我们陈列部来说，最直接的，就是我们部门在新馆开馆之际，一位新的部门主任——黄主任走马上任，一改陈列部连续三年没有部门主任的情况。新主任成了我们的话题。在从海南考察回北京的飞行途中，我不谙世事地问一位陈列部的老同志："新主任来了，是她适应咱们，还是咱们适应她？"老同志听了这话，一副十分好笑的表情，说："当然是咱们适应她啊。"

黄主任上任之后，部门同事的分工开始发生了变化，一些诸如《世界文明珍宝展》这样的重要临展的展览大纲撰写，由那些博士和硕士学历的同事们完成；部门老同志的担子，相对减轻了许多；我呢，成为了陈列部的部门秘书，负责会议记录、文件往来、档案管理等工作。

当时的我，既认识不到自己的好高骛远，也看不清自己能力的长处与弱点，所以对分配的秘书工作，心里还是小小的不情愿。以前没有主任的时候，每个同事为各自手里的展览项目奔忙，每个人都很平等；而现在，我却只有看着那些受到重用的同事们，讨论着那些重要的临时展览，为那些展览加班加点。

但是即便如此，我还是在完成自己的工作职责中学到了很多东西。由于我需要做会议记录，并在每一次会后写会议纪要，所以我便有机会参加各种大小会议，包括部门会议；与外单位的展览谈判会议；以及每周四的例会。在这些会议上，我可以听到众多高水平、高层次、多角度、多方面的发言。特别是每周四的例会，通常有馆领导和各部门主任出席，从对博物馆社会职责的探讨到对博物馆工作流程的规定；从对临展设计的指导性建议到对展览的总结；从对各部门临展工作的协调到对临展工作每一个细节的决策……它为我打开了一扇了解、学习、迅速提高和开阔眼界的窗口，我收获良多。而我写的会议纪要，也越来越好，再也不像"小红楼"时那样被领导一改再改了。

在这一段时间里，博物馆又举办了《阿拉伯艺术展》《香港凤凰卫视成就展》《太阳城——俄罗斯现实主义油画展》《美洲豹崇拜——墨西哥古文明展》《北京声音》

等一系列优秀的临时展览。其中，我还是在秘书工作之余，被分到《美洲豹崇拜——墨西哥古文明展》筹备组，参与展览的大纲撰写、接待与布撤展工作。与两位英国艺术家合作的《北京声音》装置艺术展，则是由我来撰写展览的宣传材料。5·18的开馆庆典与国际博物馆研讨会，也由我承担了会务工作。

这一段时间的工作是忙碌的，并没有想象中开馆后应有的放松。但是工作的心情是愉快的，陈列部的办公室里永远有我们年轻人的活跃与快乐。当然，也正是因为这份年轻，因此拥有无畏与不安分，在一切看似工作顺利、人际和谐的情况下，我提出了调换部门，申请去策划部。

调换部门的决定，貌似有其偶然的契机，其实却存在着必然性，并且是多方面的原因促成的。其一，我说过，不懂得领导与权力，是我参加工作伊始便缺下的一门课。而这一点，在此体现为我对黄主任来到陈列部后进行工作分配与调整的不适应。其二，随着陈列部工作重心逐渐转移到博物馆的临时展览，展览内容往往涉及到不同国家的不同历史与文化，我也逐渐感到，自己掌握的知识不适合陈列部的工作，难有很好的发展。其三，策划部是我来博物馆找工作时就想进的部门，我一直认为它和我所学专业知识以及我擅长文字的特点很适合。事实上，在2003年人事曾非正式地征求我的意见，问我愿意不愿意去策划部，而我当时没有大胆地表达出自己的想法，因此与策划部擦肩而过。其四，也就是机会了。黄主任来馆后，策划部与陈列部合署，由黄主任身兼两部门主任一职，决定两个部门的事情十分便利。同时，策划部接连由于不同原因走了三位同事，此时的策划部需要人。

黄主任和陈列部的同事们十分关切地为我分析了调换部门的利弊，并流露出挽留之意。然而我坚持己见。到底是应该我适应工作，还是工作适应我？也许答案很明显。但对我来说，二者相互适合，岂不更好。2006年7月，我顺利调到了策划部。

2009.12.22

逆流汹涌

调到了心仪已久的策划部，好像运气也转了。当我逐渐适应并融入策划部的传说中存在一定问题的人际环境；当我从停止为陈列部做会议记录转而为策划部打各种展览协议与请示；当我对一个展览的评判已经从陈列内容的好坏转变为从资金的角度更为实际地考量；当我正努力接受实际的策划工作和概念中的策划存在的差距……我病倒了，为自己的感情错误。

我被拖向一个深渊，一场仿佛永远也醒不了的恶梦，我竭尽全力，希望一切圆满，得到的却是一次比一次更为残酷的打击。我流下伤心的眼泪。这是一段不被认可的感情，也是一段错误的感情。

生活和我开了个太大的玩笑。

"社会上有的，这里都有。"也许是这样吧。我想离开博物馆了。

我休了长长的病假，工作不能正常进行，我不知道未来走向何方……

正当我在逆流汹涌的漩涡中，身心疲惫，又举足无措的时候，我接到了王馆长的电话，是他得知了我的事情后，慷慨地伸出了援手。

于是，多少次，我坐在王馆长的办公室里听他的开导和劝解，泪流满面。

在王馆长的帮助下，我暂时借调到老馆，回到了熟悉的古建筑环境中，为的是放松心情和减轻工作上的压力。那里和我们的博物馆新馆已经不属于一个单位了。

在那里，我的工作节奏放慢了许多。我开始接触到招投标，开始了解领导的艺术，开始认识到权力，也再次发挥出文字能力，为老馆的工作需要撰写宣传材料。我才意识到，原来自己适合秘书工作。

在那里，国家经历了汶川地震。我临时回到了博物馆新馆，参加了全馆动员的捐款活动。

在那里，我度过了北京的奥运时期，为老馆的奥运接待工作出了力。我知道，奥运期间，博物馆新馆的展览、接待、服务工作一定非常繁重。

在那里，各地博物馆依照由中宣部、财务部、文化部、国家文物局联合下发的《关于全国博物馆、纪念馆免费开放的通知》，纷纷实行免费开放。从新闻报道中得知，如潮的观众涌进各类博物馆。

然而，我的情绪也始终陷入深深的抑郁，整个人低落到极点，不能自拔。这可能是经历了重大挫折后的反应。我常常独自在大殿的长廊下走啊，走啊，苦思冥想，得不到一线明朗。我还不能从困境中完全走出。

难过的 2006，2007，2008。

2009.12.24

《庞贝末日》

2007 年 5 月，在我状态稍稍平稳的时候，我参观了中华世纪坛的展览——《庞贝末日》。

这其实是我第一次听说庞贝古城，才知道它位于意大利南部，地中海北岸。公元 79 年 8 月 24 日，因维苏威火山喷发，庞贝被火山灰完全吞噬。从此，庞贝被人们遗忘在时光隧道中，成为一个静静埋藏的角落，直到近 200 年，经过考古发掘才重获新生，为今人所认识和惊叹。

展览展出了庞贝古城出土的 489 件文物，包括雕塑、壁画、青铜器、金银器、珠宝、日常器物以及罹难者的遗骸。文物之精美，让人不禁感慨一千九百多年前的古罗马文明的繁盛与强大。历经灰烬洗礼却依然熠熠放光的金器给人留下深刻的印象，有造型独特的半球形手链；有象征和平与幸福的葡萄叶坠饰项链；有做工繁复而细密的金丝带；还有嵌宝石和玛瑙的别致的戒指……每一件都负载着文化的信息、地域特色与历史气息。青铜器中，除了展出有神像、短剑、工具、油灯外，还有一组外科医疗器具最特别，包括手术刀、止血钳、缝合针等，据说是庞贝的一位医生在逃生之时随身携带的，也体现出当时的医疗水平。带有人物的壁画以及雕塑，仿佛是隔得最远，最难以欣赏的，因为文物所表现的人物身份以及故事情节不得而知。罹难者的遗骸，保留着古城的人们在最后一刻面对死亡时的姿势，传递出无限痛苦，让人触目惊心。

展览除文物陈列外，还开辟了一个阅读区，在浓厚柔和的灯光下，观众可以在小桌上翻阅世纪坛提供的展览图册。

出于对文物的保护，整个展览不允许拍照。很久之后，我在网上看到了展览的图册，定购了一本，在家重温庞贝的记忆。

2010.1.5

《共同记忆》

2008年，正值我国改革开放三十周年，各大报纸纷纷刊载文章，报道这三十年来国家的变化和取得的成就。首都博物馆也举办了《共同记忆——纪念改革开放三十周年回顾展》。

之所以要特别记录这个展览，也是因为这个展览序厅部分的前言文字一下子吸引了我，写得富有力道和质感，在此抄录：

"对于一个人来说，三十年在人生中足够漫长，而对于一个国家的历史来说，三十年又极为短暂。对于每一个经历这段历史的人来说，三十年的生活是与国家改革开放同行的一段历程，三十年的奋斗是我们创造这段历史的过程。这里展示的每一个主题，每一件展品，都是我们亲历改革开放三十年的见证。改革开放的政策，使国家建设飞速发展，也改变了我们生活的方方面面。今天生活中的成就与欢乐就建立在三十年中每一个生活片段之上，当我们面对它们或是回忆它们的时候，不仅是回忆过往的生活，更是回望自己创造的这段历史，思索我们存在的意义。"

展览内容贴近生活，每一件展品都来自普通家庭三十年来生活变化的每一个细节，有红双喜脸盆、燕牌缝纫机、军用挎包、带有"北京"字样的手提包……结婚传统的必需品"三大件"也随着时代的变化而变化，70年代是手表、自行车、缝纫机；80年代是冰箱、彩电、洗衣机；90年代是空调、音响、录像机。票证见证了改革开放三十年变化的脚步，结婚证、家具购买证、购煤证、购气证、北京市市镇居民粮食供应证，一应俱全；还有1983年取消的布票；1985年取消的蛋票；1988年取消的肉票；1993年沿用了38年后退出生活舞台的粮票。曾经跑遍京城，后来又退出历史舞台的夏利出租车，也开进了展厅……整个展览的唯一遗憾，就是没有看到邓小平的形象，这位中国改革开放的总设计师，以超凡的远见卓识和勇于创新的魄力，带领中国走向富强，带领人民奔向小康。

展览的结语是这样一段歌词："岁月的目光依然融融，生命的鼓点总是匆匆，走吧，朋友……走吧，朋友……"

2010.1.5

回家

生活的河流总是曲曲折折，有时湍急，有时涓涓。

2009新年伊始，我结束了老馆的权宜时光，毕竟那已经不是自己的单位了。我回到自己的博物馆。此时，那个曾经让我崇拜过，让我哭过，曾经让我心存感谢又伤心不已的人，已经离开了博物馆。沧海桑田。我回来了。

我执着地回到了策划部。博物馆的一切看上去都还是老样子，但又有几分陌生，因为增加了很多新同事。工作的节奏依然那么快，每个人都在积极地做事情，阳光总是眷顾地透过正南的玻璃窗在办公室逗留一整天……在这样的环境中，不知不觉，我的低靡状态竟一点一点地褪去了。

我能够面对和接受生活，能够思索和总结自己走过的弯路。如果说，经历的整个逆流，让我还有所得到的话，我得到的就是人生原来没有捷径的教训，以及收获到的在今后面对人生与困难时需要保有的乐观与坚韧。

后来，我在新东方的校长俞敏洪的书中看到这样的话："什么是心理承受能力？举个例子，你把一堆面粉掺点水揉一下，一捏面粉很容易散，但你别放弃，继续揉捏。千百遍之后，它再也不会散开了，即使你把它抻长也不会散开，因为它已经具备足够的韧性。人进入社会的过程如同一团面粉，被社会不停地揉捏摔打，最后变得非常坚韧，就有了坚强的心理承受能力。"现在想想，面对逆流汹涌，我如此不堪一击，还是因为我太年轻，很多事都没有经历。

策划部的工作就这样开始了，看上去我仿佛就是个新人，黄主任已经不再负责策划部，主任一职由最初的策划部孙主任担任。在孙主任交给我档案管理工作的过程中，我学习了以往展览起草的合作协议、宣传方案、新闻发布会与展览开幕式方案等与策划部工作相关的文件，并用心记住涉及展览立项、场地、包装、保险、运输、制作、布撤展、图录出版、知识产权等相关事宜的处理。应该说，通常人们观念中的策划，总是和创意联系在一起。而实际的策划，最重要的是执行，执行办展过程中的每一个环节，解决每一个问题。这种执行有时候是十分细致而繁杂的，甚至包括比如外单位布撤展人员在京停留几天几晚，乘坐什么交通工具，是否需要接送；新闻发布会为记者准备多少矿泉水，检查提问用的话筒是否正常；开幕式出席几位领导，准备几把用于剪彩的剪刀等工作。我们策划部的四位年轻同事，总是相互提醒和帮助，齐心协力完成。当然，也有深夜接运文物这样的事情，一般被能干的孙主任、鲁主任、牛老师三位男同事主动全部包揽了。这就是策划部的工作，策划部的团队。

2009年恰逢新中国成立六十周年，博物馆为祖国母亲献上了一份生日礼物，四大展览竞相推出，它们是《早期中国》《千古探秘》《多彩中华》和《城市记忆》。

在此工作期间，我开始学习《中国博物馆学基础》《文物工作实用手册》《文物保护法》以及各种有关博物馆理论与实践的书籍，我开始真正认识和理解博物馆工作，开始体会到不仅仅是策划部、陈列部、保管部等业务部门十分重要，还包括财务部、开放部、安保部、物业部等维持整个博物馆正常运转的这些部门的重要性，特别像安保部，责任更大，压力更大。从某种意义上说，没有这些部门，就没有我们。

此时，我更觉得博物馆就像一个大家庭，我们每个人都是这个家的一分子，家好，我们才好。任何时候，对个人成功的强调都不应该凌驾在集体之上，因为成功，需要集体的智慧和实力。而当一个人有所追求的时候，也只有把个人完全投入到集体的事业中，为集体的强大贡献一份力量，他才能实现个人价值的最大化。我们应该好好建设我们的大家庭。

2010.1.6

参观保利艺术博物馆

听说保利艺术博物馆,还是近年的事情。事实上,早在1999年保利艺术博物馆就已经正式对外开放了,它隶属于保利集团,是首个大型国有企业创办的博物馆。而从听说到付诸行动去前往参观,又是在不知不觉间一拖再拖。直到今日,我终于见到了她。

保利艺术博物馆位于新保利大厦九层,票价20元,周日闭馆。展厅分为三个部分,分别为古代青铜艺术陈列;古代石刻艺术陈列;以及享誉世界的四尊圆明园铜兽首陈列。

由于受到知识的局限,同时为了更好地了解博物馆的展品,我花十元租了一个语音导览,它对几乎所有的展品都做了深入浅出的说明。

青铜艺术陈列部分,展有150余件文物,时代自商代至汉代,主要是当时的贵族使用的食器、酒器、乐器,包括鼎、爵、觚、罍、卣、壶、编钟、鼓架等,品种多样,造型各异,纹饰种类囊括了云雷纹、垂叶纹、蟠螭纹、兽面纹、交龙纹、绚纹等,部分青铜器上刻有铭文。其中,印象最为深刻的是"错铜鸟兽纹壶",战国,有盖,有耳,通体错嵌红铜,呈紫红色花纹,与青灰色的壶身形成反差,花纹表现了龙、虎、鹿等内容;"嵌错社会生活图画壶",战国,纹饰繁复、细密,已经完全摆脱了商代青铜器具有的简单与原始,壶身生动地表现了周代贵族生活的图画,人物造型多样,通过不同的层次,描绘了人们射箭、采桑、陆战、水战、斗兽等场面;"戎生编钟"被称之为国之重器,八组,经过使用,刻有铭文,记述了戎生祖孙三代辅佐王的事迹。除上述之外,还有被博物馆称为百年难遇的艺术珍品,天才之作的西周神面卣。

石刻艺术陈列,文物数量不多,为自北朝至唐代的石刻佛造像,有单体菩萨立像,有带背光的佛立像,也有背屏式三尊造像。其中,有的造像为汉白玉质地,也有的附有彩绘。展厅设计以红色为基调,所有造像均裸展,在灯光以及色彩的烘托下，尤其让人感到肃穆、神圣、和谐。

四尊著名的圆明园铜兽首也为裸展，是圆明园晏海堂曾经流失海外的重要文物。2000年经保利集团抢救，牛首、虎首、猴首回归祖国。而猪首则是2003年由澳门爱国人士购买并捐赠给祖国的，也陈列于此。参观至此，不禁在心中暗自钦佩保利集团超凡的魄力与能力，这样一个国有企业，多年来致力于追索海外流失文物，并建立博物馆，举办展览，完全彰显了优秀国企榜样的力量与风采。

博物馆内还特别开辟了一小块纪念品销售区，售有大小不一的铜兽首模型、印有铜兽首的邮品，以及保利艺术博物馆馆藏青铜器与石刻画册。

整个博物馆观众不多，非常安静，展厅巡视人员服务周到，也会非常客气地提醒携带相机的观众关闭闪光灯。这就是闹中取静，藏于北京东四十条新保利大厦里的保利艺术博物馆。

2010.2.6

永远的热爱

两个星期前，我专程来到位于北辰东路的中国科技馆新馆，参观了科技馆与瑞士伯尔尼历史博物馆合作的展览《阿尔伯特·爱因斯坦》。

对爱因斯坦的喜爱始于半年前，读到了一本爱因斯坦的传记。在书的结尾处，看到了爱因斯坦的语录，其中有一句话打动了我："一个人的价值，应当看他贡献了什么，而不应当看他取得了什么。"此外，书中的其他语录，包括爱因斯坦对科学、真理的追求，以及对真、善、美和勤奋的认识也都让我获益匪浅。因此，一听说有爱因斯坦的展览，我便欣然前往。

我是当天的第一个观众。展览非常精致,白色为主要基调,实物展品不多,大量运用图片和多媒体,主要介绍了爱因斯坦的一生,以及他提出的重要科学理论。展览分成 34 个区域,包括介绍:爱因斯坦在德国的出生和青年时代;爱因斯坦搬到瑞士;爱因斯坦在苏黎世读书;爱因斯坦与米列娃·马利奇;爱因斯坦在伯尔尼专利局工作;1905 年在伯尔尼的奇迹年;解释光速;火花小屋;狭义相对论;爱因斯坦成为教授;第一次世界大战;柏林之年;诺贝尔奖;德国独裁统治;对犹太人的迫害;移民美国;爱因斯坦在普林斯顿任教;第二次世界大战及曼哈顿计划;第一颗原子弹;麦卡锡时代;爱因斯坦最后年代;光电效应;布朗运动;相对论前景;虚拟自行车;爱因斯坦解释 $E=MC^2$;地心引力;太空黑洞以及展览赞助商。对于我来说,最兴奋的就是见到了爱因斯坦在 1921 年获得的诺贝尔物理学奖章,奖章上刻有两位女神,代表自然和科学。

走出展厅,我在纪念品销售店买到了展览的图录《阿尔伯特·爱因斯坦》,在书中我看到爱因斯坦写给小儿子的信中有这样的话:

"把自己当作一台庞大机器上的一个小小的齿轮,这样一来你就不会再有别的要求了。人是一个内心里有思想和感情的动物,其思想和感情是为了自己快乐。如果一个人在一生中能够有几次听到天使的歌唱,能够为世界做出一点贡献,那么这个人就特别幸运、特别有福了。如果情况并非如此,这个人也仍然只是那个时代小小的一分子,这也是美丽的……不是对成就的渴望,而是对事情本身的喜爱才会让人有所作为……"

2010.7.18

沈阳的博物馆之行

十一黄金周,到处都是人山人海,偏凑这热闹,去了一趟沈阳,两天的行程,可以把要去的地方都参观到。

清风遗韵

出了火车站,打车直奔中街,也就是沈阳的一条步行商业街。不为逛商场,只为沈阳故宫和大帅府都在其附近。中街上,密不透风的人潮和车流,我这个外乡人真是相当地不适应。

正值吃午饭的时间,早就查好了沈阳名吃有老边饺子、李连贵熏肉大饼等。抬眼便见李连贵的招牌,因先去尝大饼。饭馆里有多少坐着正在享用的,就几乎有多少站着正在等位的。好不容易,算是吃上了。一碟大饼,两碟葱酱,一盘熏肉,两碗鸡蛋汤……也没有觉得什么特别。以风卷残云之势迅速解决战斗,只因为旁边有站着等的了。吸取这次教训,我们决定晚饭不吃老边饺子了。在街上我们看到了边氏传人的饺子馆,于是决定吃传人的饺子,省去一番肉搏。

下午,来到久仰的沈阳故宫,换得VIP免费票卡一张。沈阳故宫是中国现存第二大完整的宫殿建筑群,建筑面积6万平方米,为北京故宫的十二分之一。细看,建筑的脊兽为五座,殿柱盘龙,都是沈阳故宫与北京故宫的区别。沈阳故宫中,展品不多,且展柜光线较暗,因此,照片不多。但从这不多的文物上,也能感受到宫廷文物的精制美观——清乾隆冬青釉饕餮纹鱼篓尊、清掐丝珐琅莲蝠长方手炉、乾隆珐琅双耳圆柱形灯擎、白玉浮雕玉兰花插、乾隆斗彩凤花大盘……

威风犹存

沈阳张氏帅府博物馆,可以说是我们沈阳之行的最大收获。

张氏帅府,又称"大帅府"或"少帅府",是北洋政府张作霖及其长子、爱国将领张学良将军的官邸与私宅。

这一组民国时期的建筑,中西合璧,既有雕梁画柱的四合院,又有欧式风格的大青楼、小青楼以及赵一荻故居。其中，四合院建筑中砖雕之精美堪称一绝，可以与北京四合院建筑的雕刻媲美。三阳开泰、马上封侯、海马朝云式、榴开百子、凤戏牡丹、瓜瓞绵长、一鹭莲科……可谓琳琅满目。不仅题材丰富，不少为其他地方罕有，且雕刻精美，多为浮雕，并有不少留下了设计者的人名。对砖雕颇有研究的同行人，见到这些砖雕，无法按捺住惊喜，不禁感慨："原来老军阀还喜欢砖雕！"

故居中，有少量的陈设，都是民国时期的样式。不过，据我们后来买到的一本介绍帅府的书中讲，张作霖生前帅府陈设相当精致奢华，但因为战争，都没有保留下来。因建筑内参观的人太多，故没有拍下内部陈设的照片。

建筑外，还有一沈阳金融博物馆，建筑为张作霖和张学良当年控股的边业银行建筑。

次日清晨，大雾，我们再赴张氏帅府，拍到大雾中的屹立于博物馆前广场上张学良的铜像。同时，还有大雾中当年的办公场所，建筑残缺的钟楼上，筑有"1925"的字样。

契丹的前世今生

特别借此介绍一下东北的一种特产，铁岭榛子。东北特产的商店在街上随处可见，里面多卖些不老林糖、黑木耳等，其中也有铁岭榛子。我们走入一家店铺，看到榛子被分成三六九等，标上价格。其中最贵的，挂一纸牌，写着"水漏"榛子。老板娘只说，这是最好的。

在去辽宁省博的路上，出租司机向我们介绍了水漏榛子。原来新榛子下来后，都被倒入水盆中，漂在最上面的，是空的，都撇去不要。悬浮在中间的，捞出来，标价出售。而最后沉底的，也就是榛仁最大最饱满的，再捞出卖最好的价钱，水漏榛子由此得名。

辽宁省博，2006 年 6 月全面对外开放，占地面积 16000 平方米，总建筑面积 31095 平方米，为白色大理石建筑，共三层。馆藏文物总量 12 万件。馆内展出《辽河文明展》《辽代陶瓷精品展》《明清工艺品展》等各种展览，其中《辽河文明展》汇集了辽宁地区历年的考古发现和遗存，反映了辽宁的地域文化。展览包括"文明曙光""商周北土""华夏统一""契丹王朝""满族崛起"五个部分。

辽宁省博的书画藏品最富特色。据上海古籍出版社的《中国书画》一书记载，历史上不少名家书画真迹，如唐《韩幹神骏图》、唐《簪花仕女图》、张旭《古诗四帖》、怀素《论书帖》、北宋孝宗《草书赤壁赋》、南宋陆游学张旭《自书帖》、范大成《四书注稿》、文天祥《木鸡集序》、辽无款《竹雀双兔图》、辽《深山会棋图》、元王蒙《太白山图》、赵孟頫大行书《烟江叠嶂诗》、鲜于枢行草《王荆公杂诗》卷等均藏于辽宁省博。

在辽宁省博的纪念品商店购买了印有"辽宁省博物馆"字样和绘有凤鸟、水仙等中国传统纹饰的便签纸作为留念和馈赠朋友的小礼物，我们结束了沈阳博物馆之行的最后一站。

2010.10.7-13

Z19 次　开往西安

2010 年 10 月中旬，乘坐北京开往西安的 Z19 次列车，开始了为期四天的陕西之旅，途经西安 - 扶风 - 乾县 - 咸阳 - 临潼一线，所到之处无不感受到，陕西真的是文物大省。

臻于完美　炉火纯青

下了火车，难耐一夜未睡的困意，直奔陕西之旅的首站——西安碑林博物馆。西安碑林博物馆比邻西安的南门——书院门地区，有彩绘牌楼，以及一座砖塔触目可见。街两边店铺林立，多经营书房文玩、笔墨纸砚，也有陕西皮影、凤翔社火脸谱、户县农民画、兵马俑等特色商品，价钱都不算贵。

先在路边摊吃了一碗炒凉粉，酱油炒，有黄豆芽可见，三元，好吃不贵！

（回来的路上又享用了一碗肉丸糊辣汤，说起那个味道，难以用好吃或不好吃评价，吃的是特色。）

西安碑林博物馆位于西安的文庙内，建成于1944年，是以收藏、研究和陈列历代碑石、墓志、石刻造像为主的博物馆，馆区分孔庙、碑林、石刻艺术馆三部分，占地面积31900平方米，陈列面积4900平方米，馆藏文物11000余件。所藏名碑、墓志为全国之最，自汉代至今有4000余方。书法名碑有汉《曹全碑》、前秦《广武将军碑》、唐《集王圣教序》，以及欧阳询、颜真卿、柳公权、怀素、张旭等书法大师的杰作，并藏有唐《开成石经》等石刻文献。碑文集篆、隶、楷、行、草各体俱备。

参观中最令人记忆深刻的是，所藏唐天宝十一年（公元752年）颜真卿四十余岁书《多宝塔感应碑》与唐建中元年（公元780年）颜真卿七十二岁所书《颜氏家庙碑》，可做一对比，见证了颜体由锋利俊秀向劲健醇厚的发展和不断进步的过程。《颜氏家庙碑》集七十年书法功力，人书俱老，书法达到的境界可谓臻于完美，炉火纯青。不禁从参观中，得到了人生的感悟和激励，也正是这样的感悟和激励，使人感慨真是不虚此行！

民知其母　不知其父

坐车前往位于西安东郊的半坡博物馆，这是一座遗址类博物馆。半坡遗址1953年春被发现，当时新中国百废待兴，西安政府正决定在半坡村北1公里的地方修建灞桥火力发电站。施工过程中，陆续发现大量人工磨制的石器，还伴随有不少陶器发现。经上报相关部门，1954年9月起，半坡遗址的考古发掘大幕开启。遗址面积达5万平方米，该遗址揭示了年代大约为公元前4700——公元前3600年的一处典型的新石器文化时代仰韶文化母系氏族聚落的社会、生产、经济、风俗、艺术等文化内涵，为研究中国黄河流域原始氏族社会的性质、聚落布局、经济发展、社会生活等方面提供了珍贵、丰富、完整的原始资料。

1958年4月半坡博物馆建成并对外开放，2002年至2006年改建，占地面积75000平方米，馆藏文物18000余件。博物馆大门上"西安半坡博物馆"几个大字，由郭沫若先生题写。

自然光的利用在半坡博物馆中随处可见，体现了建筑设计与半坡遗址的特点很好的结合在一起。半坡遗址主要包括圆形半地穴式房子遗迹、方形半地穴式房子遗迹、灶坑遗迹、窖穴遗迹、祭祀遗迹、陶窑遗迹、瓮棺群，以及用于防御工事的大型壕沟遗迹等，辅之以复原的示意图。看到这些遗迹不禁让人联想，人类祖先们就是从这样的环境下开始居住、生活、生产的发展，与自然做斗争，并开始创造早期的文明，一代一代，直到发展成今天我们所拥有的一切。

馆内还有常设及基本陈列，分五个部分，即第一部分"青青河畔"——半坡人与生态环境；第二部分"生命之诗"——半坡人的生产劳动；第三部分"田园牧歌"——半坡人的日常生活；第四部分"心灵神韵"——半坡人的审美意识；第五部分"隐秘玄机"——半坡人的远古之谜。通过文物、图版、文字、多媒体、场景复原等手段，向人们讲述半坡人的故事。其出土文物主要为石器、陶器、骨器等几大类。最著名的恐怕是半坡彩陶，以红底黑彩为主，也有白底黑彩和黑红两彩的。彩陶上绘有纹饰，有象征性纹饰，如鱼纹、鸟纹、兽纹等；有几何形纹饰，如三角形、方格纹、编织纹等；还有特殊纹饰，如人面鱼纹等，代表了史前彩陶艺术的顶峰。同时，在彩陶钵的口缘、外壁及底部发现一些简单的刻画符号，被认为是中国早期文字的萌芽。

而给我印象最深的还是半坡博物馆的说明牌，往往就一句简简单单的话，却有着一种原始的张力，体现着朴素的美学与哲学。

"民知其母，不知其父。"《庄子·盗跖》

"日出而作，日落而息。"《庄子·让王》

"一捧黄土，在灵巧熟练的手中变成了各式各样的器皿，耐用而又美观。制陶，对于半坡人来说，已是得心应手。"

……

还有半坡博物馆的出口，草坪中一块石头上题写着："属于远古先民的半坡人，他们用自己聪明智慧的头脑和灵巧勤劳的双手，在半坡这片神奇的土地上，构建了五彩缤纷的活动舞台，浓墨重彩地上演了一幕幕史前文明剧。"

陕西历史博物馆

先介绍一下西安的土特产，想买土特产，一定要去西安的鼓楼。在那里可以买到有名的腊牛羊肉、方便泡馍、红枣片、椒盐核桃、留曲镇琼锅糖等，店铺非常的多，还可以尝到当地特色的牛羊肉泡馍配红辣椒和糖蒜，以及贾三灌汤包。

陕西历史博物馆，为一组唐风建筑群，毗邻西安大雁塔，1991年正式建成对外开放，馆区占地面积65000平方米，建筑面积56000平方米，文物库区面积8000平方米，陈列面积11000平方米。现有馆藏文物37万余件。

位于馆区中央的基本陈列厅面积6000平方米，以陕西地区的出土文物为基本素材，吸收陕西历史、文物、考古相关学科的最新研究成果，展现了自蓝田猿人至清中期陕西古代文明的兴衰。

陕西历史博物馆与其他省博相同，均以展示所在地区地域文化为定位。看惯了北京地域文化浓厚的以元、明、清三代为突出时代特点的瓷器、玉器、佛造像、书画、珍玩等文物精品，在陕西历史博物馆，感受到更多的则是周、秦、汉、唐，以陶器、青铜、兵马俑、陶俑、三彩为主的馆藏文物，表达了鲜明的陕西历史文化脉络和色彩。

只是在展厅入口处立着一块牌子，标示着禁止拍照，感觉有点冷冰冰。

展厅内观众相当的多，而外国旅行团之多更是在别的博物馆中没有见过的，所以很快便感受到，英语在陕西历史博物馆工作中的普遍使用，那里的讲解员们几乎个个耍一口流利的英语，相当厉害。

出口处，竖起一个大广告牌，一个叫《丝绸之路》的特展即将开展了。

寻找七贤庄

听妈妈讲，我的爷爷当年就是在八路军西安办事处集合上的延安。

一路从酒店步行，四处打听，终于找到了七贤庄——八路军西安办事处纪念馆的所在地。

一进门，便见一组灰砖建筑，正门由叶剑英题写"八路军西安办事处纪念馆"，两边也保留了革命年代的大红标语，分别是"发扬革命传统"和"争取更大光荣"。

走进纪念馆建筑，里面有陈列展览，前言这样写着："八路军西安办事处是中国共产党、中国工农红军、八路军派驻西安的工作机构，历经土地革命战争末期，整个抗日战争时期和解放战争时期，在国民党统治区奇迹般地坚持了十年时间。西办曾是中共中央代表团驻地，曾是建立抗日民族统一战线的前哨，曾是红军、八路的战略后勤基地，曾是通往圣地延安的红色桥梁。"

纪念馆建于 1959 年，馆内保持了当年的布局和陈设，有接待室、会客室、住房、厨房、译电室、机要室以及周恩来、朱德等重要领导人的办公室等旧址。馆藏文物有 460 多件，资料 525 件，回忆录 623 篇及照片 3000 多张。

参观当天，我们遇到了纪念馆的社教活动，一个班的小学生，个个身着小八路的军装，在老师和班长的组织带领下做活动，成为纪念馆的特色。

乾县·乾陵

乾县最有名的特产是乾县挂面。没有买到。只在当地最好的饭馆——乾县大酒店点了一小碗，还让给别人吃了。只饱了眼福....臊子面也是当地的名吃，还有一道被当地人热力推荐的叫"荞面柔柔"的菜，听上去非常地奇怪，吃起来呢，怎么说……还是吃不惯。

看乾陵只为看一眼无字碑。

《无字碑》，中宗李显为母武则天而立，通高 8.03 米，重约 98.8 吨，为碑中之巨制。初立时，未刻一字，宋、金以后多有文人学士题诗刻文。

在无字碑的旁边是《述圣纪碑》，由武则天撰文，中宗李显书丹，为高宗李治而立的一块功德碑，重约89.6吨，主要记述了高宗的生平史略和执政时期的"文治武功"。

秦都咸阳

在《史记》的《秦始皇本纪》中曾记载关于咸阳的文字："分天下以为三十六郡，郡置守、尉、监。更名民曰「黔首」。大酺。收天下兵，聚之咸阳，销以为钟鐻，金人十二，重各千石，置廷宫中。一法度衡石丈尺。车同轨。书同文字。地东至海暨朝鲜，西至临洮、羌中，南至北向户，北据河为塞，并阴山至辽东。徙天下豪富於咸阳十二万户。"

和很多城市的博物馆一样，咸阳博物馆在咸阳市的文庙里。1962年正式对外开放，陈列面积1100平方米，馆藏文物1万余件。

大量的汉俑，是咸阳博物馆的馆藏特色。展厅内光线较暗。在此，与博物馆陈列设计的人士探讨了这样一个问题：博物馆的用光问题。目前我国博物馆照明光源主要为天然光源，兼用人工光源。光线辐射对藏品保护有损害作用，特别是对光线敏感的纸制品、丝织品、绘画、漆器等，属光敏性藏品。为了保护藏品，不少博物馆灯光黑漆漆，其他不亮，就亮文物，观众心理感受的反差大。典型的以人为本 + 以物为本 = 双本。双主语的主题下的博物馆陈列是否能走长？我们不是西方博物馆文物，我们是否应该展览出自己的博物馆语言环境呢？

见到兵马俑

当我走进秦始皇兵马俑博物馆一号坑遗址保护大厅那一刻，我就明白了，毫无疑问，秦始皇兵马俑博物馆跻身中国最好的博物馆！以其得天独厚、举世无双、保藏完整、气势壮观的考古发掘遗址。

《史记》中的《秦始皇本纪》有关于秦始皇陵的文字记载："九月，葬始皇骊山。始皇初即位，穿治骊山，及并天下，天下徒送诣七十余万人，穿三泉，下铜而致椁，宫观百官奇器珍怪徙藏满之。令匠作机弩矢，有所穿近者辄射之。以水银为百川江河大海，机相灌输，上具天文，下具地理。以人鱼膏为烛，度不灭者久之。"

秦始皇兵马俑博物馆，始建于1976年，建馆缘由可追溯到1974年春，在秦始皇陵坟丘东侧1.5公里处，当地农民打井，无意中发现了陶俑残片。至今在一号坑的展厅内东南角，保留并标示了当时打井的位置。1979年10月1日，以一号坑遗址保护大厅为主体陈列的秦始皇兵马俑博物馆正式对外开放。1989年，秦兵马俑三号坑遗址展厅对外开放。1994年，秦兵马俑二号坑遗址展厅对外开放。1999年，秦始皇帝陵文物陈列厅落成开放。馆藏文物达5万余组件。

其中，一号坑考古发掘和修复，共清理陶俑1087件，木制战车8乘，每乘车前有陶马4匹，记有32匹，为战车、步兵相间排列的长方形军阵。目前，一号坑的发掘修复工作仍在继续，在保护大厅内还可以看到修复清理工作的场景。

二号坑的发掘，已出土战车11乘，拉车陶马67匹，乘车战马29匹，骑兵俑32件，步兵俑192件，青铜兵器和车马器1929件，是以车、步、骑三兵种混合编列的军阵。

三号坑已发掘陶俑42件，战车1乘，拉车战马4匹，车士俑4件，陶俑22件。据考古工作者研究认为，三号坑是统帅一、二号坑的指挥部。

秦始皇陵已被列入"世界文化遗产"，秦兵马俑被誉为"世界八大奇迹"，累计接待中外观众数千万人次。走出秦始皇兵马俑博物馆的时候，我听到一位观众感慨地说："秦始皇不愧为一代帝王，他走了两千多年了，却依然能造福一方。"

2011.10.25

青春十年，留在了博物馆

让记忆回到最初，那个2002年11月末的初冬时节，正是我大学即将毕业，找工作的时候，在一个阳光明媚的日子，我认识了平生第一个博物馆人……

他问："你为什么想来博物馆？"

我回答："因为我喜欢。"

又问："为什么喜欢？"

答："因为我觉得博物馆的人都很有学问。"

他说："你除了要对博物馆有感性的认识，还要有理性的思考。社会上有的，这里都有，这个行业，也有它的陋习……年轻人挣扎，受不了的就离开……"我对这一席话，当时似懂非懂，而且以后用了很多年，才渐渐明白。

是的，博物馆就是社会，我用十年明白了这一点。十年，一颗事业心蜕变为职业心，理想着陆现实。十年博物馆，酸甜苦辣咸，尝的都是利益。

在我近年日益关注的教育领域，我看到钱理群先生在自己的书中对教师问题谈到过这样一段话："教师素质的急剧下降：不仅使疲于应命的教师已无精力提高、完善自己，而且还完全败坏了校园的风气，功利主义、虚无主义盛行，形成了几乎遏制不住的教育腐败。而教师的素质就成为教育与教育改革长远健康发展的一个内在制约因素。但这不是中国中小学教育的全部：教育腐败的同时，还有教育的坚守。也就是说，教育是有一种自救的力量的：它本质上的理想主义，总能吸引一批又一批的有志向、有眼光、有爱心的教师为之献身。对他们来说，做老师不仅真难，而且真好，即使难也要尽力。"而在他的另一本书也可以看到："语文教育改革既已被利益化，语文教育界也就是一个名利场和权力场。"

读到这些话，不禁感到，作为社会教育机构的博物馆其实和学校教育领域是一样的。因此可以说，博物馆的问题就是社会的问题。其实这些折射出的，不单是文博行业的陋习，也不单是我们的教育病了，而是中国的社会病。"国内一流，国际知名。"这是建馆之初博物馆确立的目标。然而要实现这一点，仅仅是硬件的实现还谈不上，还必须包括软件的进步与实现。要做到这一点，还需要时间，可能都不是一两代博物馆人可以解决的。博物馆的命运，与祖国的命运息息相关，还需要依靠国家和社会的进步。不禁遥想起当年馆长在全馆大会上的那一声呼吁：让我们为首博的百年基业而努力！

最后，还是感谢博物馆，给我很多。感谢的同时，心情又很复杂。

博物馆首先给了我一个参与创业的精彩经历；给了我十年的工作经验和社会经验；给了我发挥特长的平台和自信；给了我梦想、挫折、快乐、痛苦、成就和绝望；给了我人生重要的一课——懂得什么是苦熬；给了我无论走到哪里都拿得出手的一份资历——我在博物馆工作十年。

回想十年，最美好的回忆还是建馆创业，对于每一个参与建馆的年轻人来说，这是一份人生的骄傲，也是人生最好的锻炼。

青春十年，留在了博物馆。

谨此，将最后的祝福送给年轻的博物馆人们。

2013.11.27

跋

我认识魏宇澄是一个偶然的机会。没想到现在成了永定河文化研究的挚友。

那是约有十年前的一个上午,永定河文化研究会办公室来了两位女同胞,她们拿着燕山出版社总编赵珩的信,点名找我。我热情接待了她们,方知她们是母女俩,一直热心北京古村落的研究。如古村落里大门和门口的砖雕、石刻、木雕等。而且拍了近万张照片,全部都是门头沟区山里古村的东西。燕山出版社的总编赵珩是我的老师,也是编书出书的领路人。对他的建议只有两个字"照办"。而且魏宇澄和她母亲尤书英带来的这些照片资料数量大,内容丰富,极有研究、整理的价值。很快这本书就收入到门头沟区第五批文化丛书中了,书名是《北京古村落记忆》。更令人钦佩的是这母女俩对所做事情的责任心极强。这本书出版后受到很多人的关注,更增强了她们对砖雕、木雕、石刻艺术的关注。她们专门到国内许多地方考察、调研、查阅资料,提出了对第一本书的修改意见。恰好正是研究会进行专题研究之机,这个古村建筑装饰艺术研究的选题便给了她们母女,很快第二本书《门头沟古村落建筑装饰文化》就出版了。

由于魏宇澄文字水平较好,做学问又认真负责。她还不断为我们的《永定河杂志》投稿并提出办刊的建议。而我们也成了忘年交的文友,所以在挖掘、整理我们地区的非遗项目时,我们就干脆给她派活了。"京西太平鼓"这个项目是国家第一批公布非遗名录时入选的。当时各种宣传材料很多,但如何精选成书是个难点。魏宇澄克服困难，和传承人一起，经过一年的努力，终于出版了《京西太平鼓》一书，该书以文字严谨流畅、思路新颖，受到市区文化部门和社会的广泛好评。

现在她又出新书了，令人高兴、敬佩。新书名叫《青春十年，留在了博物馆》。写的是十年来在首博工作的感受、随笔和工作体验。细细品味，应该是五味杂陈。但掩卷沉思，看到的是一个文博工作者的胸怀，一个青年人的志向，一个默默耕耘者的身影。十年，在历史长河中仅是一瞬，但在人生几十年中却是漫长的，尤其还是魏宇澄正当风华正茂之时。人生没有几个十年，青春年华更是如此。但魏宇澄用平静的心态，坚实的脚步走过来了，这对于躁动的年代，更加躁动的青年人来说是何等珍贵。

十年博物馆的生活，魏宇澄凭着勃勃向上的心态，推着装满果实的小车向我们走来，作为年长的文化工作者，我在此既祝贺她辉煌过的同时，更看好她的未来。

张广林

北京永定河文化研究会 会长

北京史地民俗学会 会长

2017 年 9 月